議会人が知っておきたい
危機管理術

改訂版

市町村アカデミー客員教授
大塚康男 著

ぎょうせい

はしがき

　本書「議会人が知っておきたい危機管理術」は平成19年に発刊され、幸いにも好評を得て平成27年3月までに数多くの版を重ね、多くの議員及び議会事務局職員をはじめ二元代表制である執行機関の首長、管理職員にも読んでいただく機会を得られました。
　初版から約10年の期間においても従来ではみられなかった議会に関する精力的な審議等が国をはじめ地方議会においてもなされ、自治法等の改正も多くあり、特に、地方議会には大きな変化がみられています。最も特徴的であるのが平成18年5月に制定された北海道栗山町の議会基本条例です。この条例が制定される背景には、現行の二元代表制は、住民から直接選ばれた長と議会の住民代表機関を対立させ、相互の抑制均衡（チェックアンドバランス）を働かせることを意図としていますが、現実には、首長優位の組織構造が指摘されており、その中で議会のあり方や活性化を見直さなければならないとの認識の中から生まれてきたものといえます。
　議会基本条例の制定は、議会と長との対等・独立の関係を構築するための取組みや議会改革としての意義を有するものといえます。それは、合議制の住民代表機関としての議会の特質に着目することになります。議会基本条例は、これを理論的に組立て、議会の基本理念を示し、議会に期待される機能を発揮していくための仕組みを制度化するものといえます。この趣旨を端的に示されたものとして、栗山町議会基本条例の前文において「栗山町民（以下「町民」という。）から選挙で選ばれた議員により構成される栗山町議会（以下「議会」という。）は、同じく町民から選ばれた栗山町長（以下「町長」という。）とともに、栗山町の

代表機関を構成する。この2つの代表機関は、ともに町民の信託を受けて活動し、議会は多人数による合議制の機関として、また町長は独任制の機関として、それぞれの異なる特性をいかして、町民の意思を町政に的確に反映させるために競い合い、協力し合いながら、栗山町としての最良の意思決定を導く共通の使命が課せられている。」と規定されています。この全国初の「栗山町議会基本条例」は、全国の議会関係者に大きな衝撃を与えました。都道府県においては、三重県議会が平成18年12月に議会基本条例を制定し、それを契機として平成26年4月現在において、571団体（31.9％）が議会基本条例を制定しております。

　また、自治法等の改正も行われ、①通年会期制の導入、②臨時会招集権の議長への付与、③議会運営の柔軟化、④100条調査権の限定、⑤政務調査費から政務活動費への変更、⑥一般再議の対象の拡大、⑦専決処分に対する規律、⑧条例公布に対する規律など従来にみられない多くの議会、議員に関する改正がなされています。これは、今後、ますます議会の役割が期待されることへの証左とみることもできます。

　しかしその反面、地方議会の一部の議員ではあるものの破廉恥極まりない行動が行われていることもまた事実です。マスコミに大きく取り上げられた政務活動費の使途基準を無視した使用方法をはじめ、濫用された交際費、観光に終始した国内外の視察、選挙目当ての寄付行為などの議員の厚顔無恥の行為によって市民の失笑を買い、議会、議員の存在理由まで問われることになっています。さらに、従来では考えられなかった住民訴訟の最終的な被告に議員がなっているのが今日の状況です。毎月発刊される「判例地方自治」等に必ずといっていいぐらい議員関連の記事が掲載されているのがその証といえます。

　先に発刊した「議会人が知っておきたい危機管理術」の「はじめに」にも記載したように「議員は攻めには強いが、守りは弱い」が今日端的に現われています。議会及び議員の役割が強く求められるこの時期に再度、議会の権限をはじめ議員が行えることは何か、どのようなことをす

れば法に抵触するか等を自治法をはじめとして判例、行政実例を再度確認しながら、本来の議員の役割を十二分に発揮してもらいたいと思います。そのために判例、行政実例を多く引用した実務に即した本書が役立つことができれば幸いです。

　平成27年3月

　　　　　　　　　市町村アカデミー客員教授　大　塚　康　男

凡　例

本書で用いた略語は、次のとおりである。

1　法令名
  自治法　　　地方自治法（昭和22年法律第67号）
  自治令　　　地方自治法施行令（昭和22年政令第16号）
  自治規則　　地方自治法施行規則（昭和22年内務省令第29号）

2　委員会条例・会議規則等
  標準都道府県議会委員会条例　　県委員会条例
  標準市議会委員会条例　　　　　市委員会条例
  標準町村議会委員会条例　　　　町委員会条例
  標準都道府県議会会議規則　　　県会議規則
  標準市議会会議規則　　　　　　市会議規則
  標準町村議会会議規則　　　　　町会議規則

3　裁判例の登載資料
  刑集　　　　最高裁判所刑事判例集
  民集　　　　最高裁判所民事判例集
  行裁例集　　行政事件裁判例集
  行裁月報　　行政裁判月報
  判時　　　　判例時報
  判タ　　　　判例タイムズ
  判例自治　　判例地方自治

4　裁判所名
  最高裁　　　最高裁判所
  高裁　　　　高等裁判所
  地裁　　　　地方裁判所

目　次

はしがき

議会基本条例　　1

1. 議会基本条例とは……………………………………………… 1
2. 議会基本条例制定の意義・経緯………………………………… 1
3. 議会基本条例の主要な論点……………………………………… 2
   - (1) 最高規範性　2
   - (2) 附属機関、調査機関等の設置　3
   - (3) 反問権、議員間討議　3
   - (4) 住民との関係　3
4. 議会基本条例を制定するにおいての留意点…………………… 4

通年会期　　5

1. 通年会期の意義…………………………………………………… 5
2. 通年会期制度導入の経緯………………………………………… 5
3. 通年会期の利点・欠点…………………………………………… 6
   - (1) 利　点　6
   - (2) 欠　点　6
4. 会期、招集、定例日……………………………………………… 7

議長交際費　　8

1. 交際費とは………………………………………………………… 8
2. 交際費を支出する際の留意点…………………………………… 8
3. 交際費の判断基準………………………………………………… 9
   - (1) 地方公共団体が交際費に基づく公費接待を行うことの可否　9
   - (2) 交際費の支出内容の妥当性　10
   - (3) 外部との交渉の態様　10
   - (4) 外部との交際上要する経費　11

(5) 職務執行との関連性　11
　　(6) 交際費の額の妥当性　12
　　(7) 出席者の地位や接待の場所　12
　4 交際費のトラブル防止策······13

視察・海外視察　14

　1 視察とは······14
　2 視察の問題点······14
　3 議員の海外視察······14
　4 視察の要件······15
　　(1) 視察の目的　15
　　(2) 視察の行程　16
　　(3) 参加者の選考方法　17
　　(4) 視察費用の額　17
　　(5) 実額方式と定額方式　18
　　(6) 行程表・事後報告書　18

政務活動費　20

　1 政務活動費とは······20
　2 沿　革······20
　　(1) 法制化以前　20
　　(2) 平成13年の法制化　21
　　(3) 平成24年の自治法改正　21
　3 政務活動費の法的性格······22
　4 政務活動費の導入時の留意点······23
　　(1) 政務活動費の導入　23
　　(2) 会派の位置づけ　23
　5 政務活動費の使途······24
　　(1) 交付の目的　24
　　(2) 一般的な経費項目　25
　　(3) 支出できない項目　31
　　(4) 政務活動費の支出割合　32
　　(5) 金　額　33

(6)　支給の方法　33
　(7)　支給の対象　34
　(8)　政務活動費を使用した国内外等の視察　34
6 政務活動費の収支報告 ·· 34
　(1)　収支報告書の義務付け　34
　(2)　領収書等の添付　35
7 使途不明の証明責任は最終的には議員側にある ················ 35
　(1)　政務活動費の違法な支出　35
　(2)　一義的な証明責任は原告住民　36
　(3)　違法が推定された場合は議員の反証が必要　36
　(4)　収支報告書等の保存　37
　(5)　政務活動費の返還金の消滅時効　38
8 政務活動費の額の引き上げの場合の対応 ······················· 38

費用弁償　40

1 費用弁償とは ··· 40
2 費用弁償は定額主義 ·· 40
3 費用弁償を支給できる会議等とは ································ 40
　(1)　職務を行うために要する費用　40
　(2)　議長に対する支給　41
4 支給の内容 ··· 42
5 費用弁償の支給額 ··· 43
6 費用弁償と寄付行為 ·· 43
　(1)　費用弁償の放棄　43
　(2)　条例に基づかない支給　44

野球等の親睦　45

1 最高裁判決 ··· 45
2 留意点 ·· 45

公　用　車　47

1 公用車の使用 ·· 47

2 裁判例･･･47

寄付の禁止　　　　　　　　　　　　　　　　　　　　49

　1 寄付とは･･･49
　　(1) 無償の譲渡　49
　　(2) 禁止されている寄付　49
　　(3) 寄付の制限　50
　2 公職選挙法の寄付と政治資金規正法の寄付･････････････････50
　　(1) 公職選挙法上の寄付　50
　　(2) 政治資金規正法上の寄付　51
　　(3) 両者の違い　51
　3 公職選挙法による規制･･････････････････････････････････51
　　(1) 公職の候補者等の寄付の禁止（公職選挙法199条の2第1項・249条の2・252条）　51
　　(2) 公職の候補者等への寄付の禁止　52
　　(3) 公職の候補者等の関係会社等の寄付の禁止（公職選挙法199条の3・249条の3）　53
　　(4) 公職の候補者等の氏名を冠した団体の寄付の禁止（公職選挙法199条の4・249条の4）　54
　　(5) 後援団体に関する寄付等の禁止（公職選挙法199条の5・249条の5）　54
　　(6) 特定の寄付の禁止（公職選挙法199条・248条）　55

報　　酬　　　　　　　　　　　　　　　　　　　　　56

　1 報酬とは･･･56
　2 報酬の額及び支給方法･･････････････････････････････････56
　3 報酬の減額･･･57
　4 報酬額の決定･･･58
　　(1) 特別職報酬等審議会　59
　　(2) スライド制導入の当否　59
　5 報酬の支給起算日･･････････････････････････････････････58
　6 報酬の譲渡・放棄･･････････････････････････････････････59
　7 報酬の差押･･･59

8　議員が当選無効等になった場合のすでに支給した報酬等の取扱い‥60

住民訴訟　　61

　1　議員の行為と訴訟‥‥‥‥‥‥‥‥‥‥‥‥‥‥‥‥‥‥‥‥‥61
　2　住民訴訟とは‥‥‥‥‥‥‥‥‥‥‥‥‥‥‥‥‥‥‥‥‥‥‥‥61
　3　住民訴訟の被告‥‥‥‥‥‥‥‥‥‥‥‥‥‥‥‥‥‥‥‥‥‥‥62
　　(1)　差止請求（1号請求）の被告　62
　　(2)　行政処分たる当該行為の取消し、無効確認請求（2号請求）の被告　62
　　(3)　怠る事実の違法確認請求（3号請求）の被告　63
　　(4)　義務付け請求訴訟（4号請求）の被告　63
　4　当該職員とは‥‥‥‥‥‥‥‥‥‥‥‥‥‥‥‥‥‥‥‥‥‥‥‥64
　　(1)　当該職員の地位　64
　　(2)　当該職員の範囲　64
　5　相手方とは‥‥‥‥‥‥‥‥‥‥‥‥‥‥‥‥‥‥‥‥‥‥‥‥‥65
　　(1)　当該職員と相手方の違い　65
　　(2)　相手方の範囲　65
　6　新法適用及び旧法適用の相手方‥‥‥‥‥‥‥‥‥‥‥‥‥‥‥‥66
　　(1)　新4号請求の場合　66
　　(2)　旧4号請求の場合　66

兼職の禁止　　67

　1　兼職の禁止とは‥‥‥‥‥‥‥‥‥‥‥‥‥‥‥‥‥‥‥‥‥‥‥67
　2　いかなる職と兼職できないか‥‥‥‥‥‥‥‥‥‥‥‥‥‥‥‥‥67
　3　兼職の効果‥‥‥‥‥‥‥‥‥‥‥‥‥‥‥‥‥‥‥‥‥‥‥‥‥67

兼業の禁止　　69

　1　兼業の禁止とは‥‥‥‥‥‥‥‥‥‥‥‥‥‥‥‥‥‥‥‥‥‥‥69
　2　請負とは‥‥‥‥‥‥‥‥‥‥‥‥‥‥‥‥‥‥‥‥‥‥‥‥‥‥69
　　(1)　請負の性格　69
　　(2)　禁止されていないもの　70
　3　主として同一の行為をする法人‥‥‥‥‥‥‥‥‥‥‥‥‥‥‥‥70
　　(1)　法人の定義　70

- ⑵　法人格のない社団　71
- ⑶　「主として」の意味　71
- ⑷　「準ずべき者」の解釈　72

4 共同企業体の場合の兼業……………………………………72

5 下請負……………………………………………………………72

6 請負の当事者……………………………………………………73

7 NPO法人と請負…………………………………………………73

8 兼業禁止の効果…………………………………………………73
- ⑴　失職の時期　73
- ⑵　禁止規定の遡及　74
- ⑶　禁止規定該当の発案権及び手続　74
- ⑷　当選後の届出　75
- ⑸　請負契約等への影響　75

9 指定管理者と請負………………………………………………75

懲　　罰　　76

1 懲罰とは…………………………………………………………76

2 懲罰動議の種類…………………………………………………76

3 懲罰の対象となる行為…………………………………………77
- ⑴　議員によって行われる行為であること（人的限界）　77
- ⑵　議会の活動の一環としての行為であること（場所的限界）　78
- ⑶　原則として議会開会中であること（時間的限界）　79
- ⑷　自治法、会議規則、委員会条例に違反した行為であること（事項的限界）　79

4 懲罰の種類………………………………………………………80
- ⑴　四つの規定　80
- ⑵　公開の議場における戒告　80
- ⑶　公開の議場における陳謝　81
- ⑷　一定期間の出席停止　82
- ⑸　除　名　83

5 懲罰の手続………………………………………………………83
- ⑴　懲罰の発議　83
- ⑵　懲罰動議の時間的制約　84

⑶　懲罰の審議　85
　　　⑷　懲罰の効力の発生　87
　❻　懲罰と救済･････････････････････････････････････88
　　　⑴　懲罰と行政不服申立て　88
　　　⑵　懲罰と行政事件訴訟法　88
　　　⑶　行政争訟と議員の身分　89

議員の身分の得喪　90

　❶　議員の身分の取得･･･････････････････････････････90
　　　⑴　議員の身分の発生　90
　　　⑵　当選人と兼職・兼業との関係　90
　❷　議員の身分の喪失･･･････････････････････････････90
　　　⑴　任期の満了　91
　　　⑵　議員の辞職　91
　❸　選挙の無効又は当選の無効の確定･････････････････94
　　　⑴　選挙通知の効果　94
　　　⑵　当選無効の効果　94
　❹　兼職禁止職への就職･････････････････････････････95
　❺　兼業禁止職への就職･････････････････････････････95
　❻　被選挙権の喪失･････････････････････････････････95
　　　⑴　被選挙権の喪失の態様　95
　　　⑵　議会による認定手続の不要なもの　95
　　　⑶　議会による認定手続に必要なもの　96
　❼　死　　亡･･･････････････････････････････････････97
　❽　除　　名･･･････････････････････････････････････97
　❾　住民による議員の解職請求･････････････････････････97
　　　⑴　公務員の選定罷免　97
　　　⑵　議員の解職請求　98
　❿　住民による議会の解散請求･････････････････････････98
　　　⑴　解散請求権　98
　　　⑵　請求権の行使　98
　　　⑶　解散の投票　99

- 11 長による議会の解散 ･････････････････････････････････99
  - (1) 長の議会解散権　99
  - (2) 長の不信任議決と特別拒否権　99
  - (3) 解散の効力の発生　100
- 12 議会の自主解散 ･････････････････････････････････････101
  - (1) 議会の自主解散権　101
  - (2) 議会の自主解散の方法　101
- 13 廃置分合による地方公共団体の消滅 ･････････････････101

除　斥　　　　　　　　　　　　　　　　　　　　　102

- 1 除斥の意義 ･･102
  - (1) 自治法の規定　102
  - (2) 規定の意義　102
  - (3) 除斥理由　102
- 2 除斥が生じる場合及び対象者 ････････････････････････103
  - (1) 除斥が生じる場合　103
  - (2) 除斥される対象者　103
- 3 除斥の事由 ･･103
  - (1) 自己又は父母、祖父母、配偶者、子、孫若しくは兄弟姉妹の一身上に関する事件　103
  - (2) 自己又は父母、祖父母、配偶者、子、孫若しくは兄弟姉妹の従事する業務に直接の利害関係のある事件　105
  - (3) 予算審議の場合の除斥　108
  - (4) 契約議案の場合の除斥　108
  - (5) 請願と除斥　109
- 4 除斥の方法 ･･109
  - (1) 除斥の決定　109
  - (2) 除斥される議員を最小限に　110
- 5 除斥の効果 ･･111
  - (1) 議事に参与することはできない　111
  - (2) 除斥の時期　112
- 6 除斥しないで行った議決の効力 ･･････････････････････112
  - (1) 審議、議決に加わった場合　112

(2)　議決には加わらなかった場合　113
7　委員会の除斥・・113
　　(1)　審査手続からの除斥　113
　　(2)　審査事件　113
　　(3)　除斥の決定　114
　　(4)　除斥の時期　114
　　(5)　委員長の除斥　114
　　(6)　除斥しないでした表決　114
　　(7)　除斥の適用範囲　115

議員の公務災害補償　　116

1　制度の創設・・・116
2　公務上の取扱い基準・・・・・・・・・・・・・・・・・・・・・・・・・・・・・・・・・・・116
　　(1)　対象となる公務　116
　　(2)　認定基準　117
　　(3)　公務災害の認定　118
　　(4)　公務災害補償の種類　118
　　(5)　他の法令による給付との調整　118
　　(6)　通勤災害　119

条例・議員立法　　120

1　条例制定権・・・120
　　(1)　条例とは　120
　　(2)　条例制定権の根拠　120
2　条例制定権の限界・・・・・・・・・・・・・・・・・・・・・・・・・・・・・・・・・・・・121
　　(1)　条例の法的限界　121
　　(2)　条例の事項的限界　123
3　条例の種類・・124
　　(1)　自治事務条例と法定受託事務条例　124
　　(2)　法規である条例と行政規則である条例　124
　　(3)　法令に根拠を有する条例とその他の条例　125
4　条例の効力・・125
　　(1)　時間的効力　125

(2)　場所的効力　126
　　(3)　人的効力　127
5　条例と規則・・127
　　(1)　規則の態様　127
　　(2)　条例と規則の優劣関係　127
　　(3)　条例が優位に立つ場合　128
6　条例と罰則・・128
　　(1)　罰則の規定　128
　　(2)　罰則の規定が設けられない場合　128
　　(3)　罰則を設ける場合の留意点　128
7　条例制定等の手続・・・・・・・・・・・・・・・・・・・・・・・・・・・・・・・・・・・129
　　(1)　条例案の提案権　129
　　(2)　条例の議決手続　131
8　議員立法・・131
　　(1)　提案権　131
　　(2)　提案権の行使　132
　　(3)　提案権の積極的活用を　132
　　(4)　提案権を行使するための条件整備　133

予　算　　　　　　　　　　　　　　　135

1　予算の意義・・135
2　予算の内容・・135
　　(1)　歳入歳出予算（自治法216条・自治令147条）　135
　　(2)　継続費（自治法212条）　136
　　(3)　繰越明許費（自治法213条）　137
　　(4)　債務負担行為（自治法214条）　137
　　(5)　地方債（自治法230条2項）　137
　　(6)　一時借入金（自治法235条の3）　137
　　(7)　歳出予算の各項の経費の金額の流用（自治法220条2項）　137
3　予算の種類・・138
　　(1)　一般会計　138
　　(2)　特別会計　138
4　予算案の提案権・・・・・・・・・・・・・・・・・・・・・・・・・・・・・・・・・・・・138

(1) 予算案の提案権の帰属　138
　　(2) 予算案の提案時期　139
　5 予算の議決手続・・・139
　　(1) 予算の審議　139
　　(2) 予算の否決　140
　　(3) 予算の修正　140
　　(4) 予算の成立　141

議決権　143

　1 議会の権限・・・143
　2 議会の権限の分類・・・・・・・・・・・・・・・・・・・・・・・・・・・・・・・・・・・・・・143
　　(1) 議決権　143
　　(2) 選挙権　144
　　(3) 監視権　144
　　(4) 意見表明権　146
　　(5) 自律権　147
　3 自治法96条1項の議決権・・・・・・・・・・・・・・・・・・・・・・・・・・・・・・148
　　(1) 条例制定権（自治法96条1項1号）　148
　　(2) 予算議決権（自治法96条1項2号）　148
　　(3) 決算の認定（自治法96条1項3号）　149
　　(4) 地方税の賦課徴収又は分担金、使用料、加入金若しくは手数料の徴収（自治法96条1項4号）　150
　　(5) 重要な契約の締結（自治法96条1項5号）　150
　　(6) 条例で定める場合を除くほか、財産を交換し、出資の目的とし、若しくは支払手段として使用し、又は適正な対価なくしてこれを譲渡し、若しくは貸し付けること（自治法96条1項6号）　151
　　(7) 財産を信託すること（自治法96条1項7号）　152
　　(8) 前2号に定めるものを除くほか、その種類及び金額について政令で定める基準に従い条例で定める財産の取得又は処分をすること（自治法96条1項8号）　152
　　(9) 負担附きの寄附又は贈与を受けること（自治法96条1項9号）　153
　　(10) 権利を放棄すること（自治法96条1項10号）　153
　　(11) 条例で定める重要な公の施設につき条例で定める長期かつ独占的な利用をさせること（自治法96条1項11号）　154

⑿　地方公共団体がその当事者である審査請求その他の不服申立て、訴えの提起、和解、斡旋、調停及び仲裁に関すること（自治法96条1項12号）　155
　　⒀　法律上その義務に属する損害賠償の額を定めること（自治法96条1項13号）　156
　　⒁　区域内の公共的団体等の活動の総合調整（自治法96条1項14号）　157
　　⒂　その他法律又はこれに基づく政令（これらに基づく条例を含む。）により議会の権限に属する事項（自治法96条1項15号）　158
　4　自治法96条2項の議決権 ························· 158

委員会　159

1　地方議会は、本会議中心主義 ························· 159
2　委員会制度 ························· 159
3　委員会の種類 ························· 160
　⑴　常任委員会　160
　⑵　特別委員会　161
　⑶　議会運営委員会（平成3年の自治法改正で法制化されています）　162
4　議案等に対する議会運営の流れ ························· 162
5　委員会の運営 ························· 164
6　委員会の除斥 ························· 168
7　委員会の資料提出要求 ························· 169
8　委員長・副委員長 ························· 169
9　委員の派遣 ························· 170

100条調査権　171

1　意　義 ························· 171
　⑴　監視する機関としての調査権　171
　⑵　国政調査権との比較　171
　⑶　調査権の発動とその分野　171
2　100条調査権の及ぶ範囲 ························· 172
　⑴　調査対象事務　172
　⑵　地方公共団体以外の団体への調査権　172

(3) 調査事務の三分類　173
　③ 100条調査の主体 ････････････････････････････････････173
　④ 事務調査権・検査権 ････････････････････････････････173
　　　(1) 事務調査権との相違　173
　　　(2) 検査権との相違　174
　⑤ 100条調査権の相手方 ･･････････････････････････････174
　　　(1) 選挙人と関係人　174
　　　(2) 関係人の認定　175
　　　(3) 団体等の協力義務　175
　⑥ 100条調査権の限界 ････････････････････････････････176
　　　(1) 調査目的による限界　176
　　　(2) 人権保障との関係による限界　176
　⑦ 100条調査権の発動手続 ････････････････････････････177
　　　(1) 調査権の発動の方法　177
　　　(2) 証人の出頭請求　177
　　　(3) 証人の尋問　177
　　　(4) 記録の提出の請求　179
　　　(5) 告発と自白　179
　　　(6) 調査に要する経費　180
　　　(7) 100条委員会の傍聴　181
　　　(8) 調査終了後の取扱い　181

一事不再議の原則　　　　　　　　　　　　182

　① 一事不再議の原則の意義 ････････････････････････････182
　　　(1) 一事不再議の原則とは　182
　　　(2) 一事不再議の原則の運用　182
　　　(3) 一事不再議の原則を認めた理由　182
　② 一事不再議の原則の内容 ････････････････････････････182
　　　(1) 「一事」の認定　182
　　　(2) 認定の基準　183
　③ 一事不再議の原則に違反した場合の効力 ･･････････････185
　④ 一事不再議の原則の例外 ････････････････････････････186
　　　(1) 事情変更の原則　186

- (2) 長による再議　186
- (3) 委員会への再付託　187

5 委員会の一事不再議 ……………………………………………187

6 みなし採択及び議決不要 …………………………………………188
- (1) みなし採択　188
- (2) 議決不要　189

7 一事不再議の原則と一事不再理の原則の相違 ………………189

再　議　　191

1 再　議 …………………………………………………………………191
- (1) 再議とは　191
- (2) 再議の態様　191
- (3) 再議に類似する再付託　191

2 一般的拒否権としての再議 ………………………………………192
- (1) 再議の要件　192
- (2) 一般的拒否権　192
- (3) 否決と再議　192
- (4) 議会の選挙・議会の決定と再議　193
- (5) 特別拒否権との関係　193
- (6) 再議に付し得る期間　193
- (7) 再議の理由　194
- (8) 再議の時期　194
- (9) 再議の効果　194
- (10) 議決の確定　195
- (11) 廃　案　195
- (12) 新たな議決と再議　196
- (13) 再議の撤回　196

3 特別的拒否権としての再議 ………………………………………196
- (1) 違法な議決又は選挙に対する拒否権としての再議及び再選挙（自治法176条4項〜8項）　196
- (2) 議会の議決が収入又は支出に関し執行することができないものがあると認められる場合の再議　200
- (3) 義務費を削除し又は減額する議決をした場合の再議（自治法

177条1項1号・2項）　200
　　⑷　非常の場合に要する経費を削除し又は減額する議決をした場合
　　　の再議（自治法177条1項2号・3項）　202

委員の派遣・議員の派遣　　　　　　　　　　　　　　204

1　派遣の手続··204
2　委員の派遣··204
　　⑴　必要とされる場合　204
　　⑵　派遣の態様　204
　　⑶　派遣の手続　205
3　議員の派遣··205
　　⑴　議員派遣の法制化の背景　205
　　⑵　議員派遣の手続　206
　　⑶　議員派遣の留意点　206
　　⑷　派遣結果の報告　208

秘　密　会　　　　　　　　　　　　　　　　　　　　209

1　秘密会とは··209
2　秘密会の要件··209
　　⑴　会議公開原則の制約　209
　　⑵　秘密会開会の発議　209
　　⑶　議員3人以上の発議と討論　210
　　⑷　秘密会で行う決定　210
　　⑸　審議と議決　211
　　⑹　議事の秘密性　211
　　⑺　議員の守秘義務　212
　　⑻　議会事務局職員等の守秘義務　212
　　⑼　議事の漏洩と懲戒等　213
　　⑽　議事の記録と閲覧　213
　　⑾　秘密会の終了　213
3　委員会の秘密会··213
　　⑴　委員会の秘密会の開催　213
　　⑵　開会の要件　214

(3)　秘密会とすることの議決　214
　　(4)　議事の記録　215
　　(5)　議員の傍聴　215
　　(6)　秘密の漏洩　215
　　(7)　公聴会と秘密会　215

議員の発言　216

- **1** 議員の発言とは·····216
- **2** 発言の時期·····216
- **3** 発言の方法·····217
  - (1)　議長の許可　217
  - (2)　不規則発言、私語　217
  - (3)　発言通告制　218
  - (4)　発言通告制の例外　219
  - (5)　発言の順位　219
- **4** 発言の内容、範囲·····220
  - (1)　発言禁止　220
  - (2)　発言禁止の規定　220
  - (3)　発言の範囲　221
- **5** 発言の制限·····221
  - (1)　発言時間の制限　221
  - (2)　議事進行の発言　222
  - (3)　発言と法的責任　222
- **6** 発言の取消し・訂正·····223
  - (1)　取消し・訂正の方法　223
  - (2)　取消し・訂正の効果　225
  - (3)　取消し・訂正の例外　226

質　疑　227

- **1** 質疑とは·····227
  - (1)　質疑の定義　227
  - (2)　質疑と発言　227
- **2** 質疑の内容·····228

⑴　自己の意見　228
　　　⑵　禁止される内容　228
　③　質疑の制限･･････････････････････････････････････228
　　　⑴　質疑回数の制限　228
　　　⑵　時間・内容の制限　229
　　　⑶　質疑が制限される事項　229
　④　質疑に対する答弁･･････････････････････････････････229
　⑤　質疑の終結･･･229
　　　⑴　質疑終結の事由　229
　　　⑵　質疑終結の例外　230
　⑥　関連質疑･･230
　⑦　質疑と質問の相違･････････････････････････････････231

質　　問　　　　　　　　　　　　　　　　　　　　232

　①　質問とは･･･232
　　　⑴　一般質問　232
　　　⑵　一般質問の通告制　232
　　　⑶　質問の範囲の限界　233
　　　⑷　一般質問の手続　234
　②　代表質問･･235
　　　⑴　代表質問とは　235
　　　⑵　代表質問の取り扱い　235
　　　⑶　代表質問の手続　235
　③　緊急質問･･236
　　　⑴　緊急質問とは　236
　　　⑵　緊急質問の決定要件　236
　　　⑶　緊急質問該当の判断　236
　　　⑷　緊急質問の動議　237
　④　関連質問･･237
　　　⑴　関連質問とは　237
　　　⑵　関連質問が認められる場合　238

動　議　239

- **1** 動議とは……………………………………………………239
- **2** 動議の種類……………………………………………………239
  - (1) 動議の特徴　239
  - (2) 態様による分類　239
  - (3) 内容による分類　240
  - (4) その他の分類　240
- **3** 動議の提案手続………………………………………………241
  - (1) 提案者　241
  - (2) 提案要件　241
  - (3) 提案時期　242
  - (4) 動議の成立　243
- **4** 動議の競合……………………………………………………244
  - (1) 先決動議　244
  - (2) 動議が競合した場合の処理基準　245
  - (3) 先決動議と先決問題　246
- **5** 動議の撤回……………………………………………………246
- **6** 修正動議………………………………………………………247
  - (1) 修正動議とは　247
  - (2) 修正動議の種類　248
  - (3) 修正動議提出の時期　248
  - (4) 修正動議を議題とする時期　249
  - (5) 予算の修正動議と予算の組替え動議　249
- **7** 委員会における動議…………………………………………250

継続審査　251

- **1** 継続審査とは…………………………………………………251
  - (1) 審議未了・廃案と継続審査　251
  - (2) 継続審査の意義　252
- **2** 継続審査とするための手続…………………………………252
  - (1) 継続審査の申し出　252
  - (2) 継続審査とする議決の時期　253

(3) 継続審査と委員長報告　253
　3　継続審査の対象となる事件････････････････････････254
　4　継続審査議案の消滅････････････････････････････254
　5　継続審査の期間･･････････････････････････････････255
　6　継続審査と臨時会････････････････････････････････255

請願・陳情　257

　1　請願の意義･･････････････････････････････････････257
　2　請願の種類･･････････････････････････････････････257
　3　請願権者･･258
　　　(1) 請願権　258
　　　(2) 請願権のないもの　259
　4　請願事項･･259
　　　(1) 請願事項の範囲　259
　　　(2) 請願の取扱い　259
　　　(3) 請願の認められないもの　260
　5　請願の手続･･････････････････････････････････････260
　　　(1) 請願書の提出　260
　　　(2) 議員の紹介　261
　6　請願の処理･･････････････････････････････････････262
　　　(1) 請願の受理　262
　　　(2) 請願の委員会付託　263
　　　(3) 請願の審査　264
　　　(4) 採択後の取扱い　267
　7　陳　情･･268
　　　(1) 陳情とは　268
　　　(2) 陳情と請願　268
　　　(3) 陳情の方法　269
　　　(4) 陳情の処理　269

議会基本条例

1 議会基本条例とは

　議会基本条例は平成12年4月からの地方分権改革が進展する中で、二元代表制の一翼を担う議会において、住民の負託に応えるためにその活性化や改革に取り組む動きが出てきた中で生まれたものと考えられます。

　従来、議会運営に関し議会の決定機関である本会議に関する事項は、自治法120条において議会内部で制定される「会議規則」で定められ、本会議の下部審査機関である委員会に関する事項は、自治法109条9項において委員会条例として「条例」で定められており、議会の根本規範等の内容が規則等にゆだねられていることに疑問があったところです。このことから、議会の根本理念や基本となる事項を定めたうえで、議会及び議員の活動規範や議会運営の基本ルールを自治体の最高規範である条例により定め「議会基本条例」を制定することにしたものです。

2 議会基本条例制定の意義・経緯

　(1)議会基本条例は、平成18年5月に北海道栗山町議会で全国初の「栗山町議会基本条例」が制定され、全国の議会関係者に大きな衝撃を与えました。都道府県においては、三重県議会が平成18年12月に議会基本条例を制定しています。それを契機として平成26年4月現在において、571団体（31.9％）が議会基本条例を制定しており、その内訳は、都道府県29団体（61.7％）、政令市13団体（65.0％）、特別区1団体（4.3％）、市341団体（44.3％）、町村187団体（20.1％）となっています。

　(2)現行の二元代表制は、住民から直接選ばれた長と議会の住民代表機関を対立させ、相互の抑制均衡（チェックアンドバランス）を働かせることを意図としていますが、現実には、首長優位の組織構造が指摘され

ており、その中で議会のあり方や活性化を見直さなければならないとの認識の中から生まれてきたものといえます。

　議会基本条例の制定は、議会と長との対等・独立の関係を構築するための取組みや議会改革としての意義を有するものといえます。それは、合議制の住民代表機関としての議会の特質に着目することになります。議会基本条例は、これを理論的に組立て、議会の基本理念を示し、議会に期待される機能を発揮していくための仕組みを制度化するものといえます。この趣旨を端的に示されたものとして、栗山町議会基本条例の前文において「栗山町民（以下「町民」という。）から選挙で選ばれた議員により構成される栗山町議会（以下「議会」という。）は、同じく町民から選ばれた栗山町長（以下「町長」という。）とともに、栗山町の代表機関を構成する。この２つの代表機関は、ともに町民の信託を受けて活動し、議会は多人数による合議制の機関として、また町長は独任制の機関として、それぞれの異なる特性をいかして、町民の意思を町政に的確に反映させるために競い合い、協力し合いながら、栗山町としての最良の意思決定を導く共通の使命が課せられている。」と規定されています。

3 議会基本条例の主要な論点

　議会基本条例の明確な定義はありません。また、必ず記載しなければならない事項が定まっているわけではありませんが、議会基本条例を制定する議会を参照する中で主要な論点を記述しておきます。なお、議会基本条例を制定するにおいて下記事項を必ず設けなければならないものではありません。

(1) 最高規範性

　議会基本条例を最高規範として制定するとしても、自治体すべての最高規範とすることには無理があり、あくまでも「議会運営における最高規範」との限定になることになります。

(2) 附属機関、調査機関等の設置

議会における附属機関の設置は、議会の自主組織権の発揮の問題として外部の民間人等で構成する「附属機関」により、また議員と有識者で構成する「調査機関」の設置が考えられています。しかし、附属機関は執行機関におくことが自治法138条の4第3項に規定されており、議会に附属機関を設置することについては、自治法上に根拠規定がないことから、その可否についても疑問が生じていますが、平成18年の自治法改正による「専門的知見の活用」（自治法100条の2）の範囲内での対応も考えられています。

(3) 反問権、議員間討議

議会が合議制であるという観点から、「議会審議の活性化」が不可欠との考えから、反問権の行使及び議員間討議を積極的に行うことが考えられます。「反問権」とは、首長等の答弁者が議員の質問に対して、論点や争点を明確にするために逆質問することを認めるものです。「議員間討議」とは、現状の議会又は委員会での審議が議員と執行部との質疑応答のやり方に終始し、その結果として争点に関する議論が深まっていないとの指摘がなされていることを踏まえ、議員間において本会議や委員会の場で自由闊達な議論を行い、様々な意見を提示した中で、議会の合意形成を図ろうとするものです。

(4) 住民との関係

議会は住民代表機関として、民意を十分に汲み取る努力をしなければならず、その前提としては、住民の多様なニーズを的確に把握しておく必要があります。その手法としては、住民への情報提供の強化、参考人、公聴会、専門的知見の積極的な活用、住民との意見交換等が考えられます。栗山町議会は、町政全般にわたって、議員及び町民が自由に情報及び意見交換をする「一般会議」を設置しています。

4 議会基本条例を制定するにおいての留意点

　議会基本条例の制定はあくまでも議会の活性化を図るための手段であり、制定することが目的ではありません。栗山町議会基本条例及び三重県議会基本条例はいずれも議会改革の取組みの結果に基づき制定されたものであり、それまでの取組結果を集約したものが議会基本条例の形で体系的に形成されたものといえます。したがって、各自治体において取組みが異なる以上、議会基本条例の内容が各自治体で異なることは当然のことです。

　そこで制定時の留意点を述べておきます。

　(1)第一は、なぜ議会基本条例を制定するのかを各議会において、基本から考えたうえで制定作業に着手しなくてはなりません。議会基本条例制定が全国の議会の流れであることから、本市も制定しないと遅れるとの一点により制定しても、それはただ議会基本条例を制定しただけで何の意味もありませんし、実効性など望めるものではありません。議会の役割は何か、議員の役割は何か等の基本的な問題を根本から考え、それに即した対応を本市は果たしているか、不足しているとしたらそれは何か、それを改善するためには何が必要かを議会及び議員自らが考え、議論した中で議会基本条例制定に着手しなければ「仏作って魂入れず」の形骸化した条例になってしまいます。

　(2)第二は、条例案文を作成するにおいて他の自治体の条文のいいとこどりはやめることです。議会基本条例1条はA市から引用し、2条、3条はB市から、4条以降はC市からといったやり方は、制定された条例全体を見たときに背骨のない条例になってしまいます。制定に際しては議論し、基本理念等を定めた中で一貫した考えの中から案文を作成していかなければ、つぎはぎだらけの条例になってしまいます。他の自治体の文言を参考にすることを否定はしませんが、それはあくまでも各条文の趣旨、目的を自ら明確にしたうえで、参考にすべきものです。

通年会期

1 通年会期の意義

現在の地方公共団体の議会は定例会と臨時会があり、定例会は毎年条例で定める回数が開催され、臨時会は臨時あるいは突発的な事件について必要により招集され、定例会、臨時会のいずれも会議ごとに会期を定めることになっています。開会日の最初に「○月定例会の会期は本日から○○までの○○日間と致します。」として会期を定めています。これに対して「通年会期」は、定例会、臨時会の区別を廃止して通年にわたり会期を設定し、いつでも議会を開催できる状態に置くものです。

2 通年会期制度導入の経緯

(1)制度導入の経緯は、①定例会においては議案審議を中心とした会期日程が組まれ、議会本来の役割である監視機能が十分に発揮できないこと、②定例会等の下では、長の専決処分が多用され、議会の監視機能の低下につながるおそれがあること、③議会の監視機能を充実させるためには、議会がいつでも自主的に議会開催ができる状態が望ましいものであること、などの理由から定例会の回数制限の廃止に係る自治法の改正を契機として、定例会の回数の減少あるいは一会期の日数の長期化、さらに定例会を一回として一年を通じて会期とする運用が少数ですがなされてきました。

(2)こうした実態を踏まえて、平成24年の自治法改正により、現行の定例会、臨時会方式に加え、選択制として、通年会期制を条例により採用することができるようになりました(自治法102条の2)。これにより、弾力的な議会運営が可能となり、前記(1)で示した課題に少なからず対処できるとされています。

3 通年会期の利点・欠点

(1) 利　点
① **臨時会の招集請求が必要なくなること。**
　従来であれば、議会が臨時会の開催を必要とするときは、長に対し、具体的な法律上の事件を示して招集を請求しなければなりませんでしたが、通年会期においてはその必要はなく、基本的にはいつでも会議を開くことができます。
② **常任委員会の活動が活発になること。**
　従来であれば、閉会中においては閉会中の継続調査等の議決をしない限り、常任委員会等の委員会は、活動できませんでしたが、通年会期においては閉会中の概念がありませんので、議会において何時でも必要と認めるときに委員会を開催できることになります。
③ **専決処分がなくなること。**
　閉会中の概念がないので、自治法179条1項（長の専決処分）の「普通地方公共団体の長において議会の議決すべき事件について特に緊急を要するため議会を招集する時間的余裕がないことが明らかであると認めるとき」等の要件に該当しないことから、原則的には専決処分はできないことになり、議会の権限の制約が少なくなることになります。

(2) 欠　点
① **議会対応の機会が増加し、行政の低下を招くおそれがあること。**
　議会の会期日数の増加が見込まれ、長等の執行機関に対する出席要求が増加し、行政の停滞を招くことが指摘されています。この問題を回避するため、自治法102条の2第8項において、通年会期制を採用する場合の出席義務については「定例日に開かれる会議の審議又は議案の審議」に限定しています。また、長等が出席できない正当な理由があるときは、議長に届け出れば出席義務は解除されるとされています（自治法121条1項ただし書）。「正当な理由」とは、ⓐ当該議会に出席することより

も重要な他の公務の場合、ⓑ災害による交通の途絶のため出席できない場合、ⓒ災害発生により執行機関として現地対応を図る場合、ⓓ重い疾病や障害の場合、などが考えられます。なお、自治法121条1項ただし書の規定は、定例会、臨時会方式においても同様に適用されます。

② 通年会期において一事不再議の原則との調整をどのように図るかということ。

一事不再議は同一会議中に一度議決された事件は再び議決しないことをいいます。通年会期においては1年が同一会議になりますから一度議決された事件（特に否決案件）は同一年には再度同一内容の議案は提出できないことになってしまいます。これを解消させるためには、一事不再議の例外措置としての「事情変更の原則」を柔軟に対応せざるを得ないことになります。

4 会期、招集、定例日

通年会期制の会期は、条例であらかじめ定めた日から翌年の当該日の前日までの一年間が会期とされ、当該条例で定めた日に長が議会を招集したものとみなされます（自治法102条の2第1項・2項）。定例会、臨時会方式においては、長が告示した招集日に応召議員が議員定数の半数以上いなければ流会になりますが、通年会期は条例により会期がすでに決まっていることから、招集日に応召議員が半数以上いなくても通年会期は流会にはならないことに留意しなくてはなりません。

また、通年会期を採用しても一年中会議を開くわけではなく、通常の会期制（定例会等）と同様に一年の中で数回の審議期間を設け、それ以外の日については休会とする運用がなされています。そして、自治法102条の2第6項は「条例で定期的に会議を開く日（定例日）を定めなければならない」と規定しています。

議長交際費

1 交際費とは

　交際費は、地方公共団体の長その他の執行機関が、行政執行のために必要な外部との交渉上要する経費であると一般的に解されています（行政実例昭和28年7月1日自行行発200号）。交際費の支出については、地方公共団体の長等に一定の裁量があると解されていますが、支出の可否、支出の金額について慎重な検討を要するものであり、交際費の「目的を達成するための必要且つ最少の限度をこえて、これを支出してはならない」（地方財政法4条1項）ことはいうまでもないところです。したがって、職務執行との関連性を欠くような交際に要した経費を交際費として支出することは許されません。また、交際費は対外的な折衝のために公用として支出されるものですから、単なる内部的な会議の「食糧費」として支出されるものでもありません。

　そこで、議会において議長の職務権限としては、①秩序維持権、②議事整理権、③事務統理権をはじめ対外的に④議会を代表する権限も有しています。議会の議長が、議会の対外的な活動をするために要する経費で、交際費の予算科目から支出される経費を「議長交際費」といいます。

2 交際費を支出する際の留意点

　交際費特に議長交際費の支出に関し、以前一部の地方公共団体において不都合が生じたことから自治省（現：総務省）通知（昭和40年5月26日自治行65号・自治財55号）が発出され、次の留意事項が示されています。①交際費の支出については、自治法232条の3から232条の5までの規定（支出負担行為・支出の方法等）の適用があり、したがって、一般経費と同様、支出負担行為に基づき、正当債権者に支払いをするこ

とが建前であること、②交際費を、一定金額を定めて定例的に資金前渡する支出の方法は①の建前から適当でなく、もしあらかじめ現金を前渡する必要がある場合には、所定の手続により、資金前渡の方法によるべきであること、③交際費といえども正当債権者の領収書を受けておくことが建前であるが、ただその経費の性質にかんがみ、例えば香典等社会通念上相手方から領収書を徴することができにくいものは、支出額、相手方等の収支の経費を明らかにする方法によることも、やむを得ないものであること、④交際費については、他の費用の流用又は予備費の充用は適当でないので、交際費を増額する必要がある場合は、所定の予算措置により行うものとすること、が示されています。交際費は、その使途が特に住民の疑惑を受けやすいものですから、その計上は最小限にとどめ、増額する場合には、所要の補正措置を講じる必要があります。前記①～④の事項に留意して行うことが議長及び長その他の執行機関に求められることになります。

3 交際費の判断基準

　交際費としての支出の適否は、個別的に社会通念により許容されている範囲を逸脱しているかによって判断せざるを得ないものであり、その判断基準としては、①職務との関連性の有無、②支出先の団体等の性格、③支出対象となる行事等の性格などを総合して判断することになります。そこで、裁判例等を踏まえて交際費に伴う個別的な問題点を考えていきます。

(1) 地方公共団体が交際費に基づく公費接待を行うことの可否

　地方公共団体が交際費に基づく公費接待を行うことが可能か否かについては、東京高裁昭和62年6月29日判決（判例自治32号7頁）において、B県A市が市民プール等の建設事業遂行のため、B県の当局者との間で本件事業の説明の機会を設け、意見調整を行う必要があった際に、社会通念上相当と認められる範囲の接待を交際費で行うことは、地方公共団

体も社会的実体を有するものとして活動している以上許容されるべきものであるとしています。裁判例においては、地方公共団体が上級官庁職員を含め外来者等を接待し、その経費を交際費をもって支弁することは可能であるとの見解が採られています。

(2) 交際費の支出内容の妥当性

交際費の支出内容の妥当性については、まず、支出が適法であるためには、当該支出の性質、内容、目的、金額、効果等の諸般の事情を勘案し、社会通念上相当な範囲の儀礼的支出であると認められることが必要となります。裁判例から適法と判断されたものは、①香料、見舞金、結婚祝い金などがあげられます。また、違法であるとされたものは、②議員の海外視察に際し議長が交際費から餞別として支出した事例や選挙の陣中見舞いとしてビール券を議長交際費から支出した事例のほか出陣祝い、当選祝い、就任祝い、政党の新春祝賀会会費、政党の定期大会会費、議員の出版祝い、パーティー券代などが事例としてあげられます（奈良地裁平成14年5月15日判決・判例自治233号19頁）。

(3) 外部との交渉の態様

地方公共団体の長等や議長が行う交際が特定事務を遂行し対外的折衝等を行う過程において具体的な目的をもってなされるもの（調整交渉的交際）以外においても一般的な友好、信頼関係の維持増進自体を目的としてなされるもの（儀礼的交際）であっても、普通地方公共団体の住民の福祉の増進を図ることを基本として地域における行政の自主的かつ総合的に実施する役割を果たすため相手方との友好、信頼の維持増進を図ることを目的とすると客観的にみることができ、かつ、社会通念上儀礼の範囲にとどまる限り、その支出は許されるとしたものがあります（最高裁平成18年12月1日第二小法廷判決・判例自治295号10頁）。

なお、儀礼的交際の範囲については、今後の判例等の蓄積によって適法等の範囲が具体化されるものと考えます。

(4) 外部との交際上要する経費

　交際費は地方公共団体の長等や議長が職務上必要となる対外的活動について、外部との交際上要する経費ですので内部機関との会合等において交際費を支出することは許されません。議長交際費の事件ではありませんが、注目すべき裁判例がありますので紹介します。

　市選挙管理委員会主催の新年会に出席した市長が交際費として1万円を支出したことが違法な公金の支出に当たるとした住民訴訟において、東京高裁平成15年12月17日判決（判例自治257号9頁）は「市選挙管理委員会は普通地方公共団体である執行機関であるが、地方公共団体の長から独立した権限をもつ、いわゆる行政委員会であり、市長はこの機関との間においても相互に連絡を図り、時として調整を要する場合もあり得るのであるから、その委員らと意見交換を図り、意思疎通を行うことは必要かつ有益であり、その際に、社会通念上儀礼の範囲にとどまる程度の飲食を共にし、相当な費用を交際費で支出することは許される。」と判示しています。これを踏まえますと、議長と市長等が議会運営等の意見交換のため会合を催し、交際費で支出したことが内部機関であるからすべて許されないと考えなくてもよい場合があり得ることになります。

(5) 職務執行との関連性

　職務執行との関連性については、職務執行との関連性を欠くような交際に要した経費の支払に充てることは許されず、具体的には、花代・コンパニオン代、土産代、二次会経費の支出は、交際費で支出することは認められないものと考えられています。二次会に関し、大津地裁平成10年9月21日判決（判例自治189号12頁）は、「二次会は、一般的に専ら遊興のための場という色彩が強く、行政事務執行上直接必要であるかについては大いに疑問があるところであって、二次会にかかる支出については、接遇の費用がいくら少額であっても、その必要性が認められ

ない限り、社会的儀礼の範囲を超えるものであり、支出の違法性が推認されると解するのが相当である。」と判示しています。

(6) 交際費の額の妥当性

　交際費の額の妥当性については、社会的儀礼の範囲を判断する上で最も重要であり、かつ難解な要素を含むものといわれます。支出内容に応じて額は変わりますが、香料や見舞金に40万〜50万円を支出すれば、妥当性を欠くことは明らかですが、接待の場合、裁判所は明確な基準を示していません。一般的には、裁判所は、交際費に要した費用の総額よりも一人当たりの単価に着目して判断しており、一人当たりの単価が高くなればなるほど社会的儀礼の範囲を超えるものと判断されます。少し古い判例ですが、①最高裁昭和63年11月25日第二小法廷判決・判例自治51号10頁（市川市事件）は、総費用21万9970円、一人当たり1万8330円の場合と、②総費用16万4806円、一人当たり1万3733円の場合の二つの事例は合法とし、③最高裁平成元年9月5日第三小法廷判決・判例自治62号17頁（高須輪中水防事務組合事件）は、総費用29万4972円、一人当たり2万2690円の場合は違法とし、④最高裁平成元年10月3日第三小法廷判決・判時1341号70頁（高須輪中水防事務組合事件）は、総費用20万2871円、一人当たり1万8442円の場合は合法とされています。これらの事例を見る限り一人当たり2万円を超える場合は違法と判断されているようですが、これが今日において維持できる基準といえるかについては、難しいところです。

　なお、接待の相手方が合理的な理由なく明示されていない場合は、国家公務員倫理法等に基づく5000円を基準とされる場合があります。

(7) 出席者の地位や接待の場所

　①出席者の地位や人数に関しては、接待を行う者及び接待を受ける者の社会的地位が、当該接待が社会的儀礼の範囲にとどまるか否かを判断する上で重要な要素となります。接待を行う側が知事、市長、副知事、

副市長などの最高幹部であり、接待を受ける側が相当な社会的立場にあれば、それ相応の接待は必要であり、ある程度高額な支出も許容されることになります。また、②接待が行われる場所に関しても、ホテルや料理店の個室などは認められると考えられますが、クラブやスナックは、専ら遊興のための場所としての性質が強いもので、行政事務執行上直接必要な接待を行う場所としてはふさわしい場所とはいえないでしょう。

以上のように、交際費の支出の違法性の有無は、抽象的にいえば、社会通念上相当な範囲といえるかどうかによって決せられることになりますが、その個別具体的な支出に対する判断が違法といえるかについては困難が伴うものといえます。

4 交際費のトラブル防止策

そこで、転ばぬ先の杖ではありませんが、交際費の支出については、その使途が特に住民の疑惑を招きやすいことから、市民から情報公開請求等が求められる前に支出の基準表を作成し議会や市民に公表し、また、毎月の交際費の支出等をインターネット等で知らせる情報公表義務制度や情報提供制度を利用して、地方公共団体の透明性を確保することが交際費に伴うトラブルを防止するものとなります。

視察・海外視察

1 視察とは

　議員が公費に基づく国内外の視察等を行う態様としては、①議員派遣、②委員派遣、③政務活動費に基づく視察等があります。その視察目的は、当該地方公共団体の主要な事業の進捗状況等を視察したり、他の地方公共団体の先進事例や類似団体の事務事業の実情等を視察することは、いずれの自治体においても頻繁に行われています。また、海外諸国の都市との姉妹・友好都市締結に伴う国際交流訪問や福祉施策、環境問題、まちづくり等の面での先進各国の視察も活発に行われているところです。しかし、議員が行う国内視察や海外視察において議員の職務との関係でしばしば問題になることがありますので、どのような点に留意すればよいかを考えていきます。

2 視察の問題点

　地方公共団体の議会議員が、行政視察や研修旅行等の名目で国内外へ出張することは多くあります。その中で、視察の行程中観光地を回ることもあり、その公務性が新聞等をにぎわすことがあります。視察を問題とした裁判例（特に住民訴訟）の多くは、視察への公金の支出は、裁量権の問題としており、裁量権の行使に逸脱又は濫用があるときは、視察への公金の支出が違法となり、裁量権の行使に逸脱又は濫用がないときは、視察への公金の支出は適法としています。そして、視察が専ら私的な観光や娯楽・遊興を目的としたものである場合には、裁量権の行使に逸脱又は濫用があるものとされます。

3 議員の海外視察

　視察を検討する前提として、地方公共団体の議会は、その議員を特に

海外視察を行わせることの権能を有するかについて、最高裁昭和63年3月10日第一小法廷判決（判例自治43号10頁）は、「普通地方公共団体の議会は、当該普通地方公共団体の議決機関として、その機能を適切に果たすために必要な限度で広範な権能を有し、合理的な必要性があるときはその裁量により議員を海外に派遣することもできる」とし、さらに最高裁平成9年9月30日第三小法廷判決・判時1620号50頁）は、「普通地方公共団体の議会は、当該普通地方公共団体の議決機関として、その機能を適切に果たすために合理的な必要性がある場合には、その裁量により議員を国内や海外に派遣することができるが、右裁量権の行使に逸脱又は濫用があるときは、議会による議員派遣の決定が違法となる場合がある」とし、基本的には議員の視察特に海外への視察を是認しています。

なお、平成14年の自治法の改正により「議員派遣」が法制化されたことから、特に海外視察は議員派遣に基づいて多く行われています。

4 視察の要件

そこで、国内外の視察に対し、裁量権の行使に逸脱又は濫用があるか否かについては、①視察の目的、②視察の行程、③参加者の選定方法、④費用の額などを基準に判断することになります。

(1) 視察の目的

視察の目的については、議員が直接抱えている課題に沿った目的だけにかかわらず、議員の資質の向上を図り、国際的視野に立った識見を高める目的で候補地を選定することは正当性があるといえます。大津地裁平成7年10月9日判決（判例自治147号24頁）は、町会議員の視察において「議員の行政視察は、当面の行政課題に直接結びついていなければならないものではなく、議員の視野を広め識見を養わせるなどの観点から、議員活動を有益ならしめる場合にも、なお行政視察として議員を派遣する必要性が認められる」としています。

これに対し、視察の目的が逸脱している事例としては、①議員の所属する政党活動としてなされた視察、具体的には、○○党大会に出席するための視察は認められません。②議員が自分と同一党派の国会議員に面会し、陳情するための視察も認められません。③私的な旅行は視察の目的を明らかに逸脱しています。毎年、議員派遣や政務活動費を利用して出身地の市町村やその周辺を視察することは、里帰りと見られる可能性が強く妥当性を欠くものと思われます。

(2) 視察の行程

視察の行程については、①視察の行程・内容に観光的要素が含まれていても、そのことから直ちに行政視察の性質が喪失するものではありません（甲府地裁平成10年3月31日判決・判例自治181号30頁）。しかし、その視察の目的に関係あるところの要素が多少なりとも含まれていることが必要であり、その視察の目的に関係するところが一切なく、遊興を主たる内容とした観光目的に終始する行程の場合には、前記したように裁量権を逸脱して違法と判断されることになります（岐阜地裁平成22年9月8日判決）。議会の常任委員会の視察の行程内であったとしても、宿泊地が合理的な経路を大幅に逸脱した上、二日目に視察研修の目的に関連する視察が行われていない場合は、宿泊と二日目の行程に必要性がないことになり、その部分の経費の支出は違法であるとした事例があります（水戸地裁平成22年5月28日判決・判例自治340号45頁）。②A県議会の二つの特別委員会が一泊二日の県内視察を行い、県職員も参加して夕食会を開き、飲食代や宿泊費を公費から支出した事案に対し、前橋地裁平成16年12月17日判決は、視察自体の必要性は認めましたが、酒食を伴う懇親会のためだけに宿泊したことは、明らかに公務上の必要性に欠けると判決し、宿泊費の返還を命じています。視察が十分日帰りが可能であるのにもかかわらず、視察の目的が泊りがけで宴会することにあり、翌日は早々に帰り支度をする事例がいまだに多く見られますが、このような場合、宿泊を伴う視察が本当に

必要であったかに疑問が生じます。

　また、委員派遣等で議長から出張命令が出されているのにもかかわらず、正当な理由（本人の病気、身内の葬儀や看護等）なくして自己都合で帰ってきたり、あるいは委員派遣等の途中や終了後に自己都合で離脱し、他の場所等に行くことは許されません。委員派遣等は、特定の目的のための派遣ですから、役所から出発し、役所に帰るまでが委員派遣です。

⑶　参加者の選考方法

　参加者の選考方法については、恣意的な選考が行われているか否かが問題となります。

　視察目的とまったく関係のない者が視察に同伴したり、視察に家族が同伴したりする場合は視察の範囲を逸脱していることがあります。

　なお、首長や議長が海外視察の際に相手方の要請等で配偶者を同伴することがありますが、その必然性があれば許されるものと思われます。

　参加者の選定方法について、特に海外視察の選定を当選回数の多い順等から選定する「順送り方式」を採用してもそれは認められるものとなります（東京地裁平成11年2月26日判決・判例自治199号31頁）。

⑷　視察費用の額

　視察費用の額については、著しく高額であるか否かが問題となります。議会の議員については、自治法203条4項は、旅費を含む費用弁償については、その額及びその支給方法を条例で定めなければなりませんから、視察等の費用額については、自治法204条3項及び同法203条4項に基づく条例（特別職の職員の給与、旅費及び費用弁償に関する条例や職員旅費支給条例など）に定めのある費用科目については、それらの条例に従う必要があります。A県知事が海外視察の際、宿泊するホテルの部屋の選定について、基本額の3倍である一泊7万2600円を超える部分は、

ホテルの高級感・豪華さ・雰囲気などをもたらすに過ぎず、旅行目的や執務に資するものとはいい難いから、格別の事情（例えば、当該ホテルに宿泊しなければ視察目的が果せない特別の事情がある場合）が主張立証されない限り、原則として裁量権の範囲を逸脱しているというべきであり、宿泊料のうち同額を超える部分についての支出は違法な支出であるとした事例があります（福井地裁平成13年10月27日判決・判例自治229号19頁）。

(5) 実額方式と定額方式

　視察等の費用の定め方には、実額方式と定額方式があります。旅費は本来的には、現実に要した費用を実費計算してこれを支給する方式（実額方式）が旅費本来の建前となります。しかし実額方式を採る場合による手続の煩雑さ（旅行者に証拠書類の確保を要求し、事務担当者にその確認の手数の負担）やそれに伴う経費の増大等の短所があることから、国家公務員の旅費等と同様に、自治法204条3項（一般職等）の旅費の額及びその支給方法をあらかじめ定め、それに該当するときには、実際に費消した額の多寡にかかわらず、標準的な実費である一定額を支給する（定額方式）こととする取扱いをすることも許されます。また自治法203条による地方議会の議員の旅費についても同様の見解が示されています（最高裁平成2年12月21日第二小法廷判決・判例自治83号21頁）。

　したがって、委員派遣等の旅費を条例の定めるところにより定額方式を採用することは許されるものであり、旅行命令に反しない限り、派遣された委員等に旅費の取扱いが委されているものと解されます（横浜地裁平成8年4月24日判決・判例自治153号9頁）。

(6) 行程表・事後報告書

　いずれにしても、国内外の視察を行うに際しては、事前対策として旅行会社等にすべて任せるのではなく、議員や会派等が自主的に視察

目的に沿った行程表を作成し、議会事務局に提出し、意見やチェックを得ておくことも必要ですし、視察後は、目的、成果等の報告書を速やかに作成し、議会や議長に提出し、住民の求めにも応じられるようにしておくことが、透明性を確保し、国内外の視察の目的、成果を明確に住民に開示できるものとなれば、説明責任を果たすことになり、現在、生じている国内外の視察に伴う訴訟等は少なくなるものと考えられます。

政務活動費

政務活動費

1 政務活動費とは

　地方公共団体が、条例の定めるところにより、その議会の議員の調査研究その他の活動に資するために必要な経費の一部として、その議会における会派又は議員に対し、交付することができる金銭的給付を「政務活動費」といいます（自治法100条14項）。そして、交付対象、額、交付の方法等は条例で定めることになり、条例の根拠なくして交付された政務活動費は違法となります。また、交付を受けた会派又は議員は、収支報告書を議長に提出しなければなりません（同条15項）。

2 沿　革

(1) 法制化以前

　この政務活動費は自治法において法制化される以前から都道府県及び市町村の議会において政務活動費と同様な趣旨で「調査研究費」等の名目でいわゆる会派交付金として、自治法232条の2の規定に基づく補助金として交付されていました。しかし、当該会派交付金の支出が、同条の「公益上必要がある場合」に該当するか否か、また、給与条例主義に違反するのではないかといった点について裁判で争われていました。浦和地裁昭和55年12月24日判決（判時1009号46頁・判タ433号129頁）は「市が、市議会議員の各会派に対してした各派研修費、市会調査研究費等の名目による支出につき公益上の必要がある。しかし、市が、市議会議員に対して研修図書購入費を支出したことにつき、議員に対し研修図書購入費を交付する合理的理由がなく、その使途も明らかでないこと、市が自ら定めた補助金等の支出に関する規則所定の手続をしなかったことなどから、右支出は、補助金の支出であるとはいえない」としています。また、横浜地裁平成2年12月21日判決（判例自治86号

39頁）は「県知事による県議会議員の各会派に対する政務調査研究費の支出につき、県議会各会派政務調査研究要領所定の使途に使われる限り公益に資し、その使途を確認するための体制も整備されているから、自治法232条の2に違反しないもの」との判断がなされています。

(2) 平成13年の法制化

政務調査費の法制化については、かねてから全国都道府県議会議長会及び全国市議会議長会などからの要望がなされていたところです。このような状況を背景に議員立法として平成12年の自治法の一部改正により政務調査費として法制化され、平成13年4月1日から施行されました。

この政務調査費は、昭和22年の自治法の制定により、議員に報酬と費用弁償の支給を認め、昭和31年の同法の改正において、国会議員との均衡から期末手当を認めており、今回の改正はそれ以来の改正であり、政務調査費は、報酬、費用弁償、期末手当に次ぐ第四の経費と呼ばれています。

(3) 平成24年の自治法改正

平成13年に法制化された政務調査費が平成24年に改正されました。主な改正点は
① 名称が政務調査費から政務活動費に改められたこと
② 充てることができる経費の範囲は条例で定めること
③ 使途の透明性の確保に議長は努めること
④ 法文の内容が「…議員の調査研究」の次に「その他の活動」が加入されたこと、です。

このことから「…議員の調査研究その他の活動に資するため」となりました。今回の改正により「その他の活動」が加入されたことにより、従来の使途範囲が大幅に拡大されるように考えられますが、「その他の活動」の解釈において「その他」と「その他の」で解釈が大きく異なります。

平成24年の改正は、平成13年の政務調査費が法制化されたときと同

様に議員立法で制定されています。改正時における提案者である議員の説明においては「これまで、政務調査費につきましては、条文上、交付目的は調査研究に資するものに限定されていたわけですが、今回の修正によりまして、今後は地方議員の活動である限り、その他の活動についても使途を拡大し、具体的にあてることができる経費の内容について条例で定めるという形にしたわけであります。」と答弁しています。しかし、立法意思があるにしてもいったん法律として成立すれば、それは法文の文言解釈によって解釈され、最終的には最高裁判所で判断されることになるわけです。

　それを踏まえて文言を整理しますと、「その他」は「その他」の前にある字句と後にある字句が並列の関係にある場合に用いられます。「A、Bその他C」の場合はA、BとCが並列になります。しかし、「その他の」は「その他の」の前にある字句が「その他の」の後にある、より内容の広い意味を有する字句の例示として、その一部を成している場合に用いられます。「A、Bその他のC」の場合は、Cの例示としてA、Bが示されたことになります。

　したがって、今回の改正において「その他の活動」として「その他の」となっているため、「活動」の例示として「調査研究」が示されたことになります。このことから、従来の内容が大幅に変更されたものでなく、使途範囲も従来より拡大されたものでないことに留意しなくてはなりません。

　また、前記②で示したように使途範囲を条例で定めさえすれば無制限に拡がるのではないかという問題については、「法律にある内在的制約」が存在していることから、条例によっても安易に拡大できないものと考えられます。

3　政務活動費の法的性格

　政務活動費の法的性格は、自治法232条の2の規定に基づく「補助金」とされています。この点について政務調査費から政務活動費に変更され

たことにおいても、法的性格は変更されていません。したがって、政務活動費の目的に沿った支出が前提であり、目的を逸脱した場合には、補助金という性格から取消しや返還の問題が生じることになります。また、残金が出た場合も返還の問題が生じることになります。その年度内に残金が生じたからといって、その分を翌年度に繰越すことはできません。

これに関し、一定の場合に会派又は議員に対し政務活動費を交付できる趣旨について最高裁平成25年1月25日第二小法廷判決（判時2182号44頁、判例自治367号33頁）は、「議会の審議能力を強化し、議員の調査研究活動の基盤の充実を図るため、議会における会派又は議員に対する調査研究の費用等の助成を制度化したものであると解される。」また「議員としての議会活動を離れた活動に関する経費ないし当該行為の客観的な目的や性質に照らして議員の議会活動の基礎となる調査研究活動との間に合理的関連性が認められない行為に関する経費は、これに該当しないというべきである。」と判示しています。

4 政務活動費の導入時の留意点

(1) 政務活動費の導入

政務活動費を交付するか否かは各地方公共団体の判断にゆだねられています。必ず導入しなければならないものではありません。特に、町村においては設けていない場合もあります。導入するに当たっては、地方公共団体における議員の調査研究活動の実態や議会運営の方法等を勘案の上、交付の必要性や交付対象について十分検討する必要があります。

(2) 会派の位置づけ

政務活動費を会派に交付する場合には、会派の位置づけ（議会運営委員会や各派代表者会議などの会派構成と同様な取扱いにするか、又は政務活動費に関する独自の定めをするかの問題）やいわゆる一人会派の取扱いをどうするかなどを明確に定めておかなければなりません。

なお、会派といった場合は、議会運営上の会派と政務活動費を交付す

るための会派の二種類があります。一般に会派といった場合は、同じ政策を持つ集団を指しますので2人以上であり、議会運営上の会派をいいます。政務活動費の支給対象となる会派は、当該団体の政務活動費の交付に関する条例で規定すればよいものですから、一人会派を認めるかどうかは当該団体の条例によるところです。また、政務活動費を導入するにおける留意点は行政実例（平成12年5月31日自治行32号自治省行政課長）においても同旨の内容が示されていますので参考にしてください。

　会派に交付された政務活動費に対し、所属議員が行った調査研究が会派が行ったものといえるかに関し、政務活動費が会派の事前又は事後の承認の下に実施される調査研究活動に支えられるものと認められ、各議員による政務活動費の支出が事後的に会派に報告されることなどを通じて、その適正執行が担保されていることが認められる限り「会派が行う」との使途基準に違反しているとはいえないとしたものがあります（仙台地裁平成19年11月13日判決）。したがって、会派に所属する議員の調査研究が当該会派の事前又は事後の承諾なく行われて会派による適正執行の担保がない場合は、違法となることに留意しなくてはなりません。また、条例で政務活動費の交付対象を会派に限定している場合には、会派が所属議員に政務活動費を分配し、各議員にその使途を任せ、会派のために使用したとの立証がなければ違法となるとしています（札幌高裁平成16年10月20日判決・判タ1208号167頁、その上告審である最高裁平成18年9月21日判決もこの結論を支持しています）。

　また、会派が解散した場合であっても政務調査費交付条例上の一定の義務を負担している場合、かかる義務の履行がすべて終了して清算がすむまで団体としては存続するので債務は免れないとするものがあります（名古屋高裁金沢支部平成20年2月4日判決）。

5　政務活動費の使途

(1)　交付の目的

　政務活動費を設けた趣旨は、地方分権の進展に対応した地方議会の活

性化に資するためであり、この制度の活用により、地方議会の果たす役割と機能がますます拡大、充実することが期待されます。そこで、交付目的は、議員の調査研究その他の活動に資するために必要な経費の一部として交付されるものですから、その目的に沿わない使用は認められないことになります。しかし、自治法において「調査研究」と規定しているからといって、使途が「調査研究」に限定されるものではありません。使途に関しては、各地方公共団体の条例の定めるところによりますが、その標準条例が、都道府県議会議長会、市議会議長会、町村議会議長会でそれぞれ示されています。

　議員の調査研究は広範囲にわたることが考えられますが、①専ら国政に関する分野を調査研究すること（専ら国防問題に関すること）や②私的な自己啓発に属すること（絵画や英会話教室に通うこと）などは、政務活動費で行うことは適切ではありません。

　また、引退あるいは落選した議員が行った調査研究を会派としての活動に実際に反映したか否かは、政治責任の範疇に属するものであって、実際に使途基準に沿った政務活動費の使用であれば、法的な責任は問わないとしています（仙台地裁平成19年11月13日判決）。

(2) 一般的な経費項目

　政務活動費の使途基準が下記の経費の項目に沿って定められることになります。これに関連する判例等を含めて説明します。

① 資料作成費

　ⓐ印刷製本費、筆耕翻訳料、広報費、新聞折込料その他市政に関する調査研究のために必要な資料の作成に要する経費をいいます。

　ⓑ調査研究活動、議会活動、政策等を住民に周知する広報紙自体の作成経費を政務活動費に当てることは認められていますが、記事の中に議員の顔写真、プロフィール、後援者である著名人の顔写真、後援会旅行など議員自身のPRがある場合は、選挙活動又は後援会活動の一環と判断されるので適切な按分により、経費を除算する必要があるとされているものが

あります（名古屋地裁平成21年3月26日判決・判例自治325号10頁）。

　また、広報活動は認められるが、但し、当該広報活動が専ら議員個人の政治活動の紹介の場合は広報費の範囲を逸脱するとされるものがあります（東京高裁平成16年4月14日判決・判例自治266号29頁）。広報紙の半分を議員の顔写真を占める場合などが考えられます。

　按分に関しては、配布された市民は広報紙一面を見るのですから、選挙ポスターを配布していると同様の効果があると考えられますから、顔写真の部分以外を広報紙として認めることには疑問がありますので、このような場合には、按分するのではなく、広報費として認めることはできないものとすることが妥当ではないでしょうか。

②　資料購入費

ⓐ市政に関する調査研究のため必要な資料、図書等の購入に要する経費をいいます。

ⓑ日刊新聞は該当しますが、スポーツ新聞の購入は含まれません（青森地裁平成18年10月20日判決・判タ1244号149頁）。

ⓒ政党の機関誌の購入については、議員が所属する政党の機関誌の購入は、政党活動に基づいた支出であるから、使途基準に合致しない違法な支出であるとしたものがあります（仙台高裁平成19年12月20日判決・判例自治311号10頁）。また、政党に属する議員が当該政党の出版物を購読することは、当該政党を経済的に支援し、また政党の方針及び意向を学習する側面があるとしても、それが直ちに政党活動に当たるとはいえず、政務調査費による支出が可能であるとするものもあります(名古屋高裁平成18年2月15日判決）。しかし、他の議員が当該機関誌を政務活動費で購入することは問題ありません。

③　会議費

ⓐ会場借上料、飲食費その他市政に関する調査研究のため必要な会議に要する費用をいいます。

ⓑ政務調査活動を庁舎外の会議室等（市民会館、公民館等）を利用して行い、それに伴う会議室料を政務活動費で充てることは是認されます

が、会議に食事が伴ってよいかについては裁判所の判断が分かれるところです。食事代を否定したものとして昼食等を伴う場合、その金額が社会通念上相当な範囲内であったとしても出席者の昼食代等は、日常生活上当然に必要となる昼食代と何ら性質を異にするものではなく、公金をもって充てられるべき実質を欠き、政務調査活動に付随する費用として公的性質を帯びるものとはいえないとしたものがあります（名古屋地裁平成21年3月26日判決・判例自治325号10頁）。また、肯定したものとして大阪地裁平成18年7月19日判決（判例自治286号15頁）があります。いずれにしても当該会議に酒類が含まれないことは当然ですがペットボトルや茶菓子代等は会議費の中に含むことは可能となります。

ⓒ著名タレントを講師とする講演会を開催し、住民の参加を呼びかけるチラシの印刷を含め、本件講演会に係る経費をすべて政務活動費で充てることについて名古屋高裁平成22年2月26日判決は「本件講演会は、本件議員ら自身の研さん、研修を目的として実施されたというよりも、専ら市民を聴衆とすることを意図した市民向けの講演会であるから、本件講演会は議員らの調査研究活動として実施されたとはいえず、本件講演会に係る支出（会場使用料、講師講演料、広告の印刷代、ガードマンの人件費等）は政務調査費に係る使途基準に反し違法である」と判示しています。したがって、市民のためになるからという抽象的な目的で政務調査費を支出することは許されません。議員の調査研究に資するための経費として政務調査費の支出の厳格性を意識すべきであり、たとえ一般市民向けに行われた講演会であっても調査研究活動で実施されたといえない場合は、違法になることに留意しなくてはなりません。

④ 調査研修費

ⓐ旅費、出席者負担金その他市政に関する調査研究のために必要な現地調査の実施及び研究会等への参加に要する経費をいいます。

ⓑ研修会への参加経費のほか研修会に続く懇親会経費も研修の延長として情報の入手や研修内容を深めることに役立ちますので、高額な懇親会経費でない範囲で認めることは可能と考えられます。しかし、懇親会

政務活動費

だけに参加する場合には、私的な要素と区別がつかないことや誤解を招くこと等から政務活動費による支出は認めない運用が適切と考えます。

ⓒ年度末の視察は、緊急事態等が発生し調査が必要な場合等の正当な理由がない限り、違法等の問題が直ちに発生するものではありませんが、その成果を議会審議に生かすことが困難なことから避けるべきものと考えます。政務活動費が余ったから視察しているとの誤解を住民に与えるような視察をすべきではありません。

ⓓまた、パソコンやデジタルカメラを任期満了1か月から4か月前という時期や任期中の最後の議会の会期後に購入し、しかも購入した議員は任期満了による選挙に立候補することなく任用を終えていることは、当該購入が調査研究のための必要性に欠ける支出であることがうかがえるとしたものがあります（最高裁平成22年3月23日第三小法廷判決・判時2080号24頁）。

ⓔ政務活動費により視察することにおいて、視察先に手土産の費用は、社会儀礼に属する範囲内に収まる金額であれば、視察旅費その他の経費として使用を許容し得るとしたものがあります（東京地裁平成19年12月20日判決）。

ⓕ調査旅行のキャンセル料を行政調査費で支出したことが、やむを得ない事情（本件の場合は、予定日の直前の衆議院解散総選挙により視察先の受入れが困難な状況になったこと）によりキャンセルしたことによって生じたキャンセル料は、旅客運送契約等に起因して不可避的に発生した費用として使途基準に違反するものではないとしたものがあります（東京地裁平成21年2月25日判決）。

ⓖ議員による住民訴訟の提起は、議会の審議能力の強化を図るために議会の議員活動の基礎となるものとして情報や資料を収集する調査や研究の活動とは本来の目的や性質が異なるものであるから、住民訴訟の提起及び追行それ自体のための費用（収入印紙、郵便切手の購入経費等）を政務活動費の使途基準にいう調査研究費の支出には該当せず、違法になるとしています（最高裁平成25年1月25日第二小法廷判決・判時2182号44頁）。

⑤　備品購入費

ⓐ市政に関する調査研究のために必要な備品の購入に要する経費としてのパソコンなどが当たります。

ⓑ事務機器（パソコン等）は性質上私用にも用いられ得るものである上、実際の扱いとしても議員個人が自宅等において常時使用保管しており、私用にも容易に供され得る状態であったのであるから、5割の割合で私用に用いられたと推認され、全部を政務活動費で支出することは違法であるとしたものがあります（札幌高裁平成23年11月25日判決・判例自治360号38頁）。

ⓒ複数台のパソコン購入に関しては、議員控室で所属議員複数名が使用する場合には、複数台の購入は是認されますが、議員個人で使用するパソコンの購入台数として複数台が必要であることは認められないとしたものがあります（大阪地裁平成18年7月19日判決・判例自治286号15頁）。

⑥　人件費

ⓐ市政に関する調査研究を補助するために必要な職員の雇用に要する経費をいい、第三者を政策補助者、事務員として雇用することはできますが、配偶者の場合は、社会通念からすれば、当然に議員活動に協力すべき立場にあると解されますから、政務活動費の支出はきわめて不適当と解されます。

ⓑしかし、例えば学校を卒業した子供が他に就職せずに議員事務所の職員となる場合、議員と雇用契約を締結している場合は、政務活動費から人件費を支出することはできます。

ⓒなお、人件費の支出で留意すべきことは、当該職員は議員活動のほか議員の後援会活動にも従事していることも考えられますから、人件費の全額を政務活動費で支給することは認められず、従事している割合に応じて政務活動費から支出すべきであると考えられます。

ⓓ政務調査活動の補助と後援会活動の補助を兼ねている職員の人件費については、2分の1に相当する額には政務活動費を充当することはできないとしたものがあります（大阪地裁平成21年12月25日判決・判

例自治336号22頁)。

ⓔ議員の親族が政務活動費の支払の相手先になる場合は、契約の存在など当該議員と親族との間の政務調査支出の原因となる法律関係が事後的に検証され、それに耐え得る状態でなければならないとしたものがあります(大阪地裁平成18年7月19日判決・判例自治286号15頁)。

⑦　事務費

ⓐ消耗品費、借上料、事務所費、電気代、通信運搬費その他①～⑥までに掲げるもののほか市政に関する調査研究に要する経費がこれに当たります。

ⓑ事務所の賃料は対象になりますが、事務所をローンで購入し、賃料相当額をローンの返済に充てることは、賃料と同額であっても認められません。その理由は、当該議員が引退したときに事務所が議員の資産として残ることは、住民からの誤解を受ける原因にもなり、政務活動費や議会に対する信頼を失わせることになるからです。議員活動のための自動車購入費も同様といえます。

ⓒ特に、前記⑤～⑦において支出が認められる範囲あるいは率が問題となります。

政務活動費が補助金の性格である以上、使途については厳格性が強く求められます。政務活動費とそれ以外の目的が混在する場合にあっては、政務活動費に充てることができる範囲を確定させる必要があります。仙台地裁平成20年3月24日判決(判例自治314号26頁)は、「ある支出が政務調査活動のためのものでもあるし、他の目的のためのものでもあるという場合に、その全額を政務調査費とするのは相当でないことは明らかであるから、条理上按分した額をもって政務調査費とすべきであり、特段の資料がない限り、例えば政務調査活動とそれ以外の二つの目的のために支出した場合には、二分の一とするなど社会通念に従った相当な割合をもって政務調査費を確定すべきである」と判示しています。

ⓓこれらは、パソコン代等、人件費、事務所費、ガソリン代、携帯電話代等にも適用されます。特に、ガソリン代や携帯電話代は私用にも利

用されることになりますから、その範囲はさらに厳しいものになります。

ⓔ電話代に関しては、個人的使用分を2分の1、政務調査活動として4分の1、それ以外の議員活動分として4分の1としたうえで、電話代金総額に対しては、4分の3を違法な支出であるとしたものがあります（仙台高裁平成19年12月20日判決・判例自治311号10頁）。

ⓕ選挙活動や後援会活動といった活動拠点となる事務所の経費について、市政の調査研究活動に供される割合は3分の1を下らないとしたものがあります（大阪高裁平成19年12月26日判決）。

ⓖ消耗品等については、事務所の観葉植物のリース代、常備薬代、ティッシュ代、タオル代は、政務調査のための事務所に通常必要とされる備品、消耗品には該当せず、違法な支出であるとしたものがあります（熊本地裁平成22年3月26日判決・判時2092号49頁）。

(3) 支出できない項目

次に掲げる経費に充てる場合は、政務活動費を支出することはできません。

① 交際費又はそれに類する経費

ⓐ結婚式の祝い金、香料、見舞金に充てる経費、懇親会費、名刺代、大量な切手代

② 政党としての活動に要する経費

ⓐ○○党大会に出席するための会費や交通費

ⓑ政務活動費をもって政治資金パーティーへの参加に経費を支出することは、間接的ではあっても公金をもって特定の者の政治活動の資金に充てられることになるのであるから、当該パーティーにおいて市政調査との関連性を有する講演会がなされたを問わず、全体として違法な公金の支出であるとしたものがあります（福岡地裁平成23年1月21日判決）。

ⓒ政党の主催する政経セミナーの会券代が「政党活動に伴う支出」であるとしたものがあります（仙台高裁平成19年12月20日判決・判例自治311号10頁）。

ⓓ議員の後援会の支出に政務活動費を充てることが違法であるとしたものがあります（東京高裁平成22年11月5日判決）。
③　選挙活動に要する経費
④　会議費に該当する飲食費以外の飲食費
ⓐ議員間の親睦会に要する経費
⑤　議員個人の利益のために行う活動に要する経費
ⓐ自宅の電気代、ガス代、水道代等

さらに、政務活動費の使途は、自治法上、議員の調査研究に資する経費という制限から前記(2)、(3)を示していますが、各自治体の判断により条例において自治体独自の使途制限を規定しておくことは可能となります（例えば、(3)の④で示したように会議のための飲食代であっても、自治体としてすべての飲食代を禁止する場合）。

(4)　政務活動費の支出割合

前記したことを踏まえますと議員の行動を私的部分3分の1、公的部分を3分の2と区分しても公的部分の中には、①本来の議員活動（本会議、委員会への出席）、②選挙活動、③政党活動、④後援会活動等がありますから、公的部分すべてを政務活動費に充てることはできません。東京地裁平成22年1月28日判決は「都議会議員が政務調査費として支出できる交通費は議員として調査研究活動に要する日常的なものに限定され、そうした調査研究活動とは区別される議員の公務である議会の本会議又は委員会への出席のための交通費はこれを含まない」としています。したがって、本会議や委員会への出席に要した交通費（ガソリン代を含む）を政務活動費から支出することはできません。

政務活動費で支出できる範囲を図に示すと右図のようになります。

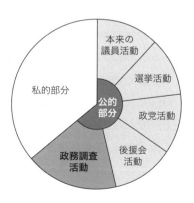

(5) **金　額**

①政務活動費の金額については、自治体の規模、地域性等の諸々の事情を考慮して、条例で定めることになります。額の設定については、一義的には、政務活動費に関する条例を定める当該地方公共団体の議会の裁量判断にゆだねられていると解することができます。そして、額が議会に与えられている裁量権の範囲を超え、又はそれを濫用したものであることを認めるに足りる事情がうかがわれない場合は、裁量権の範囲内のものと解することができます。政務活動費の額がどの程度までが裁量権の範囲内であるかを判断することは一概にはできませんが、当該議会の議員の月額報酬と同程度又はそれを上回る政務活動費を定める場合などは、権限の逸脱等があると判断せざるを得ないと思われます。

②併せて、政務活動費は、議員の資質向上及びレベルアップに使用することが本来の目的であることを考えると都市部の議会でみられる月額40～50万円の政務活動費の必要があるか疑問を持ちます。

③また、政務活動費の支出に際し、プリペイド式カードを利用することは内訳が示され領収書によって裏付けられている限り、適法な支出があるとの事実上の推定が働きますが、実際に政務活動費以外の目的で使用された事実があった場合は違法となる場合があります（東京地裁平成20年3月25日判決）。

(6) **支給の方法**

支給の方法については、支給回数として、月額、四半期ごと、半期ごと、年額のいずれの方法でもよいことになりますが、条例で支払月を定めた以上、例えば四半期ごとの支給に対し前倒しして半期分を支給することはできません。また、支給日も定めておく必要があります。

支給は前払方式が多いようですが、政務活動費の不適切使用が見られたことから、清算方式を採用するところもあるところです。

(7) 支給の対象

支給の対象については、会派だけ、議員だけ、会派と議員の双方の三種類が考えられますが、いずれを決定するかは当該団体の判断によります。

(8) 政務活動費を使用した国内外等の視察

政務活動費を使用して国内外等に視察する場合がありますが、それは、会派又は議員の自主的な活動であり、公務とはみなされません。政務活動費は、議会費に計上されますが、会派等に交付されたあとは会派等が使用内容を決定しますので、政務活動費を原資として視察等を行っても公務性があると解することはできません。したがって、①視察中に事故等が発生しても公務災害の対象にはならないこと、②視察に議会事務局職員等を随行させることはできないこと、③政務活動費に基づく視察に際し、庁舎から駅や空港まで公用車を使用することはできないこと、があげられます。

6 政務活動費の収支報告

(1) 収支報告書の義務付け

政務活動費の交付を受けた会派又は議員は、当該年度終了後に政務活動費の収支報告書を作成し、議長に提出することになります。これは、使途の範囲と透明性の確保を求めるためです。したがって、政務活動費に係わる収支報告書その他の書類を情報公開や閲覧の対象とするなどして透明性の確保に十分配慮すべきです。そして、収支報告書の義務付けは、前記したように政務活動費は補助金の性格を有していることから、その目的に沿った適正な支出がなされているかを確認するためのものでもあります。報告者が所定の様式や内容を満たしているか、また、適正に執行されているかについては、議長は調査する必要があります。

最終的には予算の執行は首長の重要な担任事務（自治法149条2号）であり、公費（政務活動費）が適正に支出されているかを調査しなければなりません。したがって、政務活動費が使途基準に合致して支出され

ているかについて疑われる事情があるときは、首長は、その使途を調査する義務が課されることがあります。

(2) 領収書等の添付

そして、収支報告に領収書その他支出を証する書類（原本又はそのコピー）を添付するか否かは、各自治体において条例又は施行規則等で定めることになります。全国都道府県議長会、全国市議会議長会、全国町村議長会から示された当初の条例準則では、領収書等の添付を義務づけてはいません。その理由とするところは、①会派や議員活動の中には政治的に公開できないものがあること、②領収書の添付が会派や議員の活動の自由を制約するおそれがあるものもあること、などの慎重論が考慮されているのではないでしょうか。なお、現在は多くの議会は領収書の添付が義務づけられています。

政務活動費の使途について、住民訴訟等で争う場合に領収書があればすべて支出が正当化されるわけではありません。政務活動費の支出に係る領収書や会計帳簿が存在しても、その支出の裏付けとなる事実を認めるに足りる証拠がなく、議員の調査研究に資するため必要な経費に充てたとの主張、立証がない場合は、政務活動費を目的外に使用したとして違法となる場合があります（大阪地裁平成18年7月19日判決・判例自治286号15頁）。

これは形式的には要件を備えた領収書が存在したとしても、その領収書が事後の検証に耐え得ることができない杜撰なものであったり、偽造を疑わせるような不自然な内容であったりした場合には、支出は違法であると判断される危険性があることになります。

7 使途不明の証明責任は最終的には議員側にある

(1) 政務活動費の違法な支出

政務活動費が適正に支出される限りにおいては何ら問題はありませんが、政務活動費の使途基準を逸脱するような支出がなされた場合は、返

還問題が生じ、さらに住民訴訟（多くは4号訴訟）が提起され、政務活動費の支出権限を有する決裁権者である首長及び専決権者である議会事務局長（又は庶務課長等）並びに政務活動費を受領し、現実に支出した議員等の責任が問われることになります。

　前者である決裁権者及び専決権者においては、支払い手続に瑕疵があった場合や収支報告書に遺漏や明らかに政務活動費で支出できない項目の領収書等が添付されていることを見落とした場合などに責任が問われることになります。収支報告書に添付された領収書等が真正であるか否かまでのチェックをする権限は専決権者等は有しておらず、領収書等に政務活動費で支出が可能である項目が記載されていれば専決権者等は、それを認め受領せざるを得ません。したがって、領収書に記載されている項目を購入したか否か、また、領収書の添付を必要としない場合は、適正な支出等を証明する責任は最終的には、現実に政務活動費を支出した議員等の責任に帰結されます。具体的には、調査に必要な図書を政務活動費に基づいて購入したのであれば、裁判等において証明する必要が生じたときは当該図書を提示する責任は会派又は議員が負うことになります。

(2) 一義的な証明責任は原告住民

　住民訴訟も広義の民事訴訟になりますから、証明責任は、それを主張した者になります。長に違法な公金の支出があると主張する場合は、違法な公金があることは原告住民が立証する責任があります。東京地裁平成20年3月25日判決は「政務調査費からガソリン代の支出により給油された自動車の個々の使用が調査以外の目的によるものであって不当利得が成立すると主張する者（原告住民）が、実際にその個々の使用が調査研究以外の目的によるものであることを立証する責任がある」としています。

(3) 違法が推定された場合は議員の反証が必要

　しかし、当該支出が違法であると事実上推定された場合、具体的に

は、原告が議員の行う調査研究活動のための支出が合理性ないし必要性を欠いていることを疑わせるに足りる客観的事情を主張・立証した場合には、当該支出が違法であることが事実上推認され、この推認を妨げるには、議員側がそれに反証しない限り違法と判断されることになります（熊本地裁平成22年3月26日判決・判時2092号49頁）。

　また、会合が行われた場所がキャバレーやスナックなど専ら遊興のみに使用する飲食店において「意見交換会」「景気動向調査」が行われたと称しても目的にそぐわず、このような場所と目的との乖離があまりにも大きい場合は、現に調査研究に用いられたことを示す具体的な主張立証がない限り、政務活動費の支出は目的外のものであると推認されるとしています（東京地裁平成16年4月13日判決・判例自治265号25頁、同旨のものとして東京地裁平成18年4月14日判決）。

(4) 収支報告書等の保存

　また、政務活動費を支出した翌年度に収支報告書を提出することから、次の1年間さらに裁判等を考慮するならば、公法上の債権の時効期間である5年間は、収支報告書及び領収書など支出を明らかにする書類等は保存しておく必要があります。会派が解散したり統合することにより政務活動費の収支報告書等が散逸することがありますが、これはあくまでも会派等の内部的問題であり、住民訴訟等が提起され、政務活動費の適正支出を証明するにおいて当時の会派が解散したことから、書類等が存在しないとする理由は、裁判等においては何らの正当理由にはならないことを強く認識しておかなければなりません。それに関し、津地裁平成16年2月26日判決（判例自治264号27頁）は、会派は権利能力なき社団であり、その後解散しても不法行為若しくは債務不履行に基づく損害賠償債務又は不当利得返還債務を負担していると主張される場合は、それが存在しないことが確定しない限り、その範囲で権利能力が存続するから被告としての当事者能力があると判示しています。そのためにも、特に会派に支給する場合には、政務活動費の経理処理を明確にする観点

から、経理責任者の設置を義務づけるか、また、義務づけた場合には、その責務をどのようにするか等を条例又は規則において明確に規定しておく必要があります。

(5) 政務活動費の返還金の消滅時効

政務活動費の交付は、公法上の原因に基づくことから、当該金員の返還を内容とする不当利得返還請求権は、公法上の債権というべきであることから、消滅時効期間は自治法236条1項前段により5年であるとされています（東京地裁平成21年10月16日判決）。

8 政務活動費の額の引き上げの場合の対応

条例において交付すべき政務活動費の額（主に引き上げの場合）を決定する場合、条例の提案者が長でなく、議員の場合は、議員が条例案を提案し、議員間で質疑し、議員自らが議決することから、市民からお手盛りではないかとの批判を受けかねません。そこで、第三者機関の意見等をあらかじめ聴取するシステムが必要となります。①特別職報酬等審議会に諮問し答申を得る方法があります。しかし、同審議会は特別職の報酬等を審議の対象にしており、政務活動費は審議対象になっていないのが一般的ですので、同審議会条例において、政務活動費を審議対象にする改正が必要となります。また、議員提案の場合には、制度上、当該審議会は長の諮問機関であることから特別職報酬等審議会の意見を聞くことには手続上等の問題があります。その場合は②公聴会及び参考人制度を利用する方法があります。「議会は、会議において、当該地方公共団体の事務に関する調査又は審査のため必要があると認めるときは、参考人の出頭を求め、その意見を聴くことができる」（自治法115条の2第2項、公聴会は同条1項）。これらの制度を利用して少なくても政務活動費の引上げ等に賛否の意見を有する数名を選択し、意見を聴取する必要があります。

いずれにしても、政務活動費は、報酬、費用弁償、期末手当に次ぐ第

四の経費と呼ばれ、住民から見ると議員報酬と同視される蓋然性の高いものですから、前記した額の引上げはもちろんのこと、政務活動費の運用においても住民の批判を招くことがないよう十分注意しなくてはなりません。従来、住民訴訟の被告とされるものの多くは執行機関としての首長が大半でしたが、政務活動費が設けられた平成13年以降は、議員が住民訴訟の最終的な当事者となる事例が多く見られますので、会派及び議員の対応には慎重を期した配慮が望まれます。

費用弁償

1 費用弁償とは

　費用弁償は、地方公共団体の議会の議員や審議会や審査会等の付属機関の委員などの非常勤職員に対し、職務の執行等に要した経費を償うため支給される金銭のことをいいます（自治法203条2項）。そして、議員は役務の対価として報酬を支給されますが、そのほかに職に要した経費の弁償を受けることができます。これが費用弁償であり、昭和22年の自治法の制定時に議員の報酬と同時に制定されています。

　なお、費用弁償のほかに実費弁償（同法207条）という言葉があります。いずれも実費の弁償の意味を持つものですが、実費弁償のほうがより実際に要した費用の補償の意味合いが強いといわれています。

2 費用弁償は定額主義

　費用弁償は報酬と同様に必ずその支給額及び支給方法を条例で定めなければなりません（同法203条4項）。費用弁償は、交通費や旅費など職務の執行のために要した費用の実費の弁償ですが、その額は必ずしも現実に要した額と同一である必要はありません。実際には、交通費・日当・諸経費等に要する費用を勘案し、条例に標準的な費用を定め、これに基づき定額を支給するのが一般的な対応になります。食事代を含めることはしません。

3 費用弁償を支給できる会議等とは

(1) 職務を行うために要する費用

　費用弁償は、「その職務を行うために要する」費用の弁償であることから、議会の議員の職務は、厳格に解することにおいて、議会の会期中及び議会閉会中に付議された特定の事件を審査している委員会以外はあ

り得ないことになります。したがって、費用弁償を支給できるのは、①本会議、②常任委員会、③特別委員会、④議会運営委員会、⑤議会閉会中に付議された特定の事件を審査している委員会に限られます。これ以外の①各派代表者会議、②議会閉会中の審査の付託がなされていない場合に招集された委員会、③議会開会前の条例や予算の内示等のために長の要請に基づき委員長の招集による常任委員会、④議会閉会中に長の要請又は議会の必要に基づいた全員協議会、⑤議長において各党代表と協議のため参集を求められた場合、⑥議会運営委員会理事会、⑦議会開会前の会派等の勉強会、などに対しては費用弁償を支給することはできません。仮に、前記会議等に執行機関が出席し、質疑応答を行っても議会活動とみなすことはできません。

　費用弁償条例において「委員会の出席」に費用弁償支給の根拠が限定されている場合において、議会運営委員会理事会は、議会運営委員会とは別の組織である協議会におかれたものであるから、当該理事会が慣例上「議会運営委員会理事会」と呼称されていても、議会運営委員会の一部を構成するものとはいえないので、当該理事会への出席は、委員会活動であるとみることはできず、「委員会の出席」には当たらないとして、費用弁償を支給することは違法であると判示したものがあります（東京高裁平成12年6月28日判決・判例自治223号28頁）。

　なお、平成20年の自治法改正により、地方議会は会議規則の定めるところにより、議案の審査又は議会の運営に関し協議又は調整を行うための場として各派代表者会議や全員協議会等を定めれば正規の議会活動として費用弁償を支給できる会議となると解されます。

(2) 議長に対する支給

　また、議長に対する費用弁償の支給については、議長が市町村の議会を代表して他の自治体の会議に出席したり、市町村の表彰式や卒業式等の儀式に議会を代表して出席することは、公法上の旅行ですから費用弁償に関する条例に定めることにより支出することは可能になります。し

かし、「議会の議員が、本会議、常任委員会、議会運営委員会又は特別委員会に出席したときは、費用弁償として日額○○○円を支給する。」と限定して規定している場合には、議長に対する費用弁償の支給は難しくなります。

4 支給の内容

支給の内容等については、①本会議等に出席した場合に支給することができます。本会議が午前10時から午後5時まで行われた場合でも本会議に出席した事実をもって費用弁償の支給要件が満たされるものと解することができます。

②首長の招集に応じて参集したが、その議会が流会（議会の招集日に招集に応じた議員が議員の定数に達せず、会議を開けなかった場合をいいます。）になっても、応招した議員には、費用弁償が支給されます。応招した議員は、所定の手続により「応招通告」を議長にする必要があります。一般的には、出退表示器に点灯することにより行うことになります。

③しかし、応招したとしても私用等のため会議に出席しない者は、前記流会等により会議が開かれなかった場合は別として費用弁償の性格が当該地方公共団体の用務遂行のために要した経費を弁償するものであることから支給すべきではないものと解すべきでしょう。したがって、疑義が生じないように議員の費用弁償に関する条例中に「議会の議員が、本会議、常任委員会、議会運営委員会又は特別委員会に出席したときは、費用弁償として日額○○○円を支給する。」旨の規定を設けておくことが適当であると考えます。

④同一日に本会議と委員会に出席した場合、重複支給はできません。なお、支給額が異なる場合は、高額の方を支給することになります。

⑤1年の期間を通じて定額を支給することはできません。また、2月定例会は10万円、6月、9月、12月は8万円、臨時会は5万円と定額を定めることもできません。

⑥議員に費用弁償として毎月一定額を調査旅費や通信費の名目で支給することはできません。

5　費用弁償の支給額

　費用弁償の支給額については、一義的には、費用弁償に関する条例を定める当該地方公共団体の議会の裁量判断にゆだねられていると解することができます。支給額が議会に与えられている裁量権の範囲を超え、又はそれを濫用したものであることを認めるに足りる事情がうかがわれない場合は、裁量権の範囲内のものと解することができます（最高裁平成2年12月21日第二小法廷判決・判例自治83号21頁）。また、費用弁償の一定の額が、解釈上想定される費用の金額の合計額として実費弁償という建前を損なわない限度の範囲内であれば、定額を支給する方式をとっても違法とはならないとされます（最高裁平成22年3月30日第三小法廷判決・判時2083号68頁）。しかし、費用弁償はあくまでも職務執行等に要する経費ですから、それを逸脱するような高額の費用弁償を支給することは給料的な意味が含まれることになり給料の二重支給になることが考えられます。

　また、費用弁償額は支給する対象の議員の地域性を考慮して異なる額を定めることは合理的な範囲内で可能と解することができます。

　なお、費用弁償は、所得税法上非課税の扱いとされます。

6　費用弁償と寄付行為

⑴　費用弁償の放棄

　費用弁償は、報酬と同様に地方公共団体が支給しなければならないものであり、これを受ける権利は公法上の権利です。したがって、条例で費用弁償を支給しないことを定めたり、あらかじめ費用弁償を受ける権利を放棄することはできません。しかし、すでに発生した具体的請求権は一種の財産権ですから条例に譲渡禁止の規定がない限り譲渡は可能です。また、放棄することも可能ですが、議員の場合は、費用弁償を放棄

することは、公職選挙法199条の2第1項に規定する寄付行為に該当することになりますので実際には法に抵触する可能性があります。この寄付行為は、相手方に対し金銭等を提供する積極的寄付と受給することができる金銭等を拒否する意思表示を示す消極的寄付があり、本件の場合は後者に該当することになります。

(2) 条例に基づかない支給

　費用弁償を条例に定めず、他の内規で定めて支給した事例として、A市は予算の範囲内で市長が定めるとして支給規程で日額1万5000円を定めて支給していたことが違法であると判断された裁判例があります（名古屋地裁平成14年11月18日判決）。これは、法律の授権に基づいて条例で具体的に額、支給方法について規定を設けることが支給の要件であることから、これらの規定を規則等にゆだねることは全く自治法の予想するところでないものと解されます。換言すれば、費用弁償の額及び支給方法についての規定を設けることは、法又はこれに基づく条例の専管事項であると解することができます。さらに、本議会等に出席するごとに費用弁償とは別に交通費を支給している自治体がありますが、費用弁償は交通費を含めての日当と解するのが一般的ですので、二重支給として違法の可能性が生じることが考えられます。

野球等の親睦

1 最高裁判決

　議員が野球大会をはじめ、ゴルフ、囲碁・将棋等の親睦をかねた執行部職員又は他市町村あるいは他県議会議員との競技大会は、全国の都道府県、市町村において行われています。

　ところで、議員の野球大会の公務性が問題となったのは、昭和24年以降、国民体育大会に協賛する趣旨で、その開催都道府県において、毎年国体の時期に合わせて開催されていた全国都道府県議会議員軟式野球大会において、平成9年8月に行われた同大会にA県はA県議会議員26名が参加し、県議会事務局職員9名が随行した事案です。そこで、同大会に県議会議員が参加することが、議員としての職務といえるか、また、議員に対する旅費の支出が違法な公金の支出となるかが問われた住民訴訟において、最高裁平成15年1月17日第二小法廷判決（判例自治245号22頁）は、「本件野球大会に県議会議員が参加することは、同大会の内容が単に議員が野球の対抗試合を行って優勝を競うものにすぎず、議員としての職務であるとはいえない。」として、議員の公務性を否定し、同大会に参加した議員は、法律上の原因なくして旅費を利得したものといえるから、県に対し支給を受けた旅費相当額の不当利得返還義務を負うと判示しています。この最高裁判決が出たことから、大半の都道府県及び市町村議会議員の野球大会は、廃止ないしは休止となっています。

2 留意点

　前述の最高裁の判断は、野球についてですが、議員の公務性との関係で考えた場合は、ゴルフ、囲碁・将棋も同視できるものと思われますので、次の点に留意しなくてはなりません。

　①上記のものについての旅費や運営費等の公費の支出はできません。

②議会事務局職員の派遣や手伝いを公務として行わせることもできません。

③現地に出向く場合に公用車や自治体所有のバス等を使用することはできません。

以上のことに反して命令等を行った場合には、当該議員はもちろん命令を発した議会事務局長等の責任も問われることになります。したがって、問題となるのは公務との関係ですから、議員がプライベートにおいて私費で野球等を行うことに関しては全く問題となることではありません。

公用車

1 公用車の使用

　議会の議長又は副議長は、議会や委員会への出席だけでなく、議会の日常的な事務を処理するため、ほぼ毎日議会に登庁しており、また、対外的に議会を代表してそれ以外の用務に赴くことがあるために専用の公用車の利用が認められています。したがって、公務が前提の公用車の使用ですから、議長等が公用車を私用に使用し、併せて運転手に時間外手当を支給することはできませんし、違法な公金の支出として損害賠償の責任が問われることにもなります。

2 裁判例

　公用車に関係して住民訴訟になった事件（東京地裁昭和63年10月25日判決・判例自治57号57頁、同控訴審・東京高裁平成元年3月28日判決・判タ708号182頁）を紹介します。この事件は、公用車の送迎と費用弁償の二重支給の問題です。東京都のA区議会議長は、議会への出席等に専用の公用車を利用できることになっており、他方、A区議会議員の報酬及び費用弁償等に関する条例により区議会の議長を含む議員は議会や委員会に出席したときは6000円の費用弁償を支給されることになっていました。同区の住民Xによって、当該費用弁償は交通費であり、区議会議長が議会等に出席する際に公用車の送迎を受け、他方、費用弁償の支給を受けたのは交通費の二重支給であるとして住民訴訟を提起された事件があります。この事件の判決の中で3点の理由で原告住民の請求が棄却されています。

　第1点は、費用弁償の方法として定額方式が採用されていることです。費用弁償の方法は、費用を要した都度その実費を計算してこれを支給する「実額方式」と、あらかじめ一定の事由又は場合を定め、それに該当

するときは一定額を費用として弁償することとし、各個別の場合に実際に費消した費用がそれより多くとも少なくともそのような個別の事情は考慮しないこととする「定額方式」があります。実額方式は、実費弁償の建前には忠実ですが、かえってそのための事務手続が煩雑となりかねないという欠陥があるのに対して、定額方式には、事務手続が簡便になるという利点があり、定額を適切に定めることによって長期的、全体的には実費弁償の建前に沿うことも可能となります。そのことから国家公務員の旅費等についても定額方式が導入されており、地方公務員においても自治法203条2項の費用弁償の方法としても定額方式によっているのが通常であるとされています。

　第2点は、費用弁償等を支給する条例において公用車の利用は別段支給の除外事由とはされていないこと、換言すれば、議長等が公用車の送迎を受ける場合は、費用弁償を支給しない旨の規定がないことです。

　第3点は、費用弁償の内容は、交通費だけでなく、諸々の日当を含むものと解されていることです。

　そして、仮に費用弁償が全額交通費のみの弁償だとしても、定額方式の趣旨からすれば、公用車の利用の有無にかかわらず支給しても必ずしも費用弁償の本来の建前を損なうことにはならないとしています。

寄付の禁止

1 寄付とは

(1) 無償の譲渡

　当事者の一方が、その意思に基づいて自己の財産を無償で相手方に与え、相手方がこれを受けることを一般的に「寄付」といいます。社会生活の中でこの寄付は身近なものとして存在し、結婚や出産のお祝い、香典、病気見舞いをはじめ、お中元、お歳暮、社寺への寄進も寄付といえるでしょう。

(2) 禁止されている寄付

　この寄付も現職の首長や議員あるいは首長や議員になろうと思っている者、すなわち「公職の候補者等」（①公職の候補者、②公職の候補者となろうとする者及び③公職にある者）が当該選挙区内にある者に対して寄付することは、公職選挙法において原則として禁止され、罰則が設けられています。その理由は、ⓐ売名行為となり事前運動のおそれが強いこと、ⓑ買収と結びつきやすいこと、などがあげられます。

　前記②「公職の候補者となろうとする者」とは、これから立候補しようとする意思を有する者のほかに、本人の行動、マスコミの報道、政党による公認等から客観的に立候補の意思を有していると認められるものも含まれます。

　また、「当該選挙区内にある者」とは、その者が選挙権、被選挙権を有すると否とにかかわらず、その区域内に住所又は居所を有する者だけでなく、一時的な滞在者も含みます。さらに人、法人だけでなく人格のない社団等も含むと解されます。

(3) 寄付の制限

　有権者が政党、政治団体又は公職の候補者等の政治活動を支援するために政治資金を寄付することは、政治参加の一つの態様であり国民の権利でもあります。しかし、国や地方公共団体から補助金等を受けている会社が自分の会社を有利に導くために公職の候補者等や政治団体に寄付するならば、寄付者と公職の候補者等が癒着し、政治がお金によって左右されることになり、民主主義の崩壊につながりかねません。そこで、政治資金規正法は、政治活動に関する寄付に一定の制限を加え、公正な政治活動を確保し、きれいな政治が行われるよう規制しています。したがって、寄付に関する制限内容は、公職選挙法と政治資金規正法の法律により個々に規定されていますが、適用要件が複雑であり理解しにくいところも多くあります。

2　公職選挙法の寄付と政治資金規正法の寄付

(1) 公職選挙法上の寄付

　そこで、両者の寄付の捉え方ですが、公職選挙法上の寄付とは、①金銭、物品その他の財産上の利益の供与又は交付、②その供与又は交付の約束で党費・会費その他債務の履行としてなされるもの以外のものをいいます（公職選挙法179条2項）。具体的には、香典、花輪、供花や結婚祝い金及びそれらをあげる約束も寄付に当たります。また、その他これに類するものに餞別、見舞い、中元、歳暮等も含まれます。この点において一般の寄付の観念より広いものとなっています。ただし、党費や会費のほか香典返しとして品物等を贈ることは債務の履行として寄付に含まれないとされています。会費制の会合に出席し、定められた会費を支払うことは、それが妥当な額の会費であり単なる債務の履行と認められる場合は寄付とは認められず、禁止されていないものとされます。なお、会費制の実体をともなわない会合に会費としての名目で支払った場合は、寄付に当たります。

(2) 政治資金規正法上の寄付

次に、政治資金規正法上の寄付とは、金銭、物品その他の財産上の利益の供与又は交付で、党費・会費その他債務の履行としてなされる以外のものをいいます。なお、法人その他の団体が負担する党費又は会費は、寄付とみなされます（政治資金規正法4条3項・4項、5条2項）。政治資金規正法で規制の対象としている寄付は、政治活動に関する寄付ですから、①政治団体に対してされる寄付、②公職の候補者等の政治活動（選挙運動を含む。）に関してされる寄付をいい、選挙の際の陣中見舞いも本法の規制の対象になります。

(3) 両者の違い

公職選挙法と政治資金規正法の寄付の違いは、政治資金規正法の寄付には①約束が含まれていないこと、②法人その他の団体が負担する党費又は会費を寄付とみなしていること、において公職選挙法の寄付と違いがあります。本稿においては、公職選挙法による規制について述べていきます。

3 公職選挙法による規制

(1) 公職の候補者等の寄付の禁止（公職選挙法199条の2第1項・249条の2・252条）

公職の候補者等が自分の選挙区内にある者（自然人・法人・権利能力なき社団のほか国や地方公共団体も含みます。）に対して寄付をすることはいかなる名義をもってするものであっても禁止され、罰則の対象にもなります。ただし、①公職の候補者等本人が結婚披露宴に自ら出席しその場においてする祝儀、②公職の候補者等本人が葬儀や通夜に自ら出席しその場においてする香典は除外されますが、選挙に関してなされた場合や通常一般の社交の程度を超えている場合は①、②であっても処罰されることになります。また、本人の秘書や配偶者などの代理出席は認められません。

寄付の禁止

したがって、公職の候補者等は選挙区内にある者に対しては、お中元、お歳暮、お祭りの寄付をはじめ、自己が所有する土地の無償貸し付けを行うことも罰則をもって禁止される寄付に当たることになります。

また、条例の定めなくして議員の報酬の一部を返上する場合も本条に該当することになりますので、議員は留意しなくてはなりません。これは、寄付の態様には積極的寄付（当事者の一方が相手方に金銭や物を提供する行為）のほかに、消極的寄付（受領できる金銭等を返上する場合）があります。議員は毎月報酬を受給する権利が発生します。その全部又は一部を返上することは消極的寄付に該当し、これを行えば寄付の禁止に当たることになります。

寄付の禁止の例外として公職の候補者等の寄付が認められるのは、①政党その他政治団体又はその支部に対してする場合、②公職の候補者等の親族に対してする場合、③専ら政治上の主義又は施策を普及するために行う講演会その他政治教育のための集会に関し、必要やむを得ない実費の補償としてする場合、の三つがあります。

①に関しては、その政党その他の政治団体又はその支部が、その候補者等の後援団体である場合は一定期間禁止されることに留意しなくてはなりません。②の「親族」の範囲は六親等内の血族、配偶者及び三親等内の姻族となります。③の「集会」であっても次のⓐ、ⓑに該当する場合は寄付が認められません。ⓐ通常用いられる程度の食事の提供以外の供応接待の場合、ⓑ地方公共団体の議会の議員又は長の任期満了による選挙等の前の一定期間に行われる集会の場合です。

(2) 公職の候補者等への寄付の禁止

公職の候補者等以外の者が、公職の候補者等を名義人とする当該選挙区内にある者に対する寄付は、特定の場合を除き、いかなる名義をもってするを問わず罰則をもって禁止されています（公職選挙法199条の2第2項）。「候補者等を名義人とする」とは、寄付を受ける相手方に対して候補者等が寄付者であることを認識させてする寄付をいい、例えば、

当該候補者の秘書や配偶者が候補者等の氏名を記載したのし紙を付した祝儀を供与することや「○○議員からです」と言って贈答品を贈ることが、これに該当します。

　寄付が認められる特定の場合とは、①候補者等の親族に対してする場合、②候補者等が専ら政治上の主義又は施策を普及するために、その選挙区内で行う講習会その他の政治教育のための集会に関し必要やむを得ない実費の補償としてする場合をいいます。

(3) 公職の候補者等の関係会社等の寄付の禁止（公職選挙法199条の3・249条の3）

　公職の候補者等が、役職員又は構成員である会社その他の法人又は団体は、その選挙区内にある者に対し、いかなる名義でも公職の候補者等の氏名を表示したり、その氏名が類推されるような方法で寄付することはできません。このような寄付をすると罰則の対象となります。ただし、政党その他の政治団体又はその支部に対する寄付は認められています。

　具体的には、A市議会議員である甲野一郎が青山建設の社長である場合、選挙区内にある者に対し、「青山建設代表取締役社長甲野一郎」と表示して寄付することはできません。また、B市議会議長である乙山太郎がB市議会を代表して市の功労者に表彰状や記念品を交付する場合は次のような対応がなされています。

　①表彰状のみを交付する場合は、「B市議会議長乙山太郎」と表示することはできます。

　②記念品のみを交付する場合は、B市議会議長乙山太郎の表示は適当ではありませんが、単に「B市議会議長」のみ表示することはできます。

　③表彰状と記念品を同時に交付する場合は、乙山太郎の表示をしなければ可能となります。

(4) 公職の候補者等の氏名を冠した団体の寄付の禁止（公職選挙法199条の4・249条の4）

　公職の候補者等の氏名が表示され又はその氏名が類推されるような名称が表示されている会社その他の法人又は団体は、選挙に関し、選挙区内にある者に対し、いかなる名義でも寄付することは罰則をもって禁止されています。「その氏名が類推されるような名称が表示されている会社その他の法人又は団体」とは、例えば、甲山一郎という議員がいて、その後援団体に「甲一会」という名称の団体があるとすれば、これに該当するものと解されます。ここでは、選挙に関する寄付のみが禁止されている点に留意しなくてはなりません。ただし、政党その他の政治団体又はその支部に対する寄付は認められています。

(5) 後援団体に関する寄付等の禁止（公職選挙法199条の5・249条の5）

　①後援団体が花輪、供花、香料、祝儀その他これに類するものを出したり、後援団体の設立目的により行う行事や事業に関する寄付以外の寄付をすることはその時期のいかんを問わず罰則をもって禁止されています。ただし、設立目的により行う行事・事業に関する寄付であっても、選挙期日前の一定期間は罰則をもって禁止されています。そして、「選挙期日前の一定期間」とは、ⓐ任期満了の日前90日に当たる日から選挙の期日まで、ⓑ任期満了による選挙以外の選挙は、解散の日の翌日又は選挙事由の告示日の翌日から選挙期日までをいいます。

　②また、何人も後援団体の総会その他の集会又は後援団体が行う見学、旅行その他の行事において、上記の一定期間中、その選挙区内にある者に対し、饗応接待（通常用いられる程度の食事の提供は除きます。）をし、又は金銭若しくは記念品その他の物品を供与することは禁止されています（同法199条の5第2項）。さらに、公職の候補者等が、上記の一定期間中、自分の後援団体に対して寄付することも罰則をもって禁止されています（同法199条の5第3項）。

③「後援団体」とは、政党その他の団体又はその支部で、特定の候補者等の政治上の主義、施策を支持又はこれらの者を推薦し若しくは支持することがその政治活動の主たるものであるものをいいます。主たる活動が文化活動や経済活動を行う団体であっても、従たる活動として政治活動を行っており、その政治活動のうちでは特定の候補者等の支持推薦が主たるものである場合には、後援団体に含まれることになります。

(6) 特定の寄付の禁止（公職選挙法199条・248条）

国又は地方公共団体と、請負その他の特別の利益を伴う契約の当事者は、国との場合には国の選挙に関して、地方公共団体との場合にはその地方公共団体の選挙に関して、寄付をすることは罰則を持って禁止されています。地方公共団体の議会の議員又は長の選挙に関しては、当該地方公共団体と請負その他特別の利益を伴う契約の当事者である者は、当該選挙に関し寄付をすることができません（199条2項）。

1 報酬とは

　報酬は非常勤職員である地方公共団体の議会の議員が行う勤務に対する反対給付として行うものです。そして、地方公共団体は、議会の議員に対し報酬を支給しなければなりません。平成20年の自治法改正により議員については、「議員報酬」として独立の条文として規定することになりました（自治法203条1項）。このほかに、費用弁償、期末手当、政務活動費を条例に基づき支給することはできますが、これ以外の給付は、法律に根拠がない以上、勤勉手当、研究費等いかなる名目であれ支給することはできません（同法204条の2）。

　これに関して、退職した議員に社会通念上儀礼的な範囲において記念品を贈ることは差し支えないものですが、この社会通念上儀礼の範囲に属するか否かは、記念品の趣旨、態様、金額、物価、団体の規模、財政状況を総合して判断すべきであるとした行政実例（昭和42年8月9日）があり、また、市が競輪事業開始10周年を記念するため、市議会議員全員に対し一人当たり現金1万円を支給したことは、社会通念上儀礼の範囲を超え、違法であるとした最高裁判例（最高裁昭和39年7月14日第三小法廷判決・民集18巻6号1133頁）もあるところです。

　なお、報酬と費用弁償との違いは、報酬は前記した勤務に対する反対給付として支給される金銭ですが、費用弁償は非常勤職員の職務の執行に要した経費を償うために支給される金銭であり、基本的にその支給の目的が異なっています。

2 報酬の額及び支給方法

　報酬の額及び支給方法は、地方公共団体が条例で自主的に定めなければなりません。議員報酬については、ほとんどの地方公共団体が月額制

にしています（なお、日当制を採用している例も見られます。）。これは、自治法が制定された昭和22年には、非常勤職員に対して日額、月額を明示していませんでしたが、昭和31年の自治法の改正において、議員報酬に限って勤務日数によらなくてもよいとされたことから月額制にしたものです。そして、多くの地方公共団体においては、議長、副議長と一般の議員とでは報酬額に格差を設けており、さらに、常任委員長、特別委員長、議会運営委員長及び各副委員長に対して、職務の複雑性及び責任を加味して一般議員と区別している地方公共団体も見受けられます。

また、事例として4月30日から任期が始まる議員の4月分の報酬については、条例上「その職についた当月分から支給する」という規定があれば、4月分全額を支給しなければなりません。日割計算で支給するためには、「その職についた日から（日割計算で）支給する」という規定が必要になります。

3　報酬の減額

長期にわたる病気、事故、拘禁、行方不明の場合等において議会に出席できない場合の報酬の取扱いについて、多くの地方公共団体では明文で報酬の減額を定めていないところが多いようですが、条例中に減額する旨を定めておくことは可能です。例えば、条例中に「1　正副議長、議員が定例会及び臨時議会に引き続き1か年間出席しないときは、以後の報酬は100分の50を減額する。2　報酬を減額されたときは、期末手当も100分の50を減額する。3　欠席が公務災害に起因するときは、全額を支給する。」と規定します。また、懲罰において出席停止を受けた議員に対し、その期間中の報酬を減額する旨を条例で規定することは可能です（行政実例昭和32年5月16日自丁行発71号）し、議会欠席議員に対しても同様に報酬減額をすることもできます。

4 報酬額の決定

(1) 特別職報酬等審議会

議員の報酬額については、首長をはじめ特別職と同様に住民の関心が高く、特に増額改定については、お手盛りとの批判が絶えないところです。そこで、議員の報酬額に関する条例を議会に提出するときは、民間人や有識者で構成された長の諮問機関である「特別職報酬等審議会」に諮問し、答申を得てから行うのが一般的です。

(2) スライド制導入の当否

議員報酬を決定するにおいて長又は一般職職員の給料にスライドする制度を導入することについては、特別職報酬等審議会を設けた理由がお手盛りを防止し、住民等の第三者の意見を聞き、それに基づき条例改正をすることから、スライド制を導入すれば実質的には同審議会は不要となってしまいますのでスライド制は避けるべきでしょう。併せて、当時の自治省（現・総務省）は、①特別職の報酬等は職員の特殊性に応じて定められるべきであって、一般職の給与とは異なること、②報酬等の額は、個々具体的には、住民の前に明示するよう条例に定めるべきであること、③スライド制は法の趣旨に違背するばかりでなく、特別職報酬等審議会の実効性を失わせること、などからスライド制を採用しない旨の通達（昭和48年12月10日自治給77号）が発出されています。

5 報酬の支給起算日

議員報酬は、就職したときから、退職、失職、死亡した月（あるいは日）までを支給します。就職の起算日は、当選の効力を発生する日である当選人の告示の日となります（行政実例昭和26年4月26日地自行発118号）。したがって、選挙の日から当選告示の日に至るまでの期間は報酬支給の対象とはなりません。

6 報酬の譲渡・放棄

　議員の報酬請求権は、議員の身分と表裏一体をなすものであって、公法上の権利ですから、あらかじめ報酬の放棄を行うことはできませんが、具体的に毎月発生する報酬請求権は処分等することは可能です（行政実例昭和41年1月7日）。これは、議員が身分を持つことによって本来的に報酬を受給できる権利を「基本権」といい、毎月発生する具体的な権利を「支分権」といいます。したがって、条例に譲渡禁止の規定がない限り、譲渡することはできます（最高裁昭和53年2月23日第一小法廷判決・民集32巻1号11頁）。しかし、議会の議員については、公職選挙法199条の2の規定が適用され、報酬の返還及び請求権の放棄は同条の寄付に該当するため禁止されています。具体的には、公職選挙法199条の2は「公職の候補者又は公職の候補者となろうとする者（公職にある者を含みます。）は、当該選挙区（選挙区がないときは選挙の行われる区域）内にある者（自然人、法人及び地方団体も含みます。）に対し、いかなる名義をもってするを問わず寄付をしてはならない」と規定しています。議員は「公職にある者」に該当しますから本条が当然に適用されます。これを回避するには、議員の報酬条例において減額措置をとる旨の条例改正が必要ですが、これは議員全員を一体不可分として適用するものであり、一部議員のみを対象とする条例改正はできないものです。

7 報酬の差押

　議員報酬は、民事執行法152条の規定により、所得税・住民税・社会保険料等の法定控除をした後の手取額全額を差押えることができます（行政実例昭和31年11月1日自丁行発123号）。また、最高裁昭和53年2月23日第一小法廷判決（民集32巻1号11頁）においても、地方議会の議員の報酬請求権は旧民事訴訟法618条1項5号（現行の民事執行法152条に相当）の「職務上の収入」に当たらないとされており、常勤一般職と異なる取扱いがなされます。ちなみに、職員の給与債権は「そ

の支払期に受けるべき給付の4分の3に相当する部分は差し押さえてはならない。」と規定しています（民事執行法152条）。また、報酬の差押えを受けている議員が改選で再選された場合、先の差押えの効力は改選後まで及ばないと解されます。したがって、裁判所から新たな差押命令が送達されるまでは、本来の形に戻り直接議員に支払うことになります。そのため、議員報酬を支払うべき地方公共団体の実務上の処理としては、①供託するか、②差押命令が出された裁判所に対し、上申書等で経過説明及び再選後の議員報酬は直接議員に支払う旨を報告し、併せて、上申書の写しを債権者に通知しておくことも必要となります。

8　議員が当選無効等になった場合のすでに支給した報酬等の取扱い

　当選無効等により失職した議員の提供した勤務により受けた自治体の利益と、自治体が支給した報酬その他の給付を受けた失職議員の利益との間に差があると認められる場合は、その限度において不当利得返還請求権を有することになりますが、一般的には、その勤務と給付は均衡しているとみられるのが通常であり、その場合は、不当利得返還請求権も生ぜず、予算上の措置も必要ないと解されています。

住民訴訟

1 議員の行為と訴訟

　議会の議員に、議員たる資格に基づいて認められる権能を議員の権限といいます。議員は、議会の構成員として、審議及び表決に加わり、議会意思の形成に参画することを本来の使命としています。そのために必要な請求権、要求権、投票権、質問権、異議申立権などの種々の権限が自治法や会議規則等により保障されています。議員が職務行為を行う中で裁判の被告の立場に置かれることは、選挙違反事件、収賄事件、官製談合事件等の刑事事件を除けば、民事あるいは取消訴訟等の行政事件では稀有といってもいいものです。すなわち、前記した質問権等の行為はいずれも行政不服審査法や行政事件訴訟法の対象である行政行為又は処分行為といわれるものではありませんから、これらの訴訟の被告に議員がなることはありません。なお、議員が除名処分の取消訴訟等を提起した場合、地方議会の議員懲罰議決を行政処分とし、これを行う地方議会を行政庁と解し、行政訴訟として取扱うことはありますが、これは別の問題です（最高裁昭和26年4月28日第三小法廷判決・民集5巻5号336頁、最高裁昭和27年12月4日第一小法廷判決・行裁例集3巻11号2335頁）。また、議員が自治体の代表として対外的に一定の行為を行うことは一般的には、予想していませんので、自治体を被告とした訴訟（例えば、自治体に対する国家賠償請求や土地の返還請求など）に対し、議員が訴訟の被告となることもないものと思われます。なお、議員が裁判の当事者となるものとして住民訴訟がありますので、概略説明し、政務活動費に関する住民訴訟は前掲「政務活動費」（20頁）の稿で記述します。

2 住民訴訟とは

　住民訴訟は、自治法242条の2、242条の3に規定されている制度で、

地方公共団体の住民が地方公共団体の財務行政の適正な運営を確保するため、その機関又は職員による違法な財務会計上の行為又は怠る事実について、これを防止し、是正し又は損害を回復するために裁判所に提起する訴訟をいいます。この住民訴訟は、住民監査請求を経たものについて、住民監査請求に続く一連の手続として進められるもので、自治法242条の住民監査請求によって防止、是正又は回復することができないときに、裁判所にその適否を判断してもらう訴訟をいいます。

また、この訴訟は個人の具体的権利利益を保護するものではなく、地域住民の全体の利益のため、住民の手により違法な財務会計行為を防止、是正等することによって地方行財政の公正な運営を確保しようとする制度ですから、特に法律によって認められた訴訟であり、行政事件訴訟法5条にいう客観訴訟の一つとして民衆訴訟に属します。

3 住民訴訟の被告

住民訴訟の被告は1号請求から4号請求までに四つのタイプの請求があり、それぞれに住民訴訟の被告となるものが定められています。

(1) 差止請求（1号請求）の被告

差止請求（1号請求）の被告となるのは、差止請求の対象とされている行為をなす権限を有する当該執行機関（長、委員会、委員）又はその執行機関の補助機関としての職員です。そして、ここでいう職員は私人としてではなく、権限を有する機関としての職員となります。したがって、議員は執行機関ではありませんし、その補助機関でもありませんから1号請求の被告となることはありません。

(2) 行政処分たる当該行為の取消し、無効確認請求（2号請求）の被告

行政処分たる当該行為の取消し、無効確認請求（2号請求）の被告となるのは、取消し又は無効確認の対象となる行政処分をなした行政庁です。議員は行政庁にはなり得ませんから2号請求の被告になることはあ

りません。

(3) 怠る事実の違法確認請求（3号請求）の被告

　怠る事実の違法確認請求（3号請求）の被告となるのは、行為（作為）を怠っている当該執行機関（長、委員会、委員）又はその執行機関の補助機関としての職員です。そして、ここでいう職員は私人としてではなく、権限を有する機関としての職員となります。したがって、1号請求と同様に議員は執行機関ではありませんし、その補助機関でもありませんから3号請求の被告となることはありません。

(4) 義務付け請求訴訟（4号請求）の被告

　義務付け請求訴訟（4号請求）の被告については、従来の4号請求の被告は個人としての「当該職員」（長や職員）や「相手方」でしたが、平成14年3月に自治法等の一部改正に伴い、①新4号請求の被告を地方公共団体の執行機関又は職員（「執行機関等」）とし、原告住民が当該執行機関等に対して、長、職員という「当該職員」に当たる個人や「相手方」に当たる個人に損害賠償等の請求をすることを求め、あるいは②自治法243条の2第3項の規定による賠償の命令の対象となる者（同条1項の職員）に賠償命令を発することを求めることを内容とする義務付け訴訟に再構成されました。具体的には「A市はB議員に対し損害賠償請求を求めよ」との請求を原告住民が被告である執行機関に対して行います。これを「第1段の訴訟」といいます。そして、特段の委任等の行為がなされない限り、自治法240条の規定により地方公共団体の債権を管理し、同法243条の2の規定により賠償を命ずる主体である執行機関である長が実際の被告となります。

　そして、新4号請求で地方公共団体の「執行機関等」が敗訴し、その判決が確定した場合は、当該判決が確定した日から60日以内の日を期限として、地方公共団体の長は、「当該職員」又は「相手方」に対し損害賠償金又は不当利得金の支払いを請求し（自治法242条の3第1項）、

あるいは自治法243条の2第3項の規定による賠償の命令の対象となる者に対し賠償命令を発し（自治法243条の2第4項）、期限内に支払われないときは、当該地方公共団体は、これらの者を被告として民事訴訟を提起しなければなりません（自治法242条の3第2項、自治法243条の2第5項）。これを「第2段の訴訟」といいます。被告がこれに敗訴すれば個人として損害賠償等の責任を負うことになります。

4 当該職員とは

(1) 当該職員の地位

当該職員に対する請求は、地方公共団体に対する職員個人の財務会計行為上の責任等を追求することにより、当該地方公共団体の財務上の損害、損失の回復を図ることを目的としているものです。このことから、当該職員は、その地位を去ったとしても当該職員であり続けますし、死亡しても、その相続人が当該職員としての地位を承継することになります。

(2) 当該職員の範囲

当該職員には、一般職のほか長その他特別職も含まれます。最高裁昭和62年4月10日第二小法廷判決（判例自治35号14頁）は、「当該職員とは、当該訴訟においてその適否が問題とされている財務会計上の行為を行う権限を法令上本来的に有するものとされている者及びこれらの者から権限の委任を受けるなどして右権限を有するに至った者を広く意味し、その反面およそ右のような権限を有する地位ないし職にあると認められない者はこれに該当しないと解するのが相当である」としています。したがって、当該職員の範囲は、財務会計行為を行う権限を本来的にせよ派生的にせよ有する者に限定されることになります。具体的には、決裁権者である長、委任を受けた受任者、専決権者が当該職員に該当し、議員はもちろん議長においても事務統理権や指揮監督権は有するものの公金の支出を行う支出負担行為、支出命令を行う権限は有していません

ので当該職員としての被告になることはありません。

なお、議会事務局長又は庶務課長等は公金の支出の専決権者として当該職員に該当することはあります。

5 相手方とは

(1) 当該職員と相手方の違い

相手方とは、財務会計行為に関し地方公共団体が有する実体法上の請求権についてこれを履行する義務があるとされる者(原告住民から履行する義務があると主張されている者)を指称するものです。したがって、「当該職員」のような限定はなく、地方公共団体に対して財務会計行為に関して損害賠償債務、不当利得返還債務を負っているとされる者であれば原則として誰でもここでいう「相手方」となり得るものです。そして、財務会計行為の直接の相手となった者だけを指すのか、それともそれ以外の第三者をも含むのかという問題がありますが、地方公共団体に対し実体法上の義務を負うものである限り、直接の相手となった者以外の第三者も含むことになります。

(2) 相手方の範囲

そこで、「相手方」の範囲に議員が該当することが考えられます。どのような場合に該当するのでしょうか。議員の議員活動に伴い財務会計行為、特に公金の支出が行われ、それを議員が現実に支出する場合は、前記した「地方公共団体が有する実体法上の請求権についてこれを履行する義務があるとされる者」に該当することになります。

そして、公金の支出を伴うものとして、①交際費、②国内外の視察に伴う旅費等、③政務活動費、④報酬、⑤費用弁償などが考えられます。これらの事項について適正な支出がなされない場合は、違法な公金の支出等として住民訴訟の4号請求の「相手方」として当該議員に対し、損害賠償の請求又は不当利得返還の請求がなされることになります。最近の傾向としては、議員等を被告とする住民訴訟の提起件数(主に、政務

活動費）が増加し、また、敗訴する事例も多く見られていますので、適正な職務執行が求められるところです。

6 新法適用及び旧法適用の相手方

(1) 新4号請求の場合

　平成14年法律第4号による自治法の改正により、4号請求そのものの構造が「代位訴訟」から「義務付け訴訟」に再構成されたことにより、被告は執行機関等となり、「当該職員」又は「相手方」が個人として直接の被告となることはありませんが、新4号請求で地方公共団体の執行機関等が敗訴し、その判決が確定した場合は、当該判決が確定した日から60日以内の日を期限として、地方公共団体の長は、「当該職員」又は「相手方」に対し損害賠償金又は不当利得金の支払いを請求し、期限内に支払われないときは、当該地方公共団体は、これらの者を被告として民事訴訟を提起しなければなりません。したがって、このような状況が発生した場合には、当該議員は損害賠償等の責任を問われることが考えられます。

(2) 旧4号請求の場合

　平成14年法律第4号による自治法の改正により、4号請求そのものの構造が「代位訴訟」から「義務付け訴訟」に再構成されたことは前述したとおりですが、この自治法の改正の施行日（平成14年9月1日）の前日までに住民訴訟の訴えの提起がなされた場合は、施行日以後も旧法が適用されることになります。したがって、この場合は代位請求の「相手方」として私人としての議員が被告となることになります。

　いずれにしても議員が直接被告となるか、第1段の訴訟で執行機関が敗訴した場合に第2段の訴訟の被告になるかの相違はありますが、議員の責任の範囲は異なるものではありません。

兼職の禁止

1 兼職の禁止とは

兼職禁止は議員の職にある者が、兼職することを禁止されている他の職に就けないということです。その趣旨は、①議員としての職務を十分に果たすために支障となるような職を兼ねることを禁止すること、②議会としての機能を発揮するために矛盾するような職を兼ねることを禁止することにあります。

2 いかなる職と兼職できないか

地方公共団体の議会の議員は、①衆議院議員又は参議院議員、②他の地方公共団体の議会の議員（ここでいう地方公共団体には、特別地方公共団体が含まれますから財産区の議会の議員との兼職はできません。ただし、一部事務組合及び広域連合の議会の議員を兼ねることはできるとされています（自治法287条2項・同法291条の4第4項）。）、③地方公共団体の常勤の職員（常勤の職員とは、常時勤務する職員とされ、一般職の職員、特別職の職員の両者が含まれます。また、短時間勤務職員も該当します。しかし、総合計画や都市計画などの審議会（附属機関）の委員は地方公務員法3条3項2号の非常勤特別職に該当しますので、議員が委員になっても兼職禁止には当たりません。）、④他の法律により兼職が禁止されている職（裁判官、教育委員会の委員、人事委員会・公平委員会の委員、固定資産評価員等）との兼職は禁止されています（自治法92条）。

3 兼職の効果

兼職の効果として、兼職の禁止に該当する場合は、双方の身分を同時に有することができないことになります。具体的には、①議員の職を

兼職の禁止

失って他の職の身分を保持するのか、あるいは②議員の職をそのままとし、他の職を失わせるべきかという問題が生じます。いずれの職を失うかについては見解が分かれるところですが、現実に発生する問題は、議会の議員が兼職禁止の職に就こうとする場合に問題となります。それは、逆の場合は公職選挙法による立候補制限や同法103条の辞職とみなす規定が働き、兼職の問題が発生する余地がないといえるからです。そこで、第一説は、地方公共団体の議会の議員が他の兼職を禁止された職に就いた場合は、当然に議員を辞職したものと考える説であり、第二説は、議員を明示的に辞職しない限り兼職を禁止された職に就き得ないとする説があります。第一説は、新しい職に就くことは、当然その職と兼ねえない職を辞するとする意思を含むものと考えられますが、議員の辞職は別に議会又は議長の許可を要するものとされていますから、第二説が適当と考えられますし、行政実例も同旨です（昭和25年7月17日自行発122号、昭和37年12月27日自治丁行発80号）。したがって、行政実例によりますと、議会の議員の身分を有したまま、地方公共団体の常勤の職員に任用することは不可能であり、その任命した発令行為は無効であるとされています。また、議員に当選した者が兼職禁止に該当する職にあるときは、当選の告知を受けた日にその職を辞したものとみなされます。

兼業の禁止

1 兼業の禁止とは

　議員は地方公共団体の常勤一般職と異なり自ら営利事業を営むことは認められています。常勤一般職は地方公務員法の適用があり、営利企業等の従事制限（同法38条）の適用がありますが、議員は同法の適用がないことから、議員であると同時に民間企業等の役員に就任することは可能です。しかし、議員は当該地方公共団体に対し、直接請負をし、又はそれと同等な関係に立つことは許されません。これを「兼業禁止」あるいは、「請負禁止」ともいいます。自治法92条の2は、「普通地方公共団体の議会の議員は、当該普通地方公共団体に対し請負をする者及びその支配人又は主として同一の行為をする法人の無限責任社員、取締役、執行役若しくは監査役若しくはこれらに準ずべき者、支配人及び清算人たることができない」と規定されています。この規定の趣旨は、議員は議会の審議、議決を通じて当該地方公共団体の事務や事業に影響力を持つものですから、議員個人として直接的利害を持つことを禁止し、一般住民から不信や疑惑を招くことを排除し、議会の公正運営を確保することにあります。

2 請負とは

(1) 請負の性格

　兼業禁止の対象となる「請負」については、民法632条に規定する請負だけではなく、広く営業としてなされている経済的ないし営利的取引であって、一定期間にわたる継続的な取引関係に立つものを含むものと解されています。このことから請負の性格は①継続性、反復性があること、②経済性ないし営利性があること、③請負の内容を決定する自由があること、④権力的又は純粋な公法関係に基づくものでないこと等があ

げられます。

　具体例としては、ⓐ仕事の完成に対し報酬が支払われる場合（民法上の請負）のみならず、事務の処理に対して報酬が支払われる場合（民法上の準委任）をも包含すると解されています。しかし、土地等の売買契約は単なる一取引と解されますので含まれません（行政実例昭和27年6月21日地自行発241号）。ⓑ保育所が、児童福祉法24条の規定に基づく措置により、市町村長から委託を受けて児童等の保育を行っている場合、この保育所の経営責任者が当該市町村の議会の議員であっても、保育の委託については、契約の成立及び契約内容が一方的に定められ、当事者の意思によってそれが左右される余地がほとんどないことから、本条の規定の趣旨に照らして本条の請負に該当しないものと解されています（行政実例昭和39年12月7日自治行140号）。また、電気、ガス、電話等の事業も同様に解することができると考えられます。

　なお、この兼業禁止は、特別地方公共団体の議員についても適用されることから、地方公共団体の議会の議員が当該地方公共団体を構成する一部事務組合の議員を兼ねている場合には、当該一部事務組合に対し、請負をすることはできないことになります。

(2) 禁止されていないもの

　また、兼業禁止の規定は、当該議員が所属する地方公共団体との関係で適用されるため、他の地方公共団体等と請負することは、法人、個人を問わず何ら差し支えないものです。そして、地方公共団体において経費の一切を負担する開発公社との請負関係についても、これを禁止する規定がありませんので請負は可能となります。

3 主として同一の行為をする法人

(1) 法人の定義

　請負は、個人経営である議員の場合は、法人の場合と異なり、金額の多寡に関係なく該当することになります。この点は注意しなくてはなり

ません。例えば、議員が文具店を個人経営で行い、毎月当該議員が所属する自治体に文具品を納入する場合などが考えられます。法人の場合は、自治法92条の2の規定により「主として」の範囲、基準が問題となります。法人については、営利を目的とする株式会社、合名会社、合資会社、合同会社をはじめ公共的組合や一般社団法人、公益社団法人等、農業協同組合、森林組合等もこの「法人」に含まれます。

(2) 法人格のない社団

　法人格のない社団の代表としての議員が、地方公共団体と請負契約をする場合は、実体から判断し、権利能力なき社団としての組織を備え、代表の方法、議会の運営、財産の管理などの社団としての主要な点が確立しているものであれば法人に関する規定を適用し、その要件を備えていなければ個人に関する規定を適用することになります。自治会や老人会等が考えられます。

(3) 「主として」の意味

　「主として同一の行為をする法人」の「主として」の意味については当該請負が当該請負をする者の業務の主要な部分を占める意味であり、具体的には最近の決算書により判断して当該団体等に対する請負額が50％以上を占めるような場合は、明らかに兼業禁止に該当するものと解されています（行政実例昭和32年5月11日自丁行発63号）。また、当該請負量が当該法人の業務量の半分を超えない場合であっても、当該請負が当該法人の業務の主要部分を占め、その重要度が長等の職務執行の公正、適正を損なうおそれが類型的に高いと認められる程度にまで至っているような事情があるときは、当該法人は「主として同一の行為をする法人」に該当すると解されています（最高裁昭和62年10月20日第三小法廷判決・判例自治43号15頁）。

　なお、実務上の処理として議員や議会事務局が判断するには、明確な50％を基準にせざるを得ないものと考えます。

(4) 「準ずべき者」の解釈

「準ずべき者」の解釈については、兼業禁止の趣旨が当該法人の経営に実質的に影響を及ぼす地位を議員が兼ねることを禁じていることから、「法人の取締役等と同程度の執行力と責任とを当該法人に対して有する者の意であって、果たしてこれに準ずべき者に該当するかどうかはその会社における実態に即して判断されるべきである。」との行政実例（昭和31年10月22日自丁行発105号）がありますから名称等は問わないことになります。相談役や名誉会長等という肩書だけで非該当と判断することには留意しなくてはなりません。

4 共同企業体の場合の兼業

建設業者が共同企業体を組織して請負契約をする場合の兼業との関係については、共同企業体には法人格がありませんから、契約は構成員の名を連記してそれぞれが契約の当事者となります。この共同企業体の態様として、①共同施行方式は構成員が一体となって施行する型で損益は拠出割合で配分されます。10億円の工事であればA社が60％、B社が40％として、A社が6億円、B社が4億円となり、この額が請負金額となります。したがって、A社の場合においては6億円とA社の全業務量の比較によって判断することになります。②分担施行方式は、構成員が工事を分割して損益も各々分担工事において計算されますから、分担工事部分が請負金額となります。したがって、その金額とA社の場合の全業務量の比較によって判断することになります。

5 下請負

下請負については、議員が役員となっている法人が当該地方公共団体と直接請負することを禁止したものですから、下請負は該当しません（行政実例昭和27年11月27日自丙行発46号）。しかし、事業の全部を下請負することは実質上元請負と異なりませんから脱法になる場合があります。

6　請負の当事者

　請負の名義を配偶者、子、兄弟姉妹等の親族にする場合がありますが、法的には議員自らが請負の当事者ではないことから兼業禁止に該当しないことになります。しかし、配偶者等の請負が名目のみで実質的な支配力や影響力から見て当該議員が実質上請け負っていると見られる場合は、請負に該当する場合があります。

7　NPO法人と請負

　今日的問題として議員がNPO法人の理事などの役職に就き、その団体が当該地方公共団体と委託契約（50％以上の請負額）をする場合は兼業禁止に該当することがあります。従来、議員が会社の役員になっている場合は一般的には役員報酬があるため事前に議会事務局が把握していましたが、議員がNPO法人の理事に就任している場合は把握が困難であり、かつ、議員本人が兼業禁止に該当しているという認識が欠如している場合が見受けられますから、議員が当選した場合は当初に議会事務局から兼業禁止について説明し、該当する場合には事前に申し出てもらい、NPO法人の理事等の役職を辞退してもらう必要があります。

　なお、該当議員がNPO法人から報酬等を貰う貰わないは、兼業禁止に何ら関係ないことに留意しなくてはなりません。

　併せて、当該議員が所属する自治体からNPO法人が補助金の交付を受けることは兼業禁止に該当しないと解されています。

8　兼業禁止の効果

(1)　失職の時期

　地方公共団体の議会の議員が、兼業禁止規定に該当した場合は、職を失うことになります。当該議員が議会において兼業禁止規定に該当すると決定された場合は、当該議員は、該当すると判断された事実の発生した時点（兼業時）からではなく、その決定が行われた時点でその職を失

うこととされています（行政実例昭和37年5月1日自丁行発25号）。

(2) 禁止規定の遡及

　兼業に該当するかどうかは、現在その事実関係が存在している場合だけではなく、過去にその事実があり、現在消滅していても決定の対象になります。例えば、A議員が任期の前半の2年間は兼業の状態が発生していましたが、任期の後半に他の議員からA議員は兼業に該当していたのではないかとされた時点では、兼業の状態が消滅していたとしても該当することになります。その理由は、議会がその事実関係をその存続中に知り得ていたならば、当然に兼業禁止に該当する決定をしていたにもかかわらず、その事実関係の消滅した後日においてその事実関係を発見した場合には、決定することができないあるいは決定しなくてもよいとして放置することは議員が地方公共団体と一定の利害関係に立つことを禁止する兼業禁止規定の趣旨に反するものであり、極めて不合理になるのではないかと解するからです。しかし、兼業禁止に抵触するのは当該議員の現任期中であり、前任期中の事実関係には遡及しませんし、就任以前にまで及ばないものと解されています。

(3) 禁止規定該当の発案権及び手続

　その手続は議員が兼業禁止規定に該当するか否かの決定についての発案権は議会内部の問題であるところから長に発案権はなく、議員に専属します。議員はA議員が兼業禁止規定に該当するとして、議会の決定を求める場合には、理由を記載した要求書を証拠書類（商業登記簿、契約書の写し、最近の決算書等）とともに議長に提出する必要があります。そして、その要求に対しては、委員会に付託しなければ決定することができず、委員会の付託を省略することはできません（県会議規則105条・106条、市会議規則148条・149条、町会議規則100条・101条）。当該議員は一身上の弁明をすることができます。その決定は出席議員の3分の2以上の同意を要し、この場合は議長も表決に加わります。

議会の決定に不服のある議員は、決定があった日から21日以内に都道府県にあっては総務大臣、市町村にあっては都道府県知事に審査を申し立て、その議決に不服がある者は、裁決のあった日から21日以内に裁判所に出訴することができます（自治法118条5項）。

(4) 当選後の届出

　兼業との関係を当該地方公共団体との間に有する議員が当選し、当選の告知を受けた日から5日以内に請負等をやめた旨の届出を選挙管理委員会に届出をしない場合は、議会の議員の当選を失うことになります（公職選挙法104条）。

(5) 請負契約等への影響

　兼業禁止に該当すると決定された場合は、議員の職が失われることになりますが、兼業禁止に該当すると判断された請負契約については何らの影響もせず、有効ですし、法人の役員の場合は、役員の地位にも影響はしません。

9 指定管理者と請負

　地方公共団体の議員が代表取締役をする会社が当該団体の設置する公の施設の指定管理者になることは、当該会社の請負として兼業禁止に該当しないかという問題があります。指定管理者による公の施設の管理は、議会の議決を経た上で地方公共団体に代わって行うものであり、地方公共団体と指定を受けた指定管理者とが取引関係に立つものではありませんから「請負」には該当しません（この場合の指定は「行政処分」の一種であると解されています。）。したがって、自治法92条の2の議員の兼業禁止規定は適用されませんから議員本人又は親族が経営する会社が指定管理者になることは禁止されるものではありません。しかしながら、条例で議員本人又は親族が経営する会社が指定管理者になることはできない旨を規定することは可能です。

懲罰

1 懲罰とは

議会の自律権に基づき、議会の規律と品位を保持するために、議会の秩序を乱した議員に対して議会が科す制裁を「懲罰」といいます。議会と議員という特殊な身分関係から議会の秩序維持のため科せられた制裁ということができるため、公務員の懲戒処分と同様な性格を有し、刑罰とは異なるものです。

2 懲罰動議の種類

懲罰動議の提出者として、①一般の議員、②侮辱を受けた議員、③議長の三つに分類できます。①は、自治法、会議規則及び委員会に関する条例に違反した議員に対し、一般の議員は議員定数の8分の1以上の発議により懲罰動議を提出することができます（自治法135条2項）。②は、議会の会議や委員会において侮辱を受けた議員は、一人でこれを議会に対し処分を求めることができます（自治法133条）。処分要求は懲罰と解することができます。③は、議員が正当な理由がなく招集に応じない場合や正当な理由がなくて会議を欠席した場合に、議長が特に招状を発しても、なお故なく出席しない者は、議長において議会の議決を経て、これに懲罰を科すことができます。これを「欠席議員の懲罰」といいます（自治法137条）。本条にいう「正当な理由」とは、招集に応じようとする意思があっても応ずることができない場合であり、ⓐ健康上、ⓑ災害等による交通途絶、ⓒ拘留等により身体の自由が拘束されている場合などが考えられます。また、③は本会議に係わる欠席のみについて規定しており、委員会の会議に正当な理由なく欠席したとしても当然に懲罰を科すことはできません。なお、議長が職権で懲罰を発議できるのは、欠席議員の懲罰についてのみであり、それ以外の事項を仮に会議規則で

定めたとしても自治法で認められていない以上、適法ではないと解されます。

3 懲罰の対象となる行為

懲罰の対象となる行為は、①自治法（議場の秩序維持、品位の保持、無礼な言辞、侮辱に対する処置、正当な理由のない欠席議員の懲罰等）、②会議規則（発言に関する規定、秘密会の議事の漏洩の禁止、請願紹介議員の委員会出席義務、禁止されている携帯品を議場に持ち込んだ場合、議場の喫煙等）、③委員会条例（秩序保持、議事妨害及び離席の禁止等）に違反した行為になります。特に、議会等において無礼な言葉を使用し、又は他人の私生活にわたる言論をしてはならないとしています。無礼な言葉の具体例としては、「委員の中には闇屋の指導者か時代遅れの教育者か精神分裂症……」「○○一派」「女の腐ったみたいで水の上に浮かぶ浮き草のように……」「悪代官の典型的見本のようなものである」などがあります。しかし、懲罰は、議会の自律権に伴う制裁であることから、自治法、会議規則、委員会条例のすべてが対象となるわけではなく、人的・場所的・時間的等の限界があります。

(1) 議員によって行われる行為であること（人的限界）

①議会が懲罰を科すことができるのは、現に議員として在職している者に限られます。議長、副議長及び常任委員長等の懲罰事犯についても、議長等に懲罰を科すのではなく、一議員としての立場において懲罰を科すことになります。したがって、ⓐ議員の身分を有しない者（首長をはじめ執行機関の職員、議会事務局の職員、傍聴人）、ⓑ議員の身分を失った者（在任中の秘密会で内容を漏洩する行為があったとしても現在議員の職を辞している場合等）に対しては、懲罰を科すことはできません。また、任期満了、解散、辞職等によって、一旦議員の身分を失った後に選挙に当選し再び議員になった場合、その前任期中の言動に対し懲罰を科すことはできません。

②議員としての行為に対してのみ懲罰を科すことはできるものですから、議会に召還された関係人が、たまたま議員であったとしても、その召還に際し他の議員を侮辱したとして懲罰の対象となることはなく、当該議員の自治法100条に基づく関係人としての発言は、懲罰理由とはなりません。議員選出の監査委員が議会で答弁している間に品位の保持に違反する行為があったとしても、それは議員としての発言ではなく監査委員としての発言ですから、懲罰の対象とすることはできません。なお、侮辱された議員は、刑事事件として名誉毀損罪で告訴すること、又は民事事件として名誉毀損に基づく損害賠償に訴えることができます。

(2) 議会の活動の一環としての行為であること（場所的限界）

①懲罰発生の場所は、議会及び委員会にのみ限定されます（行政実例昭和24年10月8日丘連1号）。議長室、議員控室、図書室、事務局室は対象となりません。

②また、議場又は議会外において生じた行為についても、場所的には議場又は議会の延長であり、議会の運営に関すると認められるべき事項（例えば、秘密会における議事内容を外部に漏らすこと）には、懲罰を科すことができます（福岡地裁昭和24年12月28日判決・行裁月報24号134頁）。

③議会の運営と全く関係のない議員の議場外における個人的行為（暴力行為、窃盗、痴漢行為、飲酒運転による交通事故、選挙違反による逮捕等）は、議会の品位や権威を間接的に傷つけるものであったとしても、議会の開会中あるいは会期外であるとを問わず、懲罰を科すことはできません。

④議会及び委員会については、物理的な意味に限られず、委員派遣としての言動等も含まれると考えられます。ただし、委員派遣の多くは閉会中に行われますので3日以内に本会議（定例会又は臨時会）が開会されない限り懲罰動議を提出することができないという問題が生じます。

(3) **原則として議会開会中であること（時間的限界）**

①原則として本会議又は委員会開会中の言動であることが必要になります。例外として、閉会中の委員会審査における言動及び秘密会の議事の漏洩があります。したがって、議会の正式の会議でない全員協議会や委員会協議会は、それが本会議や委員会の会議場で開かれたとしても対象にはなりません。また、議場に議員が参集していても、議長の開会宣言前は懲罰の対象になりませんし、議長の散会宣言直後に議員が議長の許可なく登壇し、不穏当発言をした場合も一般的には、懲罰の対象とはならないと解されています。

②閉会中の委員会審査において生じた懲罰事犯については、国会では国会法121条の3において、次の国会の召集の日から3日以内にこれを動議として提出することができる旨の規定がありますが、地方議会においてはこのような規定はありません。したがって、この間に議会が招集された場合に限り懲罰動議を提出することができますが、招集されない場合は、国会と同様な取扱いはできないことになります。可能にするためには、自治法を改正し国会法と同様の条文を設ける必要があります。

③議員の会期外の行為であっても、議会の開会を阻止し流会に至らしめるような議会運営に関する行為は、懲罰事由となります（最高裁昭和28年10月1日第一小法廷判決・民集7巻10号1045頁）。

④議会閉会中に慣行として開かれる常任委員の協議会における議員の言動は、懲罰の対象とすることはできません（福岡地裁昭和29年10月25日判決・行裁例集5巻10号2392頁）。

(4) **自治法、会議規則、委員会条例に違反した行為であること（事項的限界）**

懲罰の対象となる行為としては、次のものが規定されています。

① **自治法に違反する行為**

議場の秩序維持（自治法129条）、品位の保持（同法132条）、侮辱に対する処置（同法133条）、欠席議員の懲罰（同法137条）等があります。

具体的には、議長からの発言の取消し、発言の禁止、退場等を命ぜられてこれに応じなかった場合、戒告処分を受けながら議長の戒告を受けなかった場合、陳謝処分を受け陳謝文の朗読を命ぜられながらこれをしなかった場合、出席停止の処分を受けた議員が会議に出席し、退場を命ぜられながら退場しなかった場合などが考えられます。また、自治法には秘密会の議事を漏らすことを禁止した明文の規定はありませんが、当然に禁止していると解されますから、自治法違反と考えられます。

なお、上記のうち懲罰を科し、それに従わなかった場合は、再度の懲罰を科すことになりますが、最初の懲罰は必要なくなると考えられます。2度目の懲罰は、1度目の懲罰に従わなかったことによるものであり、懲罰内容が完全に行われないことを前提にしたものだからです。

② 会議規則に違反する行為

発言に関する規定、秘密会の議事の漏洩の禁止、請願紹介議員の委員会出席義務等があります。

③ 委員会条例に違反する行為

秩序保持、議事妨害及び離席の禁止等があります。

4 懲罰の種類

(1) 四つの規定

自治法は、懲罰の種類として軽いものから重い順に①公開の議場における戒告、②公開の議場における陳謝、③一定期間の出席停止、④除名の四つを規定しており、いずれも公開の会議で宣告されます。

なお、それ以外の懲罰を会議規則等で定めることはできないと解されています。

(2) 公開の議場における戒告

①公開の議場において、議長から当該議員に対し、懲罰に該当した行為につき、将来を戒める旨の申し渡しをすることです。一般的には、議長の前に当該議員を起立させ、議長が戒告文を朗読して行います。当該

議員が起立しなくても議長は戒告文を朗読すれば戒告は行ったことになりますが、起立しないことを理由にして新たな懲罰を科すことができるかについては、見解が分かれるところですが、議長の起立命令に応じないのは議事整理権に違反しているとして再懲罰の対象にすることができると解することができます。

戒告文案例としては次のようになります。

戒 告 文 案

○○議員は、○月○日の会議（○○委員会）において○○の件に関する発言中、○○の言辞を用い、議会の品位を汚したことは、議員の職分にかんがみまことに遺憾である。

よって地方自治法135条1項1号の規定により戒告する。

---

②病気等により出席できない場合などは、当該議員が欠席のまま戒告を宣言することになります。また、戒告は当該会期における秩序罰ですから閉会と同時に必要がなくなりますので、議長は次の定例会等で戒告文を朗読することはできないものと解されます。

(3) 公開の議場における陳謝

①公開の議場において、当該議員が議会が決めた陳謝文を登壇して朗読することにより行います。

陳謝文案例としては次のようになります。

陳 謝 文 案

○月○日の会議（○○委員会）における○○の件に関する私の発言中○○の言辞を用いましたことは、議会の品位を保持し、秩序を守るべき議員の職責を顧みてまことに申しわけありません。

ここに誠意を披瀝して衷心から陳謝いたします。

懲　罰

　②当該議員が陳謝文の朗読を拒否したり、故意に一部を誤って朗読したりするときは、新たな懲罰を科すことになります。また、陳謝は公開の議場で本人が述べることですから、代理人に陳述させたり、陳述する書面を議会に提出することはできません。

(4) 一定期間の出席停止

　①その会期中の一定期間、当該議員の本会議及び委員会への出席を停止することです。ただし、その出席停止の期間は、当該会期の残存日数の範囲内に限られます。議員に対する出席停止の効力は次の会期に及びません。したがって、次の会期にわたる日数を定めたり、本日から１年間又は議員の任期末まで出席停止とする議決は認められません。これは、会期不継続の原則の根本精神にかんがみ、期間の裁量につき法律上の限界を超えるものと考えるからです。出席停止を行う場合は、議決したあと直ちに当該議員の入場を求め、議長が〇日間の出席停止の懲罰を科す旨を宣告します。当該議員は宣告後、直ちに退場しなければなりません。欠席の場合は、当該議員不在のまま宣告することになります。出席停止は本会議場、委員会室への入場を禁止するものですから、議員控室や図書室への入場を禁止するものではありません。その点、国会において議事堂内への出入りを一切禁止する「登院停止」（国会法122条3号）と異なるものです。

　②また、出席停止の期間は宣告のあった日を第１日とし、その期間満了日の午後12時をもって終了します。出席停止は日を単位とし、時間をもって科すことはできません。出席停止期間中に休会や休日があるときは、この期間を含めて計算することになります。また、例えば、３月５日と８日の出席停止というような特定の日を選択した出席停止は認められません。そして、出席停止は議員としての権限行使を一定期間否定するものですから、停止期間中に議案の発議者、賛成者、請願の紹介議員になることはできません。

(5) 除　名

①除名は議員の身分を剥奪するもので、最も重い懲罰です。除名の懲罰が可決された場合、直ちに当該議員の入場を求め、議長が除名の懲罰を宣言します。当該議員が欠席の場合は欠席のまま除名を宣言すればよいことになります。なお、除名された議員が、再び当選した場合は、議会はその議員を拒むことはできません（自治法136条）。

②議会が、懲罰を科すか科さないか、科すとすればいかなる懲罰を科すかは、議会の自律作用として、その裁量にゆだねられますが、全くの自由裁量ではないと一般的には解されています。したがって、解釈を誤って議員を除名すれば違法となります（最高裁昭和27年12月4日第一小法廷判決・行裁例集3巻11号2335頁）。また、懲罰は一種の制裁として科せられるものですから、一つの懲罰事犯について二つ以上の種類の懲罰を併科することも、同一種類の懲罰を2度以上科すこともできません。

5　懲罰の手続

懲罰を科すには、一定の手続が必要です。

(1)　懲罰の発議

懲罰の発議には、①一般的な懲罰の動議による場合（議員の定数の8分の1以上の者の発議によらなければなりません。議員の死亡や辞職等の欠員があっても現議員数を基礎とすることはしません。また、提出時に8分の1以上の要件があれば、審議中に8分の1の要件を欠いても懲罰動議には影響はしません。議員定数が42人のときは、42人を8で割ると5.25人であり、端数切上げにより6人又はそれを超える数を指します。）、②処分要求による場合（議会の会議又は委員会において、侮辱を受けた議員は、これを議会に訴えて処分を求めることができます。この場合は、①の議員の8分の1以上の議員による発議の要件は必要なく、侮辱を受けた議員が単独で処分を求めることができます。た

だし、侮辱については、議会の品位を汚すものとして、侮辱を受けた議員以外の議員が8分の1以上の発議により懲罰動議を提出することもできます。)、③議長の職権による場合（議員が正当な理由がなく招集に応じない場合や正当な理由がなくて会議を欠席した場合に、議長が特に招状を発しても、なお故なく出席しない者は、議長が懲罰の発議を行うことができます。）の三つの場合のみであり、それ以外は認められません。したがって、懲罰を発議できるのは、議員と議長（欠席議員の懲罰の場合）に限定されており、委員会で秩序違反の言動があっても委員長は懲罰の発議をすることはできません。一般的な動議は口頭によるのが原則ですが、懲罰は議員の身分にかかる重要事項ですから、その内容の疑義をなくすため文書により明確にするものとして標準会議規則（市会議規則160条1項等）は文書をもって行うことを規定しています。したがって、口頭による懲罰動議は無効となります。

(2) 懲罰動議の時間的制約

①標準会議規則は、懲罰動議の提出は事犯発生の日を含めて3日以内と定めています（短期時効制度、市会議規則160条2項等）。民法の定める期間計算では初日を算入しないことになっていますが（民法140条）、懲罰事件では懲罰事犯のあった日を第1日と数えることに留意しなくてはなりません。懲罰事犯が午後4時に生じた場合は、その日を第1日と数えますから、実質的には2日間で時効が完成することになります。

②また、3日目のいつまで提出できるかについては、会議規則で定める閉議時間ではなく24時までとなります。したがって、期限ぎりぎりに提出する場合は、事前に議長又は議会事務局に連絡して提出の対応を図ってもらう必要があります。懲罰事犯があった日以後が休会である場合は懲罰動議は議長に提出することになります。議長不在のときは、事務局長に提出すれば、議長に提出されたものとみなされます。

③懲罰動議の提出期限を3日以内としているのは自治法ではなく、標

準会議規則ですので当該議会の会議規則で、例えば「1日以内」とか「5日以内」と規定することはできますが、あまり短いと懲罰動議の提出が困難になるおそれがありますし、長いと議員の身分を不安定にすることになります。

④懲罰動議で問題になるのが議会の会期の最終日に懲罰事犯が発生した場合です。この場合には、会期を延長するか、委員会に付託し閉会中の継続審査とするほかはないものです。

(3) 懲罰の審議

懲罰の動議があった場合、

①まず、日程追加をはかり、可決された場合は対象議員の退場を求め、懲罰動議の提出者から説明を聞き、質疑を行います。

②当該議員は、懲罰動議の審議の際に、議会の同意を得て一身上の弁明をすることができます。弁明を許可するかどうかは、議会の議決によります。この点が、資格決定（自治法127条）の場合は、当該議員から要求があるときは、必ず認めるのと異なるところです。許可するときは弁明の時間を例えば30分と定めることが適当です。弁明は懲罰事犯の内容についてのみ述べることができます。標準会議規則では、この弁明を議会の同意を得て他の議員に代理弁明させることができるとしているところが多いようです（県会議規則118条等）。当該議員は一身上の弁明後は退場することになります。代理弁明した議員は弁明後、除斥の対象にはなりません。

③慎重な審議を期すため必ず委員会に付託しなければなりません。委員会審査を省略することはできません（市会議規則161条等）。この委員会は懲罰特別委員会の設定が一般的ですが、これが否決された場合は他の常任委員会の所管に属しない事項を所管とする総務委員会に議長権限で付託することになると考えられます。委員会での採決はすべて過半数議決です。懲罰特別委員会の定数は採決の際、委員長を除くと奇数となり可否同数がなくなるようにするため、偶数のほうがよいといわれま

す。

　④委員会に付託されましたが、会期最終日までに結論を得なかった場合は、委員会の継続審査事件として、閉会中の委員会の決定を次の議会で議決して懲罰を科すことができます。これは、当該会期においてしか懲罰を科すことができないとする原則の例外となります。

　⑤また、議会は委員会の審査が長引いている場合に議会の議決により委員会に対し、一定の期日までに結論を出すように期限をつけることができます。期限までに審査が終了しないときは、本会議の議決により、本会議で審議することができると解されています。

　⑥次に、本会議において、懲罰の動議について審議・採決されることになります。懲罰の議決は、戒告、陳謝及び出席停止については通常の過半数議決です。可否同数のときは議長が裁決することになります。除名の場合には、議員（在職議員）の3分の2以上の者が出席し、その4分の3以上の特別多数議決を要することになります（自治法135条3項）。実務上の対応としては、議長が「出席議員は〇人であり、議員の3分の2以上です。また出席議会の4分の3は〇人です。」と宣言しておき、数の認定において疑義が生じないようにし、表決は起立でなく投票により明確にしておくことが必要です。なお、懲罰の件を審議するときは、他の議案と同様に議員定数の半数以上が出席していればよいことになります。

　⑦採決の内容は、動議の内容によって異なります。懲罰の動議には二つの類型があります。ⓐX議員に対し特定の懲罰（例えば除名）を科されたいとの動議と、ⓑX議員に対し懲罰を科されたいとの動議です。ⓐの場合、採決の結果、除名の懲罰を科さないことに決定（否決）したときは、他の懲罰（出席停止）を科したいときは、懲罰事犯発生の日を含めて3日以内に8分の1以上の提出者で動議を提出する必要があります。これは、独立した新たな懲罰動議の提出ですから、懲罰事犯発生の日を含めて3日を過ぎてしまうと短期時効で提出することはできません。結果的には、他の懲罰の動議を提出することが困難になる場合が多

いことになります。それに対し⑥の場合は、懲罰の種類を明示せずに単に「懲罰を科されたい」との動議を指します。どの懲罰を科すかは懲罰委員会が例えば「除名」と特定し本会議に報告します。本会議でこれが否決された場合、除名が否決されただけで、懲罰を科されたいとする動議は残っていますので、他の議員が例えば「10日間の出席停止」の懲罰を科されたいとの動議を提出することはできます。この動議は独立した動議ではないので、懲罰事犯発生の日を含めて3日以内の短期時効は適用にならないことになります。

⑧懲罰の裁決は、重い懲罰から先決し、可決ならそれに決定します。否決なら議会意思が決定されていないので次に重い懲罰を裁決していくことになります。いずれの懲罰動議を提出するかは、動議提出者の判断ですが、懲罰の内容を弾力的に考えるならば⑦の⑥の方がよいと考えられます。

⑨本会議における採決においては、懲罰動議の対象となっている議員は、当然除斥となりますが、同一の理由で複数の議員に対し懲罰を科そうとする場合であっても、これらを一括して対象議員全員を除斥して審議し、採決することはできず、そのような方法による議決は無効であるとされています（行政実例昭和27年9月19日自行行発39号）。除斥については個々の議員ごとに行うことになります。

(4) 懲罰の効力の発生

懲罰の効力発生時期は、議決の時とされ、当該議員に通知したときではないと解されています（行政実例昭和32年11月7日自丁行発190号）。この点で公務員の懲戒処分と異なります。戒告の場合は、本人不在のまま議長が戒告文を朗読することができ、出席停止、除名は当該議員が議場に在席していなくとも宣告できますが、陳謝の場合は、本人が陳謝文を朗読するので、陳謝を議決した日に当該議員が欠席した場合は、後日出席を求めて行うので、懲罰の議決により確定していますが、その効力の発生は後日まで延期されることになります。なお、議会が除名の

懲罰を科した場合、欠員が生じますので、議長はこの日から5日以内に当該地方公共団体の選挙管理委員会に欠員を生じた理由等を通知する義務があります（公職選挙法111条1項3号）。

6 懲罰と救済

懲罰は議会の内部規律にかかる議会の自律作用ですから、懲罰を受けた者は、それに対する救済を他に求めることはできず、一般的には議会の決定に従うことになります。しかし、除名処分については、直ちに議員の身分の喪失といった重大な法律効果を生じさせる事項であり、単なる議会の内部規律の問題にとどまらず、一定の救済が認められています。

(1) 懲罰と行政不服申立て

懲罰も一種の行政処分ですが、行政不服審査法7条1項1号の「議会の議決によって行われる処分」に当たり、懲罰に対する同法に基づく不服申立てはできず、懲罰（除名処分）を受けた者は、自治法255条の4の定めにより、その処分があった日から21日以内に都道府県の機関がした処分については総務大臣、市町村の機関がした処分については都道府県知事に審決の申請を行うことになります。そして、90日以内に出される審決に不服があるときは、裁判所に訴えることができます。

(2) 懲罰と行政事件訴訟法

懲罰を受けた者が、司法救済の対象となり得るかについて、最高裁は「市議会における議員の除名議決は、特にこれに基づく執行機関の処分を待たずに直ちにその者の議員たる地位を失わしめる法律効果を生ぜしめる行為であるから、一種の行政処分と解すべく、この場合の市議会は行政事件訴訟特例法1条〔現行、行政事件訴訟法〕の行政庁に該当し、右議決の違法を主張してその取消を求める訴えは、同条にいう行政庁の違法な処分の取消を求める訴えに該当すると解するを相当とする。」（最高裁昭和27年12月4日第一小法廷判決・行裁例集3巻11号2335頁）

と判示し、除名処分については認めていますが、一方「議会の議員に対する出席停止の懲罰議決の適否は裁判権の外にある。」(最高裁昭和35年10月19日大法廷判決・民集14巻12号2633頁）として出席停止については、これを否定しています。したがって、出席停止より軽い懲罰である戒告、陳謝については当然否定されるものと考えられます。

(3) 行政争訟と議員の身分

前記したように懲罰の取消しの問題が生じるのは、除名処分の場合だけですが、除名処分に対し、不服申立てや行政事件訴訟を提起しただけでは、除名処分された議員の身分に何らの影響を及ぼすものではありません。

審決又は判決により、除名処分が取り消された場合は、一般原則に従い、当該処分は当初よりなかったことになり、当該議員は、当該取り消された処分以前から引き続き議員としての身分を有していたことになります。市議会の議長である議員の除名処分の効力に関する審決の申請に対し、当該処分を取り消す旨の知事の審決があった場合は、処分時に遡って議員の身分とともに議長の職をも回復することになります（最高裁昭和62年4月21日第三小法廷判決・判例自治42号33頁）。

なお、行政争訟ではありませんが、地方公共団体の長により再議（自治法176条4項の違法議決に基づき再議）に付され、再議決により、除名処分が取り消された場合も審決又は判決と同様の取り扱いとなります（行政実例昭和24年2月21日自治課長回答）。再議に付されたときには、当該議決の効果は議決の時に遡って停止されますから、長が除名議決を再議に付した場合には、当該除名処分の効力は遡及的に生じなくなります。

議員の身分の得喪

1 議員の身分の取得

(1) 議員の身分の発生

議員の身分は、①原則として議員の選挙における当選人として告示された日から発生します（公職選挙法102条）。ただし、②一般選挙が、地方公共団体の議会の議員の任期満了の日前に行われた場合については、原則として、前任の議員の任期満了の日の翌日からとなります。全国的に行われる地方議会の統一選挙はここに該当します。例外として、③選挙の期日後に前任の議員が、なんらかの事情によりすべてなくなったときは、当該すべてなくなった日の翌日から、議員としての身分を取得するものと考えられます（同法258条）。

(2) 当選人と兼職・兼業との関係

当選人の更正決定（同法96条）や繰上補充（同法97条・97条の2・112条）で当選人となった者で、兼職を禁止された職（常勤職員・教育委員会の委員等）にある者は、当該兼職を禁止された職を辞した旨の届出をしない限り当選を失うこととされていますが、当該届出をした日に当選の効力が生じ、議員の身分を取得することになります（同法103条2項）。また、当選人が兼業禁止に該当する地位にある場合も、5日以内に兼業禁止に該当しなくなった旨の届出をしなければ当選を失うことになりますが、当該届出をした日に当選の効力が生じ、議員の身分を取得することになります（同法104条）。

2 議員の身分の喪失

議員の身分の喪失事由は、大別して議員の任期満了の場合と議員の任期途中で身分を失う場合等があります。さらに、後者は①辞職、②議員

全員の任期を同時に中途で失わせる場合（㋐議会の解散請求が成立した場合、㋑議会が解散した場合、㋒自主解散、㋓廃置分合による当該団体の消滅）、③個々の議員が任期を中途で失わせる場合（㋐議員の解職の請求が成立した場合、㋑兼職禁止に該当した場合、㋒兼業禁止に該当した場合、㋓被選挙権を喪失した場合、㋔除名された場合、㋕選挙無効又は当選無効、㋖死亡）があります。

(1) 任期の満了

議員の任期は4年とされています（自治法93条1項）。これは、長の任期に対応するものと考えられます。そして、この任期は個々の議員すべてに当てはまるものではありません。全体として議会の議員を定めるものです。したがって、①補欠選挙により選出された議員の任期は、前任者の残任期間であり、②増員選挙等により選出された議員の任期は、その前の一般選挙において選出された議員の任期と同時に終了することとなります（自治法91条4項・93条2項、公職選挙法260条）。

(2) 議員の辞職

議員の身分を取得した者が自己の意思によってその身分を離脱する場合をいいます。

①議会の開会中は議会の許可を得て議員は辞職することができます。議員は許可を得ない限り辞職することはできません（行政実例昭和22年10月6日）。これは閉会中においても同様です。

②議会の閉会中は議長の許可を得て議員は辞職することができます（自治法126条）。ただし、閉会中の辞職許可について特殊な場合があります。

㋐ 議長が事故又は欠けた場合は、副議長に対して行い、その許可を得て辞職することになります。

㋑ 議長、副議長がともに事故又は欠けた場合は、年長議員に対し辞職の意思表示を行い、その許可を受ければよいことになります。辞

職者が年長の場合は、次に年長な議員に対して行えばよいことになります（行政実例昭和23年6月21日自治課長回答）。

㋒　議長が自ら辞職する場合は、副議長に対し辞職の意思表示を行い、その許可を得て辞職することになりますが、副議長がいない場合の取扱いは見解が分かれています。第一説は、議員としての自己から、議長としての自己に対し辞表を提出し、その許可を得て辞職することができるとするもの（前掲行政実例昭和23年6月21日）、第二説は、議長は議員を辞職し得ないとするものです。

㋓　議員が一人のみ残った場合は、残った者が議長であれば、議員として、議長としての自己に対し辞表を提出することになります。

また、議長でない場合も自己あてに辞表を提出することになります。これは年長の議員の許可を得ればよいとする考え方の延長といえます。

③辞職の許可の基準については、議員は住民の直接選挙により住民の信任の下にその職がありますから、議員としてその職責を全うすることが本来の任務となります。したがって、任期途中において正当な理由もなしに辞職することは、住民の信託に背くものと考えられます。そこで、議員の恣意による辞職は認められないものとし、正当な理由の存否を議会又は議長の客観的判断にゆだねることとしています。議員の辞職に正当な理由がある場合には、議会又は議長は許可を与える必要があります（最高裁昭和24年8月9日第三小法廷判決・行裁月報16号97頁）。したがって、懲罰による除名処分を受ける可能性が高い議員がこれを避けるため議員を辞職する場合は、正当な理由があるとはいえません。

④辞職の手続については、議員が辞職しようとするときは、議長に辞表を提出しなければなりません。辞表の提出があると、議長は議会開会中であれば、議会に報告の上、討論を行わずに直ちに許否の採択を行って処理することになります。議長が議会に諮らず、許可することはできません（行政実例昭和32年12月24日自丁行発229号）。また、休会中に辞職願出があった場合、議長はこれを許可することはできません。休会中であっても会期中ですから議員の辞職は議会の許可が必要になりま

す。その結果、休会中は辞職の許可の方法はないことになります（行政実例昭和25年5月31日自行発74号）。辞職に関する事件は、議員の一身上に関する事件であり、その許否を決める議事について、当該議員は除斥の対象となります（自治法117条）。

閉会中であれば、議長は正当な理由の存否について判断の上、許否を決定し、次の議会に報告しなければなりません（標準会議規則）。開会、閉会のいずれの場合も議員の辞職の許可があると、議員に欠員が生ずることとなるため、議長は欠員となった日から5日以内に選挙管理委員会へ欠員が生じた旨を通知しなければなりません（公職選挙法111条1項3号）。

⑤辞職を提出した議員はこれを撤回することができるかについては、辞職を提出した後、議会又は議長の許可があるまでは、いつでも撤回することができます。撤回の効力は、撤回の意思が議長に到達したときに生じます。具体的には、議長が辞職の許可の決裁を行ったが、許可の通知が当該議員に到達する前に辞職届を撤回する旨の届出が議長に到達している場合は、辞職の効果は発生しないことになります（行政実例昭和34年11月17日自丁発162号）。また、議員が公務員の立候補制限に該当する公職の候補者となるための届出をした時は、その日に辞職の効果が発生します（公職選挙法89条・90条）。この場合には、議会又は議長の許可は必要ありません。

⑥辞職に関連して、議員の辞職勧告決議の問題があります。議員に対し自らの意思で議員の職を辞するよう求める内容の議会の決議をいいますが、法律上の規定はありません。したがって、議会が辞職勧告の決議を行ったとしても、そのこと自体で何ら法的効果をもつものではなく、事実上は別としても勧告を受けた議員が、決議に拘束され辞職しなければならないものではありません。しかし、議員の中には、汚職や詐欺等の刑法犯に該当しながらも議員の立場を固持し続けている事案もあり、議会をはじめ市民からも批判や不満が噴出することがあります。これは、除名等の懲罰事由が原則として法律や会議規則等に違反する議場内の言動

に限られており、これに該当しない非行のある議員に対してはその効果が及ばないことによります。こうした場合に、議会の信頼を回復させ、あるいは規律を保持するため、当該議員に対し、辞職を求める辞職勧告決議案を可決し、議会の意思を表明することも方法の一助と考えられます。

3 選挙の無効又は当選の無効の確定

(1) 選挙通知の効果

議員は、公職選挙法に基づく①選挙無効の異議の申出、審査の申立て及び訴訟（公職選挙法202条1項・2項、203条1項）、②当選無効の異議の申出、審査の申立て及び訴訟（同法206条1項・2項、207条1項）、③選挙違反に基づく当選無効等の訴訟（同法210条・211条）などの争訟が提起されてもその職を失うものではありません。その無効が確定するまでの間は議員としての身分はなくなりませんし、その間の議員としての行為はすべて有効となります（自治法128条）。これに対し、決定、裁決、判決により選挙無効又は当選無効が確定しますと議員は失職することになります（自治法128条）。

(2) 当選無効の効果

しかし、公職選挙法251条に規定する当選人の選挙犯罪による当選無効については、前記(1)の自治法128条の該当がないため、当選の無効が確定しますと、当選の日にさかのぼって議員としての身分が失われることになります（行政実例昭和39年7月10日自治行85号）。そこで問題となるのは、①当選無効に該当する議員が、その当選無効の確定までに行った行為の効力について行政実例は、当該議員が加わった議決は有効であると解されています（昭和26年12月13日地自行発409号、昭和39年7月10日自治行85号）。②すでに支出された議員報酬については、当該議員が提供した勤務により受けた地方公共団体の利益と、地方公共団体が支給した報酬等を受けた当該議員の利益との間に差があると認められる場合には、その限度において、いずれかが不当利得返還請求権を

有することになりますが、一般的には、その勤務と給付は均衡していると認められ、返還等の問題は生じないのが通常です（行政実例昭和41年5月20日自治行65号）。

4 兼職禁止職への就職

前掲「兼職の禁止」（67頁）で詳述しています。

5 兼業禁止職への就職

前掲「兼業の禁止」（69頁）で詳述しています。

6 被選挙権の喪失

(1) 被選挙権の喪失の態様

被選挙権は、議員になるための要件であるとともに、議員としての身分を維持するための要件でもあります。したがって、これを有しなくなった場合にはその職を失います（自治法127条）。その態様としては、①議員に就任後、被選挙権を失い、現在これを有しない者、②就任当時から引き続き現在まで被選挙権を有していない者、③現在は被選挙権を有しているが、就任当時又はその後において被選挙権を有しない事実のあった者、のすべてが被選挙権の喪失に該当します。

そこで、被選挙権の喪失が議会による認定手続が必要か否かにより二分類できます。

(2) 議会による認定手続の不要なもの

まず、議会による認定手続の不要なものがあります。

①公職選挙法11条及び11条の2に該当するものがあります。これを一般に「公民権の停止」といいます。㋐禁固以上の刑に処せられ、その執行を終わるまでの者、㋑禁固以上の刑に処せられ、その執行を受けることがなくなるまでの者（選挙犯罪以外の犯罪による刑の執行猶予中の者は除きます。）、㋒公職にある間に犯した収賄罪又はあっせん収賄罪により

刑に処せられ、その執行を終わり若しくは、その執行の免除を受けた者でその執行を終わり若しくはその執行の免除を受けた日から5年（被選挙権については10年）を経過しないもの又は、その刑の執行猶予中の者、などがあります。②選挙犯罪のために選挙権及び被選挙権を停止されているものについては、宣告あるいは判決の確定によりその職を失います（公職選挙法252条）。これは、裁判所による宣告や判決により客観的に事実が確定されていることから、議会による認定手続は不要と考えられたものといえます。③政治資金規正法上の義務違反を犯し、同法28条により選挙権及び被選挙権を停止されているものについても②と同様です。

また、議員を失職せしめる事由が、その選挙以前に生じていた場合は、当該議員は議員就任と同時に失職することになります（行政実例昭和23年3月6日自治課長回答、東京高裁昭和28年5月28日判決・行裁例集4巻5号1121頁）。そして、判決の確定の時とは、有罪判決に対して行った上告が棄却されても、その棄却決定訂正の申立てをしている場合には、訂正の判決若しくは申立てを棄却する決定がなされた時をいいます（行政実例昭和31年12月4日自丁行発137号）。

(3) 議会による認定手続に必要なもの

これに対し、公職選挙法11条、同法11条の2、同法252条、政治資金規正法28条に該当する場合以外は、議会による認定手続が必要となり、出席議員の3分の2以上の多数により失職の決定を行うことになります（自治法127条1項）。

①具体的には、ⓐ日本国民であるかどうか、ⓑ年齢が満25歳以上であるかどうか、ⓒ選挙時に引き続いて3か月以上当該地方公共団体に住所を有していたかどうか及び現在当該地方公共団体に住所を有しているかどうかです。住所要件が必要とされる理由は、地方公共団体は地縁的性格を持つものであり、住民の代表として議員になるためには、少なくとも一定期間そこに住み、地域の実情にも通じている必要があると考えられたものです。なお、長の被選挙権の場合は、広く人材を得るという

観点から住所要件は要しないとされています。

②これらの決定の発案権は、議員に専属します。そして議会によって、被選挙権がないと決定された議員は、その議会の決定の時からその職を失います。議会の決定によりその旨の文書の交付を受けた時や当該事実の発生日ではないことに留意しなくてはなりません。

また、失職の決定を受けた議員は、自治法127条4項が準用する同法118条5項の規定により、決定があった日から21日以内に、都道府県にあっては総務大臣、市町村にあっては都道府県知事に審査を申し立て、その裁決に不服がある者は、裁決があった日から21日以内に裁判所に出訴することができます。この議会の決定に対し不服申立てを行うことができるのは、その適否を争う個人的な法律上の利益を有する者に限定されます（最高裁昭和56年5月14日第一小法廷判決・判時1008号130頁）。したがって、一般的には決定によってその職を失うこととなった議員本人のみが不服申立てを行うことができるものと考えられます。

7 死　亡

議員は死亡により、当然にその職を失います。

8 除　名

議会における議員に対する懲罰の一種である除名が行われたときは、当該議員はその職を失います。除名については前掲「懲罰」（76頁）の中で詳述しています。

9 住民による議員の解職請求

(1) 公務員の選定罷免

公務員の選定罷免は、国民固有の権利であることに基づき、住民が直接間接に選任した地方公共団体の公務員についてリコールの制度を設けたものです。公職にある議員及び長が選挙人の期待に反し、民意を無視し、住民共同の福祉に反する自治運営をするときは、その任期満了前に

議員の身分の得喪

選挙人がその者の罷免を請求することができます。個々の議員が選挙民の意思からかけ離れた行動や適格を欠く行為が行われた場合は、当該議員について民意を問うものとして議員の解職請求を認めたものです。

(2) 議員の解職請求

議員の解職請求の手続は、①選挙権を有する者は、所属の選挙区におけるその総数の3分の1（その総数が40万を超える場合にあっては、特別の定めがあります。）以上の者の連署を持って、その代表者から地方公共団体の選挙管理委員会に対して当該選挙区に属する当該議員の解職を請求することができます。②その請求があったときは、選挙管理委員会は直ちにその要旨を関係区域内に公表し、それを当該選挙区の選挙人の投票に付さなければなりません（自治法80条1項～3項）。③投票の結果、有効投票の過半数の同意があったときは、議員はその職を失います（同法83条）。

なお、議員の就職の日又は解職請求に基づく選挙人の投票の日から1年間は、解職請求を行うことができないとされています（同法84条）。しかしながら、無投票当選の議員の場合は、1年以内でも解職請求は可能です。

10　住民による議会の解散請求

(1) 解散請求権

議会の解散は、議員全員に対し、その任期満了前に議員の資格を失わせることをいいます。そして、国民として地方公共団体の住民の参政権に基づく直接請求として議会の解散請求が認められています（自治法13条1項）。

(2) 請求権の行使

選挙権を有する者は、その総数の3分の1以上の者（総数が40万を超える場合は特例の定めがあります。）の連署を持って、その代表者か

ら、地方公共団体の選挙管理委員会に対し、当該地方公共団体の議会の解散を請求することができます（同法76条1項）。ただし、解散の請求は、議会の議員の一般選挙があった日から1年間及び議会の解散請求に基づき選挙人の投票に付された日から1年間はできません（同法79条）。

(3) 解散の投票

選挙管理委員会は、この請求があったときは、直ちに請求の要旨を公表し、これを請求人の投票に付さなければなりません。（同法76条2項・3項）。議会は解散の投票において、過半数の同意があったときは、解散します（同法78条）。選挙管理委員会は、解散の投票の結果が判明したときは、直ちに、解散請求の代表者及び当該地方公共団体の議会の議長に通知し、かつ、公表するとともに、都道府県にあっては都道府県知事、市町村にあっては市町村長に報告しなければならず、また、投票の結果が確定したときも同様に行います（同法77条）。

11 長による議会の解散

(1) 長の議会解散権

地方公共団体の長が議会を解散することができるのは、極めて限られた場合だけです。地方公共団体の執行機関である長と議決機関である議会は、対等な立場において互いに独立し、その均衡と調和の上に、地方行政を運営することが期待されています。しかし、この調和が保たれなくなった場合には、議会においては、長に対する不信任の議決をする権能を認め、一定の条件のもとに長を失職させる法的効果を認めるとともに、長においてはこれに対する手段として議会を解散する権能を認め、選挙を通じて住民の判断にゆだねることができるものとしました。

(2) 長の不信任議決と特別拒否権

長が議会を解散させる態様としては二種類あります。
①第1は、長の不信任議決をした場合です。その手続としては、地方

公共団体の議会において、議員数の3分の2以上の者が出席し、その4分の3以上で長の不信任の議決をしたときは、直ちに議長からその旨を長に通知し、長は、この通知を受けた日から10日以内に議会を解散することができます（同法178条1項）。「10日以内」とは、通知を受けた日の翌日を第1日とし、10日目に当たる日までの間という意味です。長がその期間内に議会を解散しないときは、その期間が経過した日に失職します（同法178条2項）。

なお、解散後初めて招集された議会において議員数の3分の2以上の者が出席し、その過半数で、再び不信任の議決をしたときは、再度議会を解散することはできず、議長から通知のあった日に、長は失職します（同法178条2項）。長が不信任議決を受けて議会を解散し、その改選後の初議会が開かれるまでの間に長の任期が満了し、その選挙の結果議会を解散した長が再選された場合、議会が解散後の初議会において当該長を再び不信任議決したとしても当該議決は、新たな不信任議決となり、自治法178条2項の適用はないことになります（行政実例昭和38年3月18日）。

②第2は、特別拒否権の場合です。非常の災害による応急若しくは復旧の施設のために必要な経費、感染症予防のために必要な経費を議会が削除又は減額する議決をしたときは、長は、理由を示してこれを再議に付すことができますが、この場合、議会がなお経費の削除又は減額の議決をしたときは、その議決を不信任議決とみなし、議長から再議決された予算の送付を受けた日から10日以内に議会を解散することができます（同法177条3項・178条1項）。

(3) 解散の効力の発生

議会の解散は文書で行うのが一般的ですが、文書が到達すれば受理行為の有無にかかわらず解散の効力は生ずることになります（行政実例昭和23年9月14日）。また、長の不信任議決後10日を経過する前に議員の任期が終了するときは、長は解散を行うことを要せず、また、10日を経過しても失職することはありません（行政実例昭和30年4月2日）。

12　議会の自主解散

(1)　議会の自主解散権

　従来、議会が行う長の不信任議決に対抗する長の議会解散権の制度はありましたが、議会が自主的に議決して解散し、住民の信を問う制度はありませんでした。しかし、東京都議会での議長選挙に絡める収賄事件の発生と、これに対する世論の批判が契機となって自治法の特例法として昭和40年に「地方公共団体の議会の解散に関する特例法」が制定されました。

(2)　議会の自主解散の方法

　議会の自主解散の手続は、議会は議員数の4分の3以上の者が出席し、その5分の4以上の者の同意をもって解散の議決をすることができ、この議決があったとき、当該地方公共団体の議会は解散することになります。この4分の3以上の者の出席は、議決時の要件と解されており、解散決議の提出権は議員に専属し、会議規則の動議又は決議案の要領で行うことになります。

13　廃置分合による地方公共団体の消滅

　廃置分合は、法人格の発生、消滅を伴う地方公共団体の区域の変更をいいます。地方公共団体の区域の変更には、廃置分合のほかに「境界変更」がありますが、境界変更は、関係団体の境界が変更されるだけで、関係団体の法人格に変更がない点において、廃置分合と性格を異にします。廃置分合の結果、消滅する地方公共団体については、その議会も当然消滅しますから、その議員もその職を失うことになります。ただし、合併の場合は、市町村の合併の特例に関する法律の規定の中において議員の身分を合併の結果できた地方公共団体の議会の議員に引き継ぐ特例が定められています（同法7条）。

除　斥

1　除斥の意義

(1)　自治法の規定

　議会における審議の公正を期するため、審議事件と一定の利害関係を有する議員は、当該事件の審議に参与することができないとすることを「除斥」といいます。自治法117条は「普通地方公共団体の議会の議長及び議員は、自己若しくは父母、祖父母、配偶者、子、孫若しくは兄弟姉妹の一身上に関する事件又は自己若しくはこれらの者の従事する業務に直接の利害関係のある事件については、その議事に参与することはできない。」と規定しています。

(2)　規定の意義

　この規定を設けた理由は、①自己又は親族に関係ある事件については、どうしても情が加わり公正な判断ができないこと、②仮に、公正な審議をしても社会的には疑いの目で見られること、③他の議員も当該議員に対し遠慮がちになり十分な審議ができないことなどが挙げられます。そして、この除斥は、議員の全体としての会議についての規定であり、議会の委員会については適用されませんが、各自治体の委員会条例においては同旨の規定をおいているのが通常です（県・市・町委員会条例）。

(3)　除斥理由

　除斥の対象をどのように定めるかによっては、審議の公正を左右し、合議体としての議会の活動の制約にもなりかねません。除斥の対象が狭すぎると議事の公正が確保されず、逆に除斥の対象が広すぎると特に小規模自治体などでは、除斥者が多数にのぼり、合議体である議会として実質的に機能することができないといった結果に陥るおそれがありま

す。そこで、除斥事由に関して、人的及び特定した事件に限定した制限規定としたものです。

2 除斥が生じる場合及び対象者

(1) 除斥が生じる場合

除斥が生じるのは、条例、予算、契約議案等についての「議事」についてです。議会の議事とは、議会としての意思の決定及びこれに至る一連の過程（審議）を指しますから、議会の意思決定には、議決のほか、同意、許可、承認、認定、採択、決定を含むと解されています。また、議長不信任決議などの事実上の意思形成行為として行われる議事についても審議の公正を保持する上から除斥規定が適用されることが条理上も当然と解されています（行政実例昭和24年7月22日、昭和24年8月15日、昭和26年4月12日）。しかし、常任委員長の選任等のための選挙又は指名推薦の方法については、議事に含まれないものと考えられることから、除斥は生じないとされています。また、一般質問は議会の意思決定を伴わないので除斥の必要は生じません。

(2) 除斥される対象者

除斥される対象者は「議長及び議員」ですが、議長は議員の身分を当然有しており、重ねて規定する必要がないのではないかとの意見もありますが、議長が会議において議長としての職務を行うにおいて、除斥の規定が働くことがあり得るため設けられたものです。

3 除斥の事由

(1) 自己又は父母、祖父母、配偶者、子、孫若しくは兄弟姉妹の一身上に関する事件

①「自己又は父母、祖父母、配偶者、子、孫若しくは兄弟姉妹」は、自己、配偶者及び二親等内の血族と言い換えることもできます。伯（叔）父母は三親等、従兄弟姉妹は四親等になりますから除斥はされません。

また、姻族（例えば、妻の父母や自分の兄弟の妻のように配偶者の血族又は自分の血族の配偶者をいいます。）は含まれません。そして、この血族には、自然血族のほか法定血族である養親子関係による血族も含まれるとされています。しかし、継親子（例えば、先妻の子と後妻との関係のように夫婦の一方の子とその子の実親でない他方との間の関係をいいます。）の場合は養子縁組をしない限り、法定血族関係は生じないことから除斥を生じないと解することができます。なお、配偶者の場合は内縁関係は含まれないと解されます。

②「一身上に関する事件」とは、当該個人に直接的かつ具体的な利害関係を有する事件をいいます。したがって、議長や議員の報酬、費用弁償、政務活動費、議員定数等のような議員である者全体に当然に利害関係が生じる場合には、除斥の問題は生じないことになります。たとえ、それが直接的な利害関係があるとしても、これらは議員全員にかかわるものであって、特定の者のみにかかわるものでないことから、本条に該当しないとしたものです。

③除斥となる具体例を見ますと、自治法等に定められたものとしては、ⓐ条例で定める契約の締結や条例で定める財産の取得、処分（自治法96条1項5号、8号）、ⓑ議長及び副議長の解職（同法108条）、ⓒ投票の効力に関する異議の決定（同法118条1項）、ⓓ議員の辞職（同法126条）、ⓔ議員の資格決定（同法127条）、ⓕ議員の懲罰（同法134条・137条）、ⓖ農業委員会の委員について議会推薦として議員を推薦する場合（農業委員会等に関する法律12条2項）等が挙げられます。

また、行政実例として示されたものとして、ⓐ請願内容が議員の一身上に関するものである場合は別として単に請願の紹介をしたことのみをもって、当該議員がその請願に関する事件に関して除斥されることはない（昭和26年3月16日地自行発62号）、ⓑ監査委員中議員から選出された委員は、監査報告が審議される際には、一般には除斥されない。しかし、監査に際しての監査委員個人の不正行為を究明することを目的とする議題の審議については、当該委員は除斥されることとなる（昭和

30年11月10日自丁行発172号)。ⓒ議長不信任決議案は、自治法上認められていないため、仮に可決されても議長はこれに従う義務はありませんが、事実上の決議案であることから審議は適法な手続に従って進める必要があることから、議長不信任案は議長の「一身上に関する事件」であるとして議長を除斥して議事を進める必要があります(行政実例昭和25年3月22日自連行発31号)。

さらに、ⓓ決算の審議に際し、自治法121条の規定に基づく議長からの出席要求に応じて説明に当たった議会選出監査委員たる議員は、当該決算認定の表決に当たり、説明員席から自己の席についた上で表決にかかわることはできます。その理由は、監査委員の監査はその有する職務権限に基づいて行うものであり、当該議員個人として直接的かつ具体的な利害関係にある「一身上に関する事件」には該当しないので、議会選出の監査委員は監査報告の審議に際しても除斥されないものと解することができます(前掲行政実例昭和30年11月10日)。

ⓔ市議会議員Aが市に対し提起した損害賠償請求事件の一審判決を不服として市が控訴する場合は議会の同意を得る必要があります。この場合、市が控訴するということはA市議会議員は被控訴人となることであり、Aにとっては直接的かつ具体的な利害関係があると考えられますからA議員は除斥の対象になると解されます。

(2) 自己又は父母、祖父母、配偶者、子、孫若しくは兄弟姉妹の従事する業務に直接の利害関係のある事件

① 「従事する業務」とは、営利的、経済的行為にとどまらず、広く社会生活上の地位に基づき継続的に行う事務事業であれば足りると解されます。換言すれば、報酬を得て従事する職務だけに限られるものではなく、名誉職的な職務であっても、小中学校のPTA会長職や農業協同組合等の役員等のような社会生活上の地位に基づいて継続的に行う業務又は事業もここに含まれると解されます。ただし、一回限りのものは該当しません。

②「直接の利害関係」とは、利害が直接的でなければならず、間接的又は反射的なものでないことを意味します。具体的には、三つの基準により判断されることになります。

第一は、当該利害の性質です。特に、経済的利害にかかる場合は、営利団体だけでなく、一般社団法人等の非営利団体においても生じるものと考えられます。具体的事例としては、ⓐ工事請負契約についての議決に当たって当該契約の当事者である建設会社の代表取締役社長である議員は、除斥の対象となります。ⓑ私立保育園全部に対する市費助成方の請願の審議に当たっては、私立保育園の経営者である議員は除斥に該当します（行政実例昭和37年4月2日自丁行発12号）。ⓒPTAに対する補助金交付の請願書が提出された場合にPTA会長の職にある議員は除斥の対象となります（行政実例昭和38年12月25日自治丁行発101号）。なお、これに関して小学校校舎の改築についてPTAから請願が提出され、このPTAの会長である議員は除斥されるかについては、PTAの業務と校舎の改築に直接の利害関係があるか否かがポイントになります。この場合、利害関係は間接的なものであり、法の規定する直接的なものとは解されないので除斥の対象にはならないものと解されます。ⓓ議員が取締役又は監査役になっている会社が提出した補助金の交付を求める請願の審議に際しては、当該議員は除斥となります（行政実例昭和39年9月18日自治行102号）。また、ⓔ非営利団体に関しては、土地開発公社の理事を兼ねた議員は、当該土地開発公社の行う公有水面埋立ての免許に係る意見の審議に当たっては、除斥の対象となります（行政実例昭和48年7月25日自治行85号）。

第二は、当該業務に従事している者が、当該業務の主体に対し支配力を行使し得るような立場にあることです。ⓐ会社において常時支配力を有する地位にある代表取締役をはじめ取締役、執行役、監査役は除斥の範囲に該当しますし、農業協同組合の組合長、専務理事、常務理事、理事、監事等である議員も常勤、非常勤を問わず、除斥の範囲に含まれます（前掲行政実例昭和38年10月31日）。ⓑ任意団体である町内会、老人クラ

ブ、PTA等においては、会長、副会長、役員、監事がこれに該当します。ただし、単に組合員である場合は、支配力のある地位ではありませんから、除斥の対象ではありません。ⓒ土地開発公社の理事も、当該公社の業務に係る審議においては除斥の対象となりますので、市が財団法人である土地開発公社から土地を買収する場合、当該土地取得に係る議案の審議に際して、当該公社の理事及び監事の職にある議員は除斥の対象になります（行政実例昭和45年11月20日自治行70号）。ⓓ協同組合により組合センターを建設したいので市費助成してほしいとの請願審査で、組合の設立発起人となっている議員は除斥されます（行政実例昭和39年6月19日自治行76号）。設立発起人は当該設立しようとする組合の代表者といえます。しかし、ⓔ商工会議所の議員の身分を有することのみをもっては、商工会議所の所有地と市有地との交換の議案審議に際しては除斥されることはありません（行政実例昭和45年3月17日自治行17号）。したがって、A議員が、議会で審議されている契約案件の相手方の会社の平社員であるというのみであれば、上記基準に照らせば、当該議員は除斥の対象にはならないものと考えられます。

　第三は、第一及び第二の基準にあてはまる部分が、審議の対象となっている事件の主要な部分を占めることです。議案の中で、利害関係のある部分の大小が問題となりますが、判断においては困難な問題が生じます。ⓐPTAに対する補助金交付の請願の審議に際しては、PTA会長の職にある議員は除斥の対象となるとされた事例（前掲行政実例昭和38年12月25日）、ⓑ私立保育園全部に対する市費助成方の請願の審議に当たっては、私立保育園の経営者である議員は除斥の対象となるとされた事例（前掲行政実例昭和37年4月2日）があります。しかし、直接利害関係がないとされた事例として、ⓒ水道料金等の改正を内容とする給水条例の改正案の審議において、改正後の水道料金の算定基礎の中にA河川からの取水に要する経費が含まれており、その経費の一部にA河川漁業協同組合に対する漁業補助費が含まれていたとしても、当該漁業協同組合長の職にある議員を除斥することは要しないとされたものがあ

ります（行政実例昭和53年7月26日自治行49号）。また、ⓓ市営住宅家賃の改正条例を審議する際に、市営住宅に入居している議員は除斥されるかについては、一般的な条例の審議に当たって除斥するほどの直接的な利害関係はないと判断されますから除斥の対象にはならないとされます。同様に国民健康保険の改正条例において、国民健康保険に加入している議員は除斥されないことになります。条例の制定改廃について、条例案が一般的、普遍的なものである場合には、条例案中に規定している事項が特定の議員の利害に関係していても当該議員は除斥されないと解されています（前掲行政実例昭和53年7月26日）。

(3) 予算審議の場合の除斥

しかし、予算審議の場合の除斥については、予算は、一体として不可分なもので分割して議決することはできない「予算一体制の原則」の考え方から、補正予算の内容が特定議員に関係がある場合あるいは特定議員に直接利害関係がある部分の修正案に対しても当該議員は除斥されないと解されています（行政実例昭和31年9月28日自治行発82号、昭和39年1月7日自治行2号）。例えば、議員がA協会の会長職にある場合、当該協会に対する補助金の計上されている予算の審議などがこれに当たります。ただし、補助金助成の請願については、請願の当事者が議員であれば、当該議員は除斥の対象になりますので混同しないように留意して対応を図らなければなりません。

(4) 契約議案の場合の除斥

契約議案の場合の除斥については、例えば議員の兄弟が代表取締役の会社と工事請負契約締結議案の審議の場合は除斥されます。また、同会社が構成員となっている共同企業体と契約を締結する場合は、議員の兄弟が共同企業体の代表でなくても、各法人の役員は支配力を行使し得る立場にあることから除斥の対象となります。

(5) 請願と除斥

議員が議員活動を行うに際し、請願にかかわることが多いため、ここで請願と除斥の関係をまとめておきます。

①議員が請願者であるときは除斥されます。議員は審議権をもっていますので、請願という間接的な方法によらず、直接本会議や委員会で質疑や質問を行い、議案を提案することもできます。それにもかかわらず請願すること自体が議員の利害に関連し、審議の公正確保に影響するものとして除斥すべきものと解されます。

②議員が請願を紹介しても除斥の対象にはなりません。議員が請願を紹介するのは願意に賛成する場合に限りますが、ⓐ紹介した請願の内容は直ちに議員の「一身上の事件」や「直接利害関係のある事件」につながるものでないこと、ⓑ紹介行為は、請願の趣旨に賛成する議員が住民の要望である請願を議会の審議の場にのせるための手続行為に過ぎないこと、から除斥には直結しないとされます（行政実例昭和26年3月16日地自行発62号）。なお、紹介議員が除斥に該当する場合は、請願そのものの中に除斥事由が含まれているからであり、紹介行為から生ずるものでないことに留意する必要があります。

③紹介議員の取消願を審議する場合は、当該議員は除斥されません。紹介取消しは、請願内容についての審議ではありませんから「一身上の事件」等に該当するものではありません。

4 除斥の方法

(1) 除斥の決定

除斥議員に関係のある議案は、他の案件と分離して議題にすることが必要になります。除斥は議員の審議権を制約するものですから、その範囲は必要最小限にとどめるものとし、他の案件と一括議題にするような運用は行うべきではありません。

除斥に該当する議員は、何の手続きをしなくても当然法律上除斥の効果を発生することになりますが、除斥の有無を認定するにおいては、自

治法に特に定めがないため、議長の議事整理権の一態様として認定することが考えられます。除斥の有無が確定するものではなく、誤った除斥の認定後に行われた議決は、瑕疵ある議決となります（行政実例昭和27年10月6日自行行発58号）。したがって、除斥に該当するかどうか争いがある場合、先例があればそれにより、先例がない場合は、議長が議会に諮って除斥事由に該当するかどうかを決定することが適当です（行政実例昭和31年8月18日）。この場合は、当該議員を除斥して議決することになります。該当すると決定した場合には、当該議員に異議があろうとも退場する義務が生じます。しかし、退場しない場合は、議長が退場を命ずることになります。それでも退場しないときは、議会を休憩せざるを得ないことになります。

(2) 除斥される議員を最小限に

除斥の方法において、複数の議員が除斥となる場合においては、可能な限り分割し、各々の部分について除斥される議員が最小限となるように議事を進めることになります。その具体例としては、議長及び副議長の不信任の動議が同時に提出された場合には、まず、副議長が議長席に着き、議長を除斥して、議長の不信任の動議について採決をとり、次いで議長が議長席につき、副議長を除斥して、副議長の不信任の動議について採決をとることになります（行政実例昭和37年10月3日自治丁行発69号）。また、議員中から同時に2人の監査委員を選任することに同意を求める議案を議決する場合は、一の議案でその選任の同意を求めている例が見受けられますが、事件としては、あくまでも別個の二つの事件として扱い、一人ずつ採決を行わなければなりません。したがって、一人の議員を除斥し、その者について審議及び採決し、そのあとで最初に除斥した議員の除斥を解くとともに他の一人についても同様に除斥して審議及び採決を行います（行政実例昭和25年12月27日自行発357号）。また、数人の議員に対し、同時に懲罰を科すような場合においても同様な方法によって行われることになります（行政実例昭和7年3月

18日)。仮に、一括して審議し、全員を除斥して採決した場合は、本来、除斥すべきでない者を除斥して議決が行われたことになり、違法な議決として自治法176条4項の再議の措置をとることになります。

5 除斥の効果

(1) 議事に参与することはできない

　除斥される議員は「議事に参与することはできない」と自治法117条に規定されています。この趣旨は、会議に出席することを認めないとの意味と解されます。したがって、除斥該当議員は、原則として議決のみならず、議決に至るまでの審議にも加わることができません。具体的には、当該議案が議長の宣告により議題とされた後、提案理由の説明から最終の表決に至るまでの全過程中会議に出席することが認められないことであると解されます。ただし、議会の同意があったときは、会議に出席し、発言することが認められます（同法117条ただし書）。この「議会の同意」の発案は、除斥議員のほか、当該除斥議員に弁明の意思が存在するならば、他の議員も発案することは可能です。この場合、除斥議員の発言に対し質疑ができるかについては、当該議員は、当該案件と自己との関係について発言するのですから、その内容に疑義があれば他の議員は質疑し、その後の審議の参考にすることができます。しかし、案件の審議に長く在席させることは除斥の効果を減殺させることになりますから、除斥議員の発言内容を特定し、時間を制限して例外的に質疑を認めることになると思われます。

　なお、除斥議員が傍聴することは原則として禁止することはできませんが、除斥の効果を減殺させるものですから当該議員は遠慮すべきでしょう。したがって、運用として除斥該当議員は、傍聴を遠慮するように議会運営委員会等で申し合わせすることが適当です。除斥の例外として自治法127条1項の資格決定の議事については、自己の資格に関する弁明のために出席することは議会の同意を得ず認められますが、決定に加わることはできません（同法127条3項）。

(2) 除斥の時期

　除斥の時期は、通常の場合はその事件が議題に供された時であり、具体的には、議長において当該事件を議題とする旨を宣言したときになります。また、動議により発議されたときは動議として提出された事件が議題に供されたときであり、当該動議が成立したときではないことに注意しなくてはなりません（行政実例昭和33年3月31日行政課決定）。通常の場合は、議長が「本件についてはＡ議員は自治法117条の規定に該当し、除斥されますので退場を求めます。」と発言しますが、前記したように利害関係議員は当該事件が議題に供されたとき、すなわち議長の議題宣告と同時に当然に除斥されるものですから、上記のような議長の発言は、単なる確認的なものと解されます。議長の除斥宣告が除斥の効果を左右するものではありません。そして、除斥の期間は、当該案件の審議が終了するまでであり、終了後は、入場を許可することになります。

6　除斥しないで行った議決の効力

(1) 審議、議決に加わった場合

　除斥されるべき議員が、退場せず審議に加わった議事については違法であり、議長は直ちに審議を中止し、退場を求めることになります。しかし、当該事件が議了した後に除斥該当議員が参与していたことが判明した場合もあります。すなわち、このような場合は、除斥すべき議員を除斥しないで行われた議決となりますから、当然瑕疵ある議決となります。その瑕疵ある議決が無効であるとする考え方もありますが、行政実例は当然無効になるものではなく、違法な議決であるから自治法176条4項の規定により地方公共団体の長において再議権を行使すべきものとしています（行政実例昭和25年10月3日自行発240号）。仮に、除斥されるべき者が議案に参与していた議決が満場一致で可決されたとしても違法な議決であることにかわりがありませんので、長において再議権を行使すべきことになります。長が再議にかけなかった場合、どうなる

か等の実務上の問題は残ります。

(2) 議決には加わらなかった場合

審議の途中まで当該議員を除斥せずに審議し、議決の時点において当該議員を除斥している場合については、自治法117条の「議事に参与することはできない」というのは審議や表決に加わることだけでなく、会議に出席することも認めない趣旨であることから、除斥すべき議員を除斥しないで行われた議決と同様に違法な議決になるものと考えられます。

なお、除斥すべきでない議員を除斥して行われた議決においても、同様な結果が生じるため、地方公共団体の長において再議権を行使することになると思われます。

7 委員会の除斥

(1) 審査手続からの除斥

委員会において、審査事件と一定の関係ある委員が、審査手続から除外されることを委員会の除斥といいます。標準議会委員会条例（県委員会条例15条、市委員会条例18条、町委員会条例16条）は「委員長及び委員は自己若しくは父母、祖父母、配偶者、子、孫若しくは兄弟姉妹の一身上に関する事件又は自己若しくはこれらの者の従事する業務に直接の利害関係のある事件については、その議事に参与することができない」と規定しています。除斥の目的は、事件審議の公正を確保することですから、当該利害関係は、直接かつ具体的であることを要し、反射的や間接的なものについては法に抵触しないものと解されています。したがって、除斥対象者である委員長及び委員は委員会で質疑や意見の発言や弁明の発言をしようとするときは、委員長に申立て、委員長が会議に諮り同意があれば発言することができます（前記標準議会委員会条例）。

(2) 審査事件

委員会における「一身上の事件」「直接利害関係のある事件」に関し

除　斥

ては、本会議における除斥に該当する事例又は除斥されない事例を参考にしてください。

(3) 除斥の決定

除斥に該当するか否かの認定は、委員長が議事整理権に基づいて行いますが、除斥に疑義があるときは、委員長は、その議員を除斥して委員会に諮って多数決で決めます。

(4) 除斥の時期

除斥の時期については、①当該事件が議題となったとき、この場合は、その後直ちに退席を求めることになります。②委員から議事進行がかかったとき、この場合は発言の中で退席を求めることもあります。

(5) 委員長の除斥

委員長が除斥されたときは「事故あるとき」と解し、副委員長が委員長の職務を代行します。委員長・副委員長ともに不信任決議案が提出された場合は、一度に２人を除斥すると関係のない者の審査権及び表決権を奪うことになりますから、本会議の場合と同様に委員長から先に議題にして、委員長を除斥し、委員長の方の採決が終わるまでは副委員長は在席し、裁決に加わることになります。

(6) 除斥しないでした表決

除斥に反し、除斥しないで表決したときは違法であり、瑕疵ある表決となります。その時期に応じて、①委員長が直ちに気がつけば、委員長は除斥委員の退席を求めた後、除斥があった旨を述べて採決をやり直すことができます。②すでに委員会の手を離れ、当該事件が本会議に移ったときは、本会議で再審査の議決をすることにより、委員会で再度採決を取ることになります。③再度採決をしなくても除斥委員の出席が可否に影響を及ぼさない場合は、手続的には違法であっても議決の結果は有

効と解されることがあります。

(7) **除斥の適用範囲**
　除斥は議員に限られて適用されますから、委員会に出席した説明員、証人、公述人等には適用されません。

議員の公務災害補償

1 制度の創設

　議員が公務上、災害（負傷、疾病、障害、死亡）を受けたとき、迅速、公正にその補償を行い、議員及びその遺族の生活の安定と福祉の向上に寄与することを目的として、昭和42年12月１日から地方公務員災害補償法69条に基づき各地方公共団体が条例により、自主的に実施することになった制度をいいます。一般的には、「○○市（町村）議会の議員その他の非常勤の職員の公務災害補償等に関する条例」等を定めているものと思われます。したがって、各地方公共団体の定める条例によって補償が行われるため、団体によって補償内容に差異が生じることはあります。

　特に町村議会議員の公務災害補償については、個々の町村が個別に実施することは、財政上の問題、及び公務災害か否かの認定等に困難な問題があることから、自治法に基づく特別地方公共団体の中の一部事務組合が各都道府県単位に設置され、統一的運用が図られています。

2 公務上の取扱い基準

(1) 対象となる公務

　議員活動は、非常に幅広く複雑多岐にわたっており、１年365日が議員活動といっても過言ではない議員も数多くいます。そして、どこまでが公務で、どこからが公務でないのか認定は非常に難しいものといえます。

　そこで、公務災害補償の対象となる「公務」とは、通常議員が議員としての職務を遂行する行為であり、「公務上の災害」とは、公務に起因し又は公務と相当因果関係を持って発生したものをいうとされています。ここでいう「相当因果関係」とは、公務の遂行と発生した災害との

間に自然的な因果関係があるもののうち、私たちの経験的知識から判断して、そのような公務の遂行があれば、そのような災害が発生するであろうことが一般的であると考えられる範囲にだけ認められる因果関係をいうものとされます。

(2) **認定基準**

具体的な認定基準は、次のとおりです。

① **負傷の場合**

負傷の原因である事故が公務上のものかによって認定されます。そして、次のような場合は、原則として公務上とされます（昭和43年5月6日給与課長回答）。

ⓐ議会の会期中、本会議場、委員会室又はその付属建物内において、議会活動の従事中に事故が発生した場合

ⓑ議会の閉会中において、正規の手続を経て開かれた委員会活動中に事故が発生した場合、ただし、閉会中の継続調査等の議決を経ずに行われた委員会活動は、公務上とは見られません。

ⓒⓐ又はⓑの場合において、会議に出席するため会議場又はその付属建物に参集中に、その設備の不完全又は管理上の手落ちによって事故が発生した場合

ⓓ緊急急施を要する議会の会議に出席する途上において事故が発生した場合

ⓔ委員会に付議された特定の事件又は委員会の所管事務について、調査のため出張中に事故が発生した場合、したがって、政務活動費に基づいて行われた視察等での事故は、公務上とは見られません。

ⓕ国、公共団体その他公共的団体が主催する会議又は式典に、議会を代表して出席するための往復の途上及び出席中に事故が発生した場合

ⓖ職務遂行に伴う怨恨により、第三者から加害を受け事故が発生した場合

ⓗ罹災地域外から罹災地域内に調査のために出張中に天災地変により

事故が発生した場合
　②　疾病の場合
　疾病については、次の場合、公務上のものと認められます。
　ⓐ公務上の負傷に起因する疾病である場合
　公務上の負傷と相当因果関係をもって発生する疾病をいい、具体的には、㋐公務上の負傷によって直接発生する疾病、㋑その疾病が原因となって続発する疾病、㋒私的疾病を公務上の負傷により著しく増悪させた場合をいいます。
　ⓑその他公務に起因することが明らかに認められる場合
　例えば、国や地方公共団体等が主催する会議等に議会を代表して出席した際に、提供された食事等によって食中毒となった場合が考えられます。

(3)　公務災害の認定
　議員の死亡、負傷、疾病等が公務上の災害に該当するか否かの認定は、公務災害補償の実施機関である議長が、公務災害補償等認定委員会の意見を聞いて決定します。また、多くの町村議会議員の公務災害補償については、一部事務組合において処理されていますが、その場合は組合管理者が公務災害補償等認定委員会に意見を聞いて決定することになります。

(4)　公務災害補償の種類
　補償の種類としては、常勤職員と同じように①療養補償、②休業補償、③傷病補償年金、④障害補償、⑤介護補償、⑥遺族補償、⑦葬祭補償があります。

(5)　他の法令による給付との調整
　①地方公務員災害補償法に基づく補償を受けることができるときは、国民健康保険法の規定による療養の給付は行わないこととされています。

②補償の原因である災害が第三者の行為によって生じた場合、例えば、自動車事故等の場合は、自動車損害賠償保障法が優先することになります。

(6) 通勤災害

通勤災害は、厳格には公務上の災害とはいえませんが、公務の遂行のためには欠くことのできない通勤途上の災害を補償の対象にするものであり、補償給付は公務上の災害の場合に準じて行うものとされています。議員の通勤途上の災害とは、通常の議会の会議に出席する途上における事故をいいます。

条例・議員立法

1 条例制定権

(1) 条例とは

条例は、地方公共団体がその自治権に基づいて制定する自主法の一つで、議会の議決によって制定するものをいい、自治法96条1項1号は「条例を設け又は改廃すること」を議会の権限と規定しています。

現行憲法では、地方自治について1章を設けて、地方自治を制度的に保障し、その94条で「法律の範囲内で条例を制定することができる」と規定し、地方公共団体が自治立法権を有することを定めています。そして、憲法94条の「条例」とは、広義の意味の条例であり、地方公共団体又はその機関が自治立法権に基づいて制定する自主法の総称であると解されています。したがって、地方公共団体の議会が制定する条例（自治法14条）のほか長が制定する規則（自治法15条）及び委員会が制定する規則その他の規程（自治法138条の4第2項）も含まれます。

(2) 条例制定権の根拠

地方公共団体の条例制定権について、憲法94条は「地方公共団体は、……法律の範囲内で条例を制定することができる。」と規定していますが、この意味は、条例制定権の根拠が法律にあるとするものではありません。もし、そのように解釈すると条例を制定するためには、根拠法律がなくてはならず、法律がない分野に関する条例の制定はできないことになります。条例制定権の根拠は、あくまで憲法94条にあるのであって、法律で地方公共団体の条例制定権を否定することは許されないと解することになります。そして、自治法はこれを受けて「普通地方公共団体は、法令に違反しない限りにおいて2条2項の事務に関し、条例を制定することができる。」（自治法14条1項）と規定しています。

2 条例制定権の限界

条例制定権の限界については、二つの側面から検討する必要があります。

(1) 条例の法的限界

条例は「法令に違反しない限りにおいて」制定することができます。これは、地方公共団体の制定する条例が憲法、法律、政令その他の命令に違反してはならないことを規定したものと解されています。そこで、条例と憲法及び条例と法令との関係を概観しておきます。

① 「条例と憲法」との関係においては、憲法はわが国の最高法規であり、条例がこれに違反してはならないことは当然ですが、特に、基本的人権を条例によって制約しようとする場合には特に留意する必要があります。憲法が保障する基本的人権を、公共の福祉の要請を超えて制約するような規定を設けることはできません。公安条例と集会の自由、ため池保全条例と財産権等の判例においても、「公共の福祉」の要請があれば、条例による基本的人権の制約も認められるというのが判例（最高裁昭和32年4月3日大法廷判決・刑集11巻4号1319頁、最高裁昭和38年6月26日大法廷判決・刑集17巻5号521頁等）、通説ですが、条例による基本的人権の制約に当たっては、十分に慎重な対応が必要となります。

② 「条例と法令」との関係においては、まず、条例は法令に違反してはなりません。法令の規定に抵触する条例は無効となります。そして、ここでいう「法令」には、法律のほかに政令、省令等の国の行政機関の制定する命令も含まれていることに留意します。

そこで、条例の内容が、「宣言条例」をはじめ住民の福祉施策等のサービス提供、産業の振興の助長、一定の活動の奨励などの「サービス条例」は国の法令との関係で問題はほとんど生じません。例えば、国が法令で3歳児までの医療費の無料化を定めたのに対し、A市が独自に条例でその範囲を就学前の児童にまで拡大したとしても法令との抵触問題は生じ

ません。国の法令との関係が問題となるのは、住民の権利や自由を制限し、又は住民に義務を課すような、いわゆる「規制行政」の分野について条例を規定する場合であり、これを「規制条例」といいます。したがって、これを分類し整理しておきます。

ⓐ当該事項を規制する国の法令がない場合（未規制領域）は、条例の規制は可能です。ただし、その「未規制領域」が、国民の権利や自由を保障するために、これらを制限するような規定を「設けてはならない」という考え方によるものであれば、一切の法的規制が認められないという趣旨ですから、条例の制定は当然できないことになります。

ⓑ内容が、国の法令の明文の規定に明らかに抵触している条例は、制定できません。

ⓒ国の法令が規制している事項と同一の事項（法令と同一事項の規制）について、国の法令と異なる目的で規制する条例は、法令に違反しないとされます。例えば、「軽犯罪法」と「迷惑行為防止条例」がそれに当たります。

ⓓ国の法令が規制している目的と同一の目的で（法令と同一目的の規制）、国の法令が対象外においている事項を規制する条例（横出し条例）は、条例での規制は法令に違反しません。なお、国の法令には横出し条例の制定を明文で認めているものがあります（大気汚染防止法32条、水質汚濁防止法29条等）。

ⓔ国の法令が規制している事項と同一の事項（法令と同一事項の規制）について、国の法令が一定の基準を設けて規制している場合に、国の法令と同一目的で（法令と同一目的の規制）法令よりも高次の基準を付加し、あるいは、より強い態様の規制をする条例（上乗せ条例）については、

㋐国の法令が全国一律の均一的な規制をしている場合（最大限規制立法）は、条例での規制は法令に違反します。

㋑国の法令が最小限のナショナル・ミニマムの規制をしている場合（最小限規制立法）は、条例での規制は法令に違反しません。

なお、国の法令には上乗せ条例の制定を明文で認めているものがあり

ます（大気汚染防止法4条1項、水質汚濁防止法3条3項、都市計画法33条3項等）。

⑥国の法令の特別な授権に基づいて制定される条例については、その授権の限界を超える条例は制定できません。

(2) 条例の事項的限界

①条例により制定することができる事項は「地方公共団体の事務」、すなわち、自治法2条2項に規定されている「地域における事務及びその他の事務で法律又はこれに基づく政令により処理することとされるもの」に関するものでなければならず、これは「条例の事項的限界」といわれています。具体的な事務が「地方公共団体の事務」に該当するかは、個別に判断することになりますが、法令に明文の規定があって、国の事務であり、かつ、国のみが処理する事務であることが明確になっているものを除き、条例制定の対象とすることができるものと考えられます。

②地方公共団体の事務であっても、長その他の執行機関の専属的権限とされている事項については、条例で規定することはできません。具体的には、議会の傍聴規則（自治法130条3項）などがあります。

③平成11年7月に地方分権一括法が制定され、それに伴い機関委任事務制度が廃止され、新たに「自治事務」（自治法2条8項）、「法定受託事務」（自治法2条9項）が共に地方公共団体の事務とされたことから、地方公共団体はいずれの事務についても、法令に違反しない限り条例を制定することができることになりました。ただし、「法定受託事務」は、国等が本来果たすべき役割に係る事務であって、国等においてその適正な処理を特に確保する必要があるものですから、法律、政令、省令さらに当該法定受託事務の処理についてよるべき基準である「処理基準」（同法245条の9）によってその処理などについて具体的な定めが設けられる場合が多いものと思われるので、その点は留意しなくてはなりません。

④自治法14条2項は、「義務を課し、又は権利を制限するには、法令に特別の定めがある場合を除くほか、条例によらなければならない」と

規定しています。地方分権一括法による改正によって、自治法2条2項による従来の事務の種類の区分（公共事務・行政事務・団体委任事務）は廃止され、「行政事務」の概念は用いられなくなりましたが、改正前の規定の趣旨を踏まえ、必ず条例により定めるべき事項（必要的条例事項）は、明確に規定する必要があります。「義務を課し又は権利を制限する」ことが必要的条例事項であるとする考え方は、行政法学の規制行政の分野についての「法律による行政の原理」の内容である「法律の留保」の「侵害留保説」を具体化したものといえます。

3 条例の種類

(1) 自治事務条例と法定受託事務条例

この分類は、地方公共団体の事務の種類による区分であり、地方分権一括法による改正により、地方公共団体の事務は、自治事務と法定受託事務に区分されたことにより、「自治事務条例」及び「法定受託事務条例」という条例の分類がなされました。しかし、「自治事務」は、地方公共団体が処理する事務のうち法定受託事務以外のものである（自治法2条8項）とのみ定義されており、多様な性格を有する事務の総称であって、地方公共団体の事務の種類を明確に示しているとは必ずしもいえないとの指摘もあります。また、「法定受託事務条例」のうちでも、国が果たすべき役割に係る「第一号法定受託事務」と、都道府県が果たすべき役割に係る「第二号法定受託事務」は、条例の分類上区分する必要があります。

(2) 法規である条例と行政規則である条例

この分類は、条例で規定された内容の性質によるものです。「法規である条例」とは、住民の権利や義務に関する規定をその内容とする条例をいい、義務を賦課し、権利を制限する条例（自治法14条2項）、地方税に関する条例（地方税法3条1項）、情報公開条例などが該当します。また、「行政規則である条例」とは、地方公共団体の内部管理や運営に関する内容を規定している条例をいい、局部の設置に関する条例（自治

法158条1項）、特別会計設置条例（同法209条2項）などがこれに当たります。

(3) 法令に根拠を有する条例とその他の条例

条例の中には、法令の個別の委任に基づいて制定されたものがあり、これを「委任条例」、「法施行条例」と呼んでいます。具体的には、「公衆浴場法施行条例」（公衆浴場法2条3項・3条2項の委任による条例）、「(都道府県)環境審議会条例」（環境基本法43条2項の委任による条例）などがあります。しかし、多くの条例は、個別の法令の根拠を持たずに制定されており、新しい行政分野に関する条例はここに該当します。具体的には、「放置自動車対策条例」、「タバコポイ捨て条例」、「情報公開条例」など多数あります。

4 条例の効力

(1) 時間的効力

①「条例の始期」は、議会の議決（例外的には、長の専決処分）により成立した条例は、公布され、施行されたときから効力を生じます。施行期日は通常当該条例の附則で規定されます（具体的には、「この条例は、平成26年4月1日から施行する。」あるいは「この条例は、公布の日から施行する。」が一般的です。）。また、規定されていない場合には、公布の日から起算して10日を経過した日から施行するものとされています（自治法16条3項）。

条例の効力を条例施行前に遡って生じさせることを「条例の遡及」といいます。そして、条例の効力は既得権の尊重や法的安定性の要請から、その施行前に生じた事項にまで及ぼさないことが原則であり、これを「不遡及の原則」といいますが、この原則も絶対的なものではなく、新法のほうが関係者に有利になる場合や既得権の侵害がない場合などは、例外として遡及も認められることになります。住民の権利を制限し、義務を課すような内容（例えば、市民税の引上げ）は遡及できませんが、市民

サービスや手当の支給などには遡及が可能なものがあります。

②「条例の終期」については、条例の廃止、当該条例の附則に規定された効力の終期の到来、根拠法令の消滅などにより条例の効力は消滅します。時限法のような有効期限を定めた条例については、その有効期限を経過した時点で効力は失効し、議会の議決は不要です。それは、条例の効力を失うことを条例制定の議決の時点で決めているからです。しかし、一般的な条例、規則等は終期は定められておらず、廃止が必要になったときに廃止条例を定めるのが一般的な対応です。

(2) 場所的効力

①原則は、条例は地方公共団体が自治立法権に基づいて制定するものですから、その効力の範囲は当該地方公共団体の区域に限られます。しかし、区域内であれば、当該地方公共団体の住民に限らず、一時滞在する者、旅行者等に対しても条例が適用されます（属地主義）。タバコポイ捨て条例の違反者に課される過料は、市外の住民にも及びます。なお、横浜地裁平成26年1月22日判決（判例自治383号82頁）において路上喫煙防止条例に基づいて喫煙禁止地区で喫煙した者（市外住民）に対して行った過料処分は、当該過料処分をするには、被処分者が当該場所を喫煙地区であることの故意又は過失が必要であり、当該者には過失が認められないとして過料処分が取り消された事例もあります。なお、その控訴審である東京高裁平成26年6月26日判決（判例自治386号65頁）は地裁判決を取消し、過料処分を適法と判断しましたが、いずれにしても、禁止地区等の周知徹底が強く求められます。

②例外としては、公の施設の区域外設置（自治法244条の3第1項）及び事務の委託（同法252条の16）があります。前者は、区域外に設置した地方公共団体の条例が区域外に設置された地方公共団体に適用され、後者は、事務の委託を受けた地方公共団体の条例が事務の委託をした地方公共団体に適用される場合などです。

(3) 人的効力

　条例の効力は属地主義を原則としていますから、当該地方公共団体の区域内にある者に適用されます。反対に、当該地方公共団体の区域外にある者に対しては、当該地方公共団体の住民であっても原則としては適用されません。ただし、一般職員の給与に関する条例の場合には、条例が当該地方公共団体の区域を超えて属人的（当該地方公共団体の区域外に居住する当該地方公共団体の職員）に適用される場合があります。

5　条例と規則

(1) 規則の態様

　地方公共団体の長は、法令に違反しない限りにおいて、その権限に属する事務に関し、規則を制定することができます（自治法15条1項）。その規則の態様としては、①条例の委任を受けて制定されるもの（委任規則）、②条例を執行するために制定されるもの（施行規則）、③住民の権利義務に関する法規としての性格を有するもの、④地方公共団体の内部的事項である管理、運営に関する規則としての性格を有するもの（自治令173条の2）などがあります。

(2) 条例と規則の優劣関係

　条例と規則は別個の法形式ですから優劣関係にあるものではありませんが、①条例で定めることとされている事項（例えば、ⓐ法令の特別の定めがあるものを除いた義務を課し又は権利を制限するもの（自治法14条2項）、ⓑ議会の委員会の設置（同法109条1項）、ⓒ地方事務所、支所等の設置（同法155条1項）、ⓓ特別会計の設置（同法209条2項））、②規則で定めることとされている事項（例えば、長の職務代理者を定める規則（同法152条3項）、③長の専属的権限とされている事項以外の事項は条例と規則の共管事項となり、両者との間に競合が生ずることはあり得ます。この場合には、条例と規則は別個の法形式とはいえ、条例の規定が優先的効力を有すると解されるのが一般的です。

(3) 条例が優位に立つ場合

条例が基本的事項を定め、細目的事項は規則に委任する場合の条例と規則の関係は、条例が優位に立ちます。

6 条例と罰則

(1) 罰則の規定

条例の実効性を担保するために自治法14条3項は「普通地方公共団体は、法令に特別の定めがあるものを除くほか、その条例中に、条例に違反した者に対し、2年以下の懲役若しくは禁錮、100万円以下の罰金、拘留、科料若しくは没収の刑又は5万円以下の過料を科する旨の規定を設けることができる。」と定め、地方分権一括法による自治法の改正により「過料」に係わる定めが追加されました。

(2) 罰則の規定が設けられない場合

条例による罰則の規定について「法令に特別の定めがある」場合とは、次のものがあります。
①法令が、条例により罰則を設けることを禁止している場合
②法令が、条例で規定すべき罰則に関し特例を設けている場合（自治法228条3項等）
③法令が、条例で規定すべき罰則の範囲を限定している場合（消防法46条等）
④法令上、明文の規定はないが法令全体の趣旨、内容等により、一定の事項については条例で罰則を設けることができないと解される場合

(3) 罰則を設ける場合の留意点

条例により罰則を設けようとする場合には、①条例により推進しようとする行政の目的や実現の必要性の程度を明確にすること、②条例の実効性を確保するために罰則の設定以外に適当な手段がないか否か、③罰則の対象となる行為の構成要件は明確に規定されているか、④行為の違

法性と刑罰の程度の間に均衡がとれているか、などを十分審議、検討を行うことが必要になります。

7 条例制定等の手続

(1) 条例案の提案権

①条例案の提出は、原則として長、議員及び常任委員会・議会運営委員会・特別委員会（以下「委員会等」という。）に認められています。なお、議員の場合は、議員定数の12分の1以上の者の賛成が必要です（自治法112条・149条1号）。しかし、条例により規定しようとする事項の内容によって、一方にのみ提案権が専属するものと解されているものもあります。

②この前提として、議案の提案権の所在に関し、議会の議決する事件の態様を確認しておきます。

ⓐ議会の議決が、直ちに団体としての地方公共団体の意思の決定として成立するもの（団体意思の決定）

ⓑ議会の議決が、地方公共団体の機関としての議会の意思の決定にとどまるもの（機関意思の決定）

ⓒ地方公共団体の長がその権限に属する事務を執行するに当たり、その前提として議会の議決を要することとされているものがあります。そのうちⓑの分類に属する議案は、意見書の提出（自治法99条）、会議規則の制定（同法120条）などであり、提案権は議員・委員会等に専属します。また、ⓒの分類に属する議案は、副知事又は副市町村長の選任の同意（同法162条）、監査委員の選任の同意（同法196条1項）などであり、提案権は長に専属します。条例案はⓐの分類の議案に属します。

③条例案の提案権が、議員・委員会等と長のいずれに属するかは個々の条例について具体的に判断することになりますが、行政実例等を参考にすると次のとおりとなります。

ⓐ長に属するものとして、行政機関の設置条例（同法156条1項）、都道府県等の局部設置条例（同法158条1項・2項、行政実例昭和28年

1月7日)など執行機関の組織、運営等について規定する条例が該当します。

　ⓑ議員・委員会等に属するものとして、常任委員会、議会運営委員会、特別委員会の設置条例（同法109条1項）、市町村の議会事務局の設置条例（同法138条2項、行政実例昭和53年3月22日行政課決定）など議会の組織、運営等について規定する条例が該当します。

　ⓒ長のみが提案権を有している予算に密接な関連を有する条例案である特別会計設置条例（同法209条2項）、弾力条項の適用がある特別会計を定める条例（同法218条4項）などの提案権は、長に属します。

　ⓓ上記以外の地方公共団体の組織運営の全般に係わる事項を定める条例や住民に対する行政活動の根拠となる条例などについては、議員・委員会等及び長のいずれも提案権を有すると解されています。具体的には、地方公共団体の事務所の位置を定める条例（同法4条1項、行政実例昭和34年8月31日自丁行発122号）、義務賦課・権利制限に関する条例（同法14条2項）、職員定数条例（同法172条3項）、公の施設の設置及び管理に関する条例（同法244条の2第1項）などがあります。

　④多くの条例について議員・委員会等が提案権を有することになりますが、今日の多くの地方公共団体の議会運営を見た場合は、条例の制定改廃の大半は、長が提案し、議会が審議し議決する、いわゆる執行機関に対する監視、牽制といった受動的な権限のみを行使する形態に終始しているのが現況です。議員においても住民の代表者であるという立場を十分に認識し、住民の意見、要望の聴取に努め、議会の調査権等の権限も利用し、積極的に条例案の提案を行っていく必要があります。

　⑤なお、条例の制定改廃の直接請求による条例案は、形式的には提案権が長に属するものですが、実質的には、住民に条例の発案権があると考えることもできます。長は意見を付することができますが、受理後20日以内に議会に付議する義務があります。

(2) 条例の議決手続

①条例は、原則として出席議員の過半数でこれを決し、可否同数のときは、議長の決するところによります（自治法116条1項）。例外として、特別多数議決を要するものがあります。ⓐ事務所の位置を定める条例（同法4条3項、出席議員の3分の2以上）、ⓑ重要な公の施設を廃止する条例（同法244条の2第2項、出席議員の3分の2以上）がこれに当たります。

②常任委員会を設けている議会においては、条例案の審議は、委員会における審査を経た後に、本会議で議決されるのが一般的な運用となります。

③長は、ⓐ議会における条例の制定改廃に関する議決に異議があるとき（同法176条1項）、ⓑ当該議決が議会の権限を超え、又は法令若しくは会議規則に違反すると認めるときは、これを再議に付すことができる点に留意しておく必要があります。詳細は「再議」の稿を参照してください。

④議会の議決が行われた場合には、議長は3日以内にこれを長に送付し（同法16条1項）、長はこれを受けてから再議その他の措置を講ずる必要がないと認めるときは、その日から20日以内にこれを公布しなければなりません（同法16条2項）。「3日以内」とは、議決のあった日の翌日から起算して3日以内の意味です。

「公布手続」は、公告式条例などで定められることになっていますが、一般的には、公布文を付け、長が署名し、公報へ登載する方法又は掲示板へ掲示する方法が採られています。

条例の施行は、公布の日から起算して10日を経過した日からこれを施行することとされていますが、実際の対応としては、条例の内容等によって、ⓐ公布の日から施行する場合、ⓑ施行日を具体的に定める場合、ⓒ施行時期の定めを規則に委任する場合などにより行われています

8 議員立法

(1) 提案権

地方議会においては、地方公共団体の長、議員及び常任委員会・議会

運営委員会・特別委員会（以下「委員会等」といいます。）に条例案の提案権が認められています。その中には、提案権が長のみにある条例又は議員・委員会等のみにある条例がありますが、多くの条例は長及び議員・委員会等の双方に提案権があります。これらの条例の提案権を議員・委員会等が行うものを「議員立法」といいます。

(2) 提案権の行使

①議員に提案権があるとは、一定数の議員（議員定数の12分の1以上の者の賛成）に提案権が認められているということです。したがって、議長、副議長も一議員としての資格で提案権を行使できるものですから、これらの者が議案を提出する場合においても、常に議員名を持ってすべきであり、その提案に議長名、副議長名を冠用することは適当でないとされます（行政実例昭和24年10月29日、昭和26年11月9日）。なお「定数の12分の1以上」とは、例えば議員定数が30人の議会であれば3人（端数が生ずれば切り上げて計算します。）又はそれより多くの議員の意味であり、その中には提案者も含みます。

②地方自治法の一部を改正する法律（平成18年法律第53号）により、これまで条例の提出は長又は議員定数の12分の1以上の賛成議員に限られていましたが、委員会における審議や所管事務調査を経て条例案を策定した場合、委員会として条例案の提出が可能となりました。

(3) 提案権の積極的活用を

多くの条例について、議員・委員会等も提案権を有することになっていますが、今日の大半の地方公共団体の議会運営においては、長のみが条例の制定改廃の議案を提出し、議会はこれを審議し、議決するだけの状況になっています。また、従来から議員側においても住民の代表者であるという立場を十分に認識し、必要と認められる場合には、住民の意見や要望の聴取に努め、議会の調査権等の権限も活用して、積極的、自主的に条例案の提案を行っていくべきである旨の指摘は何度となくなさ

れていますが、十分な結果が得られてはいません。

(4) 提案権を行使するための条件整備

その障害要件としてどのようなものがあるのでしょうか。

①「制度的要因」としては、議員をサポートする体制の不備がいえます。首長が提案者の場合、一般的には当該条例の内容を所管する課が調査・研究した後に、条例案の原案を起案し、法務担当と協議し、最終的には、長の決裁を得て条例案として議会に提出することになります。その間に調整会議や庁議等で多くの専門分野の職員によりチェックがなされています。しかし、議員立法になりますと、いかに優秀な議員であっても条例を制定又は改正するための資料収集、分析、検討を一人又は少人数で対応するには多くの時間、費用等を要することになります。また、議員立法で制定等する条例は、概ね、国等から示される条例準則に馴染まないものが多いため、参考になるものが少ないという特徴があります。

これを補完するために議会事務局があるわけですが、事務局自体の体制が議員立法を行おうとする議員に十分なサポート体制が取れていないのが現状です。国会議員を補佐する国会職員は約4,000人であり、議員一人当たり約5.5人となっていますが、地方議会の場合は、都道府県議会では議員一人当たり約0.7人、市議会では約0.3人、町村議会では0.2人にすぎません。また、平成26年4月5日現在の市区町村数1,741団体のうち、10万人未満の自治体数の割合は85％、5万人未満の自治体数になりますと70％であり、これらの団体の議会事務局職員数は正確には把握されていませんが、ちなみにA県の人口10万人のB市では、職員数740人、事務局員数8人であり、人口5万人のC市では、職員数430人、事務局員数5人であり、町村においては2、3名のところもあり、全国的にも同様なものと思われます。そして、これらの職員で議会事務局本来の事務である「会議事務」と「行政事務」に併せて条例の策定という業務を遂行するために必要な政策立案能力及び法制能力の確保となりますと職員の能力の有無に係わらず、かなり物理的にも困難な状況が

あると思われます。

②次に、議員自身の問題があります。議員の役割が執行機関に対する監視、牽制といった受動的な権限のみで十分であると認識している議員が多くいます。このような議員の場合は、条例案に対する対応は賛成か反対かの二者択一であり、条例案の修正や付帯議決に考えが及びません。また、条例等の議案に関してはほとんど関心を持たず、一般質問のみを行う傾向があります。議員立法を進めるまず一歩は、議案である条例案に関心を持つことです。そして、条例案に対して質疑することが大切であると考えます。

そこで、議員立法を実施するために確認しておかなければならないことがあります。条例案を作成するには、ⓐまず、条例案に盛り込む内容の確定が最重要課題です。内容がまだ確定していない段階で条例の制定等と先走るのは早計です。また、ⓑ他の自治体の同種の条例案の適当部分をつまみ食いし、貼り付けた条例は、条例全体を鳥瞰してみますと一貫性に欠けていることが分かります。このような条例は背骨のない条例のように感じます。ⓒ条例の内容が宣言あるいは努力目標のみが記載されている宣言条例か、あるいは実効条例として位置づけられているか。もし後者であるならば、次に㋐法律と条例の関係（例えば、条例内容が法律に抵触していないか）、㋑条例と規則の関係（例えば、必要的条例事項の内容はどれか、また、規則にゆだねる事項はどれか）などの確認が必要となります。

いずれにしてもこれらの条件をクリアするためには、多少の法的知識を習得する等の時間が必要となりますから最低でも1年間ぐらいのスパーンで議員立法の勉強会を執行機関の法務担当者や外部講師を招き、政務活動費が設けられているならば大いに活用して実施していくほうが「急がば回れ」で結局は目的に速く到達するのではないでしょうか。

予　算

1　予算の意義

　予算を定めることは議会の権限とされています（自治法96条1項2号）。
　①予算は、一会計年度における地方公共団体の収入支出や、将来にわたり金銭債務を負担する行為等を見積もった計算書等であり、一定の形式により長が作成して議会に提出し、その議決を経ることにより成立し、執行機関による支出や債務負担の内容、限度等を拘束する法規範をいいます。
　②地方公共団体のすべての行政活動について、条例の制定を設ける必要性はありませんが、予算を伴わない行政執行は、ほとんどないといえることから、予算議決権は、議会にとって、執行機関の行政執行を拘束し、監視するための、最も有効かつ広範な権限であるということができます。したがって、予算議決権は、条例制定権と並ぶ重要な議会の権限であるといえます。

2　予算の内容

　予算の内容は、①歳入歳出予算、②継続費、③繰越明許費、④債務負担行為、⑤地方債、⑥一時借入金、⑦歳出予算の各項の経費の金額の流用に関する定めからなっています（自治法215条）。そして、予算の本質的な内容である歳入歳出予算に加え、これに直接関係を有するものや将来において経費の支出を伴い、将来の予算を拘束することとなるものを含めて予算という形式によって一括して議会の議決を経ることとされています。

(1)　歳入歳出予算（自治法216条・自治令147条）

　歳入歳出予算は、一会計年度における地方公共団体の行政運営に必要な諸経費と、これに伴う所要財源調達の見通しを分類し、積算、集計したものをいいます。そして、財源調達の見積もりである歳入予算と、所

要経費の見積もりである歳出予算に区分されます。

　①歳入予算は、収入の「性質別」に従って「款」に大別し、各款中においてこれを「項」に区分し、計上されます。計上される金額は、当該年度における収入の見込みであって、できるだけ正確に見積もる必要はありますが、執行機関を法的に拘束するものではありません。

　②歳出予算は、その「目的別」に従ってこれを「款」「項」に区分することとされており、経費の支出予定額の見積もりであるとともに、執行機関に対し、その期間、目的及び金額の限度において支出を行う権限を与えるものであって、執行機関を拘束するという予算の重要な機能が具体化されているといえます。そしてそれぞれの区分の基準は、総務省令に示されています（自治令147条・自治規則15条1項）。

　③歳入歳出予算は、さらに長の権限によって「目」「節」に区分され（同令150条1項3号）、議会に提出される「予算に関する説明書」（同法211条2項）には、歳入歳出を節まで区分して予算額が示されることとなっていますが（同令144条1項1号・同規則15条の2）、議会の議決の対象となるのは、あくまでも款及び項までの区分であることに留意する必要があります。そしてこれを「予算科目」あるいは「議決科目」といいます。執行機関は、款及び項の範囲内で支出できるものであり、これを超えて支出が必要な場合は、あらかじめ議会の議決を経て補正予算をしておく必要があります。また、目及び節を「行政科目」あるいは「執行科目」といい、行政科目は、長限りにおいて流用が許され、議会の議決を経ることを要しません。

(2)　**継続費（自治法212条）**

　建設工事や土木工事等、数年度にわたる支出を要する場合に、予算でその経費の総額及び年割額を定めて、数年度にわたって支出するものをいいます。この予算議決を得ることによって、継続費の範囲内で翌年度以降の財政負担を伴う契約等を行うことができることになります。また、毎会計年度の年割額に係る歳出予算の経費の金額の支出が終わらなかっ

たときは、継続年度の終わりまでの間、不要額とせずに繰り越し、翌年度において支出することができます。これを「継続費の逓次繰越し」（自治令145条1項）といいます。

(3) **繰越明許費（自治法213条）**

歳出予算の経費は、原則として年度内にその支出を終えなければなりませんが、その性質上又は予算成立後の事由に基づき年度内にその支出が終わらない見込みのものについては、予算の定めるところにより、翌年度に繰り越して使用することができます。

(4) **債務負担行為（自治法214条）**

歳出予算に計上された経費の金額、継続費の総額又は繰越明許費の金額以外で、地方公共団体が債務を負担する行為をする必要がある場合の予算措置のことをいいます。土地開発公社に土地の先行取得を委託する場合や賃借料年額20万円で10年間建物を賃借する契約を締結する場合などに、債務負担行為として予算に定めておくことになります。

(5) **地方債（自治法230条2項）**

地方公共団体が一会計年度を超える期間にわたって負う借入れ金をいいます。地方債の起債の目的、限度額、起債の方法、利率及び償還の方法を予算で定めなければなりません。

(6) **一時借入金（自治法235条の3）**

歳出予算内の支出をするための資金繰りのために行う借入金で、その年度内に償還するものです。一時借入金の最高額は、予算で定めることになります。

(7) **歳出予算の各項の経費の金額の流用（自治法220条2項）**

歳出予算の経費の金額は、各款の間又は各項の間において相互に流用

することはできませんが、予算の執行上必要がある場合に、予算として定められてあらかじめ議会の議決を経ることにより、例外として各項の経費の金額を流用できることとするものです。

3　予算の種類

(1)　一般会計

予算の種類としては、①「毎会計年度予算を調整し、年度開始前に議会の議決を経なければならない」（自治法211条1項）とする「当初予算」、②会計年度の中途において「既定の予算に追加その他の変更を加える必要が生じたとき」に調整され議決される「補正予算」（同法218条1項）、③当初予算が年度開始前に議決されない場合等に「必要に応じて、一会計年度のうちの一定期間に係る」予算として調整され議決される「暫定予算」（同法218条2項・自治令2条）の3種類があります。

なお、補正予算に関して自治法施行令148条は「会計年度経過後においては、補正することはできない」と規定されていることから、補正できるのは年度内である3月31日までの間に限定されます。したがって、平成26年度予算の○○科目に不足することが平成27年度4月1日以降に分かった場合でも、平成26年度予算を補正することはできないことになります。

(2)　特別会計

一般会計のほか特別会計（自治法209条2項）が設けられている場合には、一般会計予算のほか各特別会計ごとに予算を調整し、議会の議決を経ることが必要になります。

4　予算案の提案権

(1)　予算案の提案権の帰属

予算の調整は長が行い（自治法149条2号・211条1項）、予算案の提案権も長に専属します（同法112条1項ただし書・149条1号・211

条1項)。議員、地方公共団体の執行機関である委員会及び委員、公営企業管理者は、いずれも予算案の提案権はありません。しかし、地方教育行政の組織及び運営に関する法律29条の規定により、長は「歳入歳出予算のうち教育に関する事務にかかわる部分」については、教育委員会の意見をきかなければならず、また、地方公営企業法9条3号の規定により、公営企業管理者は「地方公営企業の業務の執行に関し」予算の原案を作成し、長に送付することとされています。

(2) 予算案の提案時期

①当初予算については、長は遅くとも年度開始前、都道府県及び指定都市にあっては30日、その他の市町村にあっては20日までに議会に提出しなければならないとされています(自治法211条1項)。「年度開始前30日までに」とは、3月31日を第1日目とし、遡って数え、30日目に当たる日の3月2日までの意味です。この規定の性格は訓示規定と解され、行政実例においても「法定の期限を経過してから予算を議会に提出しても当該予算の効力に影響はない」とされています(昭和28年2月25日自行行発38号)。しかし、提出の時期が著しく遅延し、行政執行に多大な影響が生じるようであれば、長の政治的責任は免れないことになります。

長は、予算案を議会に提出するときは、政令で定める予算に関する説明書(歳入歳出予算事項別明細書、給与費明細書、継続費・債務負担行為・地方債に関する調書等)を併せて提出しなければならないとされています(同法211条2項・自治令144条)。

②補正予算及び暫定予算については、その提案時期についての定めはありませんので、必要に応じて提案することになりますが、議会における審議のための合理的な時間的余裕をもって提案する必要があります。

5 予算の議決手続

(1) 予算の審議

①予算審議は、議会が行う議決の中で、最も重要なものですから、そ

の審議は本会議のみで行われるものではなく、常任委員会又は特別委員会に付託され、専門的かつ集中的な審議が行われ、その審議結果を踏まえて本会議で議決が行われるのが一般的です。

②予算案を分割して、関係する委員会に付託し、審議することの可否については、「予算は不可分であって、委員会としての最終的審査は一つの委員会において行うべく、二以上の委員会で分割審査すべきものではない」と解されています（行政実例昭和29年9月3日自丁行発160号）。しかし、二以上の委員会で分割審査しているケースも見受けられます。

(2) 予算の否決

①予算案を議会が審議した結果、否決することは可能であると解されます。しかし、予算が否決された場合には、行政活動の執行に停滞を生じ、地方公共団体の行財政運営に重大な支障をきたすこととなることから慎重な対応が必要となります。

②予算が否決された場合は、一般的拒否権（自治法176条1項）の規定の適用はないと解されています（行政実例昭和25年6月8日自行発93号）。

③しかし、法令により負担する経費や公共団体の義務に属する費用などを含む予算を議会が否決した場合には、「義務費を削除又は減額する議決に関する再議」の自治法177条2項の規定の適用があり、長は、その予算案を再議に付さなければならないとされています（行政実例昭和30年3月19日自丁行発49号・50号）。そして、再議の結果、議会が予算案を否決した場合には、義務的経費に関する部分については、長はその経費及びこれに伴う収入を予算に計上してその経費を支出することができます。これは一般に「原案執行制度」と呼ばれています。

(3) 予算の修正

①議会が予算を審議した結果、特定科目の予算額が過大であったり、

特定の行政執行の必要性を認めないという観点から予算の減額修正を行うことは当然できるものと理解されています。

②予算の増額修正については、自治法97条2項の規定において「議会は、予算について、増額してこれを議決することを妨げない。ただし、普通地方公共団体の長の予算の提出の権限を侵すことはできない」とされ、増額修正の内容としては、予算の総額を増額する場合と、予算の総額を修正せずに科目の相互間で増減額を行う場合の二通りがあります。

そして、どのような予算の増額修正が「長の予算の提出の権限を侵すこと」になるかについて、議論がなされましたが、今日では、「当該予算の趣旨を損なうような増額修正をすることは、長の発案権の侵害になると解する。予算の趣旨を損なうような増額修正に当たるかどうかを判定するに当たっては、当該増額修正をしようとする内容、規模、当該予算全体の関連、当該地方公共団体の行財政運営における影響度等を総合的に勘案して、個々の具体の事案に即して判断することが必要である。なお、このことは、歳入歳出予算だけでなく、継続費、債務負担行為等についても同様である。」(通知昭和52年10月3日自治行59号)という形で整理されています。

③補正予算の増額修正については、既定予算のうち、補正の対象とされていない部分について修正することはできず、補正予算案に関する部分のみが増額修正の対象となると解することになります。

(4) 予算の成立

①予算は、議会の議決により成立します。当初予算は、年度開始前に議会の議決を経なければなりません。議会の議決が年度開始後になると見込まれる場合には、長は暫定予算を調整し、議会に提出しておくことになります。当初予算の議決が得られない場合に「議会において議決すべき事件を議決しないとき」に該当させ、長が専決処分(自治法179条1項)することの当否については、理論上可能かもしれませんが、地方公共団体の内容全般を規律する当初予算については、長の専決処分は避

けるべきです。なお、当初予算の審議が年度開始後に及んで議決された場合でも無効になるものではありません（行政実例昭和6年3月20日地方局長回答）。

　②議会において予算議決があったときは、議長は3日以内にこれを長に送付しなければなりません。長はこの送付を受けて、再議その他の措置を講ずる必要がないと認める場合には、直ちに、その要領を住民に公表しなければなりません（同法219条）。

議　決　権

1　議会の権限

　議会は様々な権限を有していますが、その中で議決権は、地方公共団体の議事機関として設置された議会の本来的な権限であり、議会の権限の中心に位置づけられるものです。そこで、議決権を含めた議会の権限を概括し、次に議会の権限のうち主要なものとしての自治法96条1項各号に列挙されている議決権について述べていくことにします。

2　議会の権限の分類

　議会の権限のうち自治法に規定されているものについて、その機能に着目すると次のような分類ができます。

(1)　議決権

　①地方公共団体の意思の決定として、議会がその議決事件とされているものにつき決定する権限をいいます。議会は、地方公共団体の「議事機関」（憲法93条1項）として設けられたものですから、議決権は議会の本来的かつ中心的な権限といえます。なお、議会の意思決定の態様には、対象となる事項、事柄によりいろいろな形態があり、可決、否決、修正、同意、承認、認定、採択、不採択、許可、決定などがあります。

　②地方公共団体の意思を決定する権限は、すべて議会に付与されているものではありません。議会の権限が及ぶ範囲は、むしろ基本的なもの又は重要なものの決定に限定され、それ以外は長その他の執行機関の権限により決定されます。そのことから議会による議決事件は「制限列挙主義」と呼ばれています。ちなみに、首長の担任事務を規定した自治法149条は「概括例示主義」といわれます。

　③条例で地方公共団体に関する事件につき議会の議決すべきものを定

めることができます（自治法96条2項）。具体的には、「○○市（町村）議会の議決に付すべき事項を定める条例」として「都市締結に関すること」などを定めている例があります。ただし、法定受託事務に係わるものの中には議決事件とすることができないものがある（国の安全に関すること等）ことに留意しなくてはなりません。

(2) 選挙権

議会は法律又はこれに基づく政令によりその権限に属する選挙を行わなければなりません（自治法97条1項）。

ⓐ議会の内部組織に関するもの　㋐議長及び副議長の選挙（同法103条1項）、㋑仮議長の選挙（同法106条2項）

ⓑ執行機関の構成員に関するもの　㋐選挙管理委員及び補充員の選挙（同法182条1項・2項）、㋑選挙管理委員の臨時補充員の補欠選挙（自治令135条2項・136条2項）

(3) 監視権

①監視権とは、地方公共団体の議事機関としての議会に対して付与された「長その他の執行機関の行う行政執行について、事前又は事後に監視し、牽制するための権限」を総称したものをいいます。

②監視権について従来の「機関委任事務」は、議会の検閲検査権、監査請求権、調査権の対象とはなりませんでしたが、地方分権一括法による自治法の改正後においては、「自治事務」及び「法定受託事務」について、ともに地方公共団体の事務であることから、議会の検閲検査権、監査請求権、調査権も及ぶことになります。

③自治法上、監視権として規定されているものに次のものがあります。

ⓐ報告及び処理受理権（自治法180条2項・199条9項・218条4項等）

執行機関は議会に対し、各種の報告を行い、議会における審議のために一定の事務の執行状況に関する書類を提出しなければなりません。この裏返しとして、議会に「受理権」があるといわれます。具体的には、

㋐長から行われる報告として、専決処分の報告（自治法180条2項）、予算の弾力条項の運用の報告（同法218条4項）等があり、㋑監査委員からの報告として、一般監査及び特別監査の報告（同法199条9項・75条3項等）、例月出納検査の報告（同法235条の2第3項）、㋒議会に提出される書類として、予算に関する説明書（同法211条2項）、決算附属書類（同法233条5項）、法人の経営状況を説明する書類（同法243条の3第2項）等があります。

ⓑ検閲検査権（同法98条1項）

議会は、当該地方公共団体の事務に関する書類及び計算書を検閲し、長その他の執行機関の報告を請求して、事務の管理、議決の執行及び出納を検査することができます。検閲検査権の行使に当たっては、必ずしも具体的な事件の発生があることを必要としません（行政実例昭和28年4月1日自行行発61号）。また、検査の対象範囲及び方法は議会が議決により決定しますが、権限の行使について委員会に委任することもできます（行政実例昭和24年4月11日自発402号）。

ⓒ監査請求権（同法98条2項）

議会は、議決により監査委員に対し、当該地方公共団体の事務に関する監査を求め、その結果の報告を請求することができます。

ⓓ調査権（同法100条）

議会は、当該地方公共団体の事務に関する調査を行い、選挙人その他の関係人の出頭及び証言並びに記録の提出を請求することができます（自治法100条1項）。そして、正当の理由がないのに出頭や記録の提出を拒んだり、虚偽の陳述が行われないように罰則による担保が設けられています（同法100条3項・7項）。そして、この調査権は議会の監視権の中で最も実効性があるものですから、別稿「100条調査権」（171頁）で詳細に説明することにします。

ⓔ承認権（同法179条3項）

議会の承認権は、執行機関によってすでに執行された行為について、事後に議会が承認する旨の判断を表示する権限をいい、地方公共団体の

長の専決処分の承認がこれに当たります。

(f)同意権（同法162条・196条1項・243条の2第8項等）

議会の同意権は、地方公共団体の長がその権限に属する一定の事務を執行するに当たり、事前に、かつ、その執行行為の前提要件として議会が同意する旨の判断を表示する権限をいいます。同意権の対象となるものとしては、㋐副知事及び副市町村長等の選任（自治法162条等）、㋑監査委員の選任（同法196条1項）、㋒長の法定の期日以前の退職（同法145条ただし書）、㋓職員の賠償責任の免除（同法243条の2第8項）などがあります。そして、議会の同意を経ない行為は無効となります。また、議会の同意を得て行われた行為について、議会はその同意を取り消すことはできないとされています。

⑧不信任議決権（同法178条）

議会の長に対する不信任議決権は、他の監視権が執行機関の個々の行為の内容について監視や牽制を行うのに対し、執行機関全体を所管し、調整の任務に当たる長の職を失わせるという形で監視を行うという意味では、最も強力な「監視権」といえるかもしれません。詳細については、前掲「議員の身分の得喪」の中の「長による議会の解散」（99頁）で説明しています。

(4) 意見表明権

意見表明権は、住民を代表する議員から構成される議会が、一定の事項について、機関としてその意思や見解を表明する権限をいいます。具体的には次のものがあります。

① 意見書提出権（自治法99条）

議会は、当該地方公共団体の公益に関する事件につき意見書を国会又は関係行政庁（裁判所は含まれません。）に提出することができます。国会又は関係行政庁は、議会の意見書を受理する義務を有すると解されますが、その意見に拘束されるものではありません。

② 諮問答申権（同法206条4項等）

地方公共団体の執行機関が、一定の行為を行うに当たって、議会に諮

問することを義務付けられている場合は、議会はこれに対して答申を行う権限を有することになります。具体的には、ⓐ分担金等の徴収に関する処分についての審査請求又は異議申立て（同法229条4項）、ⓑ職員に対する賠償命令についての異議申立て（同法243条の2第12項）等があったときは、いずれも長は議会に諮問してこれを決定しなければならず、議会は、諮問があった日から20日以内に意見を述べなければならないとされています。長は、この議会の意見を尊重すべきですが、法的には、これに拘束されるものではありません。

③ 請願受理権（同法124条・125条）

後掲「請願・陳情」（257頁）で説明します。

⑸ 自律権

自律権とは、地方公共団体の機関としての議会が「その内部の組織や運営に関する一定の事項について、他の機関等からの関与を受けることなく、自律的に決定し、処理する権限」を総称したものといわれています。自律権として規定されている議会の権限としては、次のものがあります。

① 決定権（自治法118条1項・127条1項）

ⓐ議会が行った選挙の投票の効力に関する異議に対する決定権（自治法118条1項）

ⓑ議員の資格決定権（同法127条1項）

② （狭義の）自律権

ⓐ内部組織権

議会の内部組織について、その設置や構成員の選任等を行う議会の権限をいい、㋐議長・副議長の選挙（自治法103条1項）、㋑仮議長の選挙（同法106条2項）、㋒議長・副議長の辞職の許可（同法108条）、㋓議員の辞職の許可（同法126条）、㋔委員会の設置及び委員の選任（同法109条1項・9項）、㋕事務局の設置（同法138条1項・2項）などが該当します。

議決権

ⓑ規則制定権

議事手続等の議会の運営に関する内部規則を定める議会の権限をいい、会議規則（同法120条）がこれに該当します。会議規則の制定改廃は、条例の場合と同様に公布手続をとることになりますが、公表は議長名で行います。

ⓒ規律権

議会において適正に議事が進行され、その意思決定が行われるよう、その運営や秩序につき遵守されるべき規律を保持するための議会の権限をいい、㋐議場の秩序維持、傍聴人の取締り等の権限（同法129条・130条）、㋑議員に対する懲罰を行う議会の権限（同法134条1項）がこれに該当します。

③自主解散権（地方公共団体の議会の解散に関する特例法2条）

前掲「議員の身分の得喪」の中の「議会の自主解散」（101頁）で説明しています。

以上記述したものは、すべて議会の権限ですので、これらを最大限に行使すれば、執行機関の行政執行に対し、事前又は事後の監視、統制機能が十分に発揮できるものと思われます。なお、議会の権限イコール議員の権限ではありません。議員の質疑や一般質問の発言の中で、議会の権限を議員自らも単独で行使できると混同している場面も見受けられますので、その点は注意しなくてはなりません。議員が初めて当選した際に議会事務局から多くの説明が行われますが、議会の権限や議員の権限等については必ず確認しておかなければなりません。

3 自治法96条1項の議決権

(1) **条例制定権（自治法96条1項1号）**

前掲「条例・議員立法」（120頁）で説明しています。

(2) **予算議決権（自治法96条1項2号）**

前掲「予算」（135頁）で説明しています。

(3) 決算の認定（自治法96条1項3号）

①決算は、歳入歳出予算について調製され（自治令166条1項）、地方公共団体の一会計年度における歳入歳出予算の執行の確定した実績を示す計算書として、各会計ごとに調製されます。

②議会が決算を認定する審査の過程において、議会は、執行機関による予算の執行状況を事務的に監視するとともに、翌年度以降の予算案に関する審議を行うための参考となる情報や判断材料を得るという点において、重要な意義を有しているといえます。

③決算の手続

ⓐ決算の調製は会計管理者において出納の閉鎖後3か月（6月1日から8月31日までの間）以内に行われ、証書類、歳入歳出決算事項別明細書、実質収支に関する調書及び財産に関する調書と併せて、地方公共団体の長に提出されます。

ⓑ地方公共団体の長は、決算及び前記書類を監査委員の審査に付さなければなりません。

ⓒ地方公共団体の長は、監査委員の意見を付けて次の通常予算を議する会議までに議会の認定に付さなければなりません。「次の通常予算を議する会議」とは、当該決算を調製した次回の通常予算を審議する議会を指します。

ⓓ地方公共団体の長は、決算の認定に関する議決及び監査委員の意見と併せて、その要領を住民に公表しなければなりません（自治法233条・自治令166条）。

④決算の認定の審議については、委員会に分割して付託することはできないと解され、特別委員会を設置して、専門的かつ集中的に審議を行うことが望ましいとされています（行政実例昭和28年12月17日行政課長電信回答）。

⑤決算の認定の効果は、執行機関に対する過去における予算執行に関する政治的、道義的な責任を解除するにとどまり、法令に違反する経費の支出等の違法性を阻却し、法的責任を解除するものではないとされて

います（行政実例昭31年2月1日自丁行発1号）。また、議会は決算の認定を行わないこともできますが、決算の効力には影響はないと解されます。

(4) 地方税の賦課徴収又は分担金、使用料、加入金若しくは手数料の徴収（自治法96条1項4号）

実際的には、地方税法、自治法223条から229条までの規定等により、法律事項又は条例事項とされていることから、本条を根拠として議会の議決を要する場合はほとんどありません。

(5) 重要な契約の締結（自治法96条1項5号）

①契約の締結は、「予算の執行」として、長の権限に属していますが、一定の重要な契約の締結について適正を担保するため、その必要性、契約の相手方及び契約価格の妥当性等について、議会の判断に係らしめることとしたものです。議案の提案権は、長に専属します。

②議会の議決を経ることを要する契約を定める条例の基準については、政令でその種類（工事又は製造の請負）と予定価格（都道府県の場合は5億円、指定都市の場合は3億円、指定都市を除く市の場合は1億5000万円、町村の場合は5000万円）が定められています（自治令121条の2第1項）。この契約の種類を変更することはできません。また、政令の金額を上回る定めを設けることはできますが、下回る定めを設けることはできないと解されています（行政実例昭和38年12月23日自治丁行発97号）。したがって、市の場合は予定価格を1億8000万円にすることはできますが、1億3000万円にすることはできません。

③議案の提案権は、長に専属します。長は契約の相手方と「仮契約」を締結し、契約の目的、方法、金額、相手方等を明記した議案を提出することになります。これに対し、議会は可決はもちろん否決することもできますが、修正はできないと解されています（行政実例昭和29年6月21日自丁行発97号）。議会が契約議案を否決したときは、長は仮契

約と同一内容の契約を相手方と締結することはできませんし、専決処分することもできません。再度新規に契約議案を提出して議会の同意を受けることになります。

④契約締結後の事情等により、契約金額の変更が生じることがあります。この場合の議会の議決を要するか否かは、変更後の契約金額を条例の基準に照らして判断することになります。例えば、変更後の契約金額が政令で定める金額を下回っていれば議会の議決は不要ですが、上回っていれば再度議会の議決が必要となります。また、議会の議決を経た契約の解除については、議会の議決は必要ありません（行政実例昭和33年9月19日自丁行発159号）。なお、地方公営企業の業務に関する契約の締結については、特則が定められており、すべて議会の議決を要しないこととされていることに留意しなくてはなりません（地方公営企業法40条1項）。

(6) **条例で定める場合を除くほか、財産を交換し、出資の目的とし、若しくは支払手段として使用し、又は適正な対価なくしてこれを譲渡し、若しくは貸し付けること（自治法96条1項6号）**

①財産の管理及び処分に関する自治法237条2項の規定を承けて、財産の交換、譲与、無償貸付等が議会の議決事項であるとされています。議案の提案権は、長に専属します。

②ただし、「条例で定める場合」が除かれるのは、条例により財産の交換等についての一般的取扱基準を定めた場合においては、改めて個々の行為について個別議決を要しないとの趣旨からです。具体的には、各地方公共団体の「○○市（町村）財産の交換、譲与、無償貸付等に関する条例」において、ⓐ普通財産の交換、ⓑ普通財産の譲与又は減額譲渡、ⓒ普通財産の無償貸付又は減額貸付、ⓓ物品の交換、ⓔ物品の譲与又は減額譲渡、ⓕ物品の無償貸付又は減額貸付等に関し、具体的に定めています。

③地方公営企業の業務に関する財産の取得及び処分については本号の

適用はありません（地方公営企業法40条1項）。

(7) **財産を信託すること（自治法96条1項7号）**

①昭和61年の自治法の改正により、財産を信託することが議会の議決事項に加わりました。信託は、受託者が一定の目的に従って管理又は処分を行うため、その所有権を移転させるものであり、財産をめぐる複雑な権利義務関係を生じさせるため、地方公共団体に一定の負担や危険を負わせる行為であることに鑑み、議会の議決事項としたものです。議案の提案権は、長に専属します。

②財産の信託は、一件ごとに議会の議決を得る必要があり、議案の内容としては、ⓐ信託の目的、ⓑ信託される土地の概要、ⓒ信託の受託者の氏名及び住所、ⓓ信託期間、ⓔ信託報酬及び信託配当に関する事項等が考えられます。

③地方公営企業の業務に関する財産の信託については議会の議決は要しません（地方公営企業法40条1項）。

(8) **前2号に定めるものを除くほか、その種類及び金額について政令で定める基準に従い条例で定める財産の取得又は処分をすること（自治法96条1項8号）**

①財産の取得、処分は通常は執行機関限りで行うことになりますが、契約の場合と同様に条例で指定する重要なものについては、地方公共団体の財産の保有状況に大きな変動をもたらすことから、個々の取得、処分を行うに当たって議会の議決を要するものとしました。議案の提案権は、長に専属します。

②「その種類及び金額について政令で定める基準」については、ⓐ財産の取得又は処分の種類については、㋐不動産又は動産の買入れ又は売払い（土地については、その面積が都道府県にあっては一件2万平方メートル以上、指定都市にあっては一件1万平方メートル以上、市町村にあっては一件5000平方メートル以上のものに係るものに限る。）、㋑不動産

の信託の受益権の買入れ若しくは売払いであり、ⓑその金額については、予定価格が都道府県は7000万円、指定都市は4000万円、市は2000万円、町村は700万円の最低基準が定められています。したがって、市の場合は予定価格を3000万円にすることはできますが、1500万円にすることはできません。

　なお、留意する点は、条例で定める種類及び金額の両方の要件に該当する場合に議会の議決が必要であり、土地の場合についていえば、面積は条例で定める要件に該当しますが金額が要件を下回っている場合、あるいはその逆に、金額は要件に該当しますが面積要件は下回っている場合は、いずれも議会の議決を得る必要はなく、長限りで取得、処分することができます。

　③地方公営企業の用に供する財産の取得及び処分については、本号の規定の適用はありませんが（地方公営企業法40条1項）、条例で定める重要な資産の取得及び処分については、予算で定めることになっています（同法33条2項、同法施行令17条1項12号・26条の3）。

⑼　負担附きの寄附又は贈与を受けること（自治法96条1項9号）

　①負担附きの寄附又は贈与とは、寄附等を受ける際に、地方公共団体の負担を伴う一定の条件が附され、その条件に基づく義務を履行しない場合は、当該寄附等が解除されるようなものをいいます。単に用途を指定した指定寄附（行政実例昭和25年5月31日自行発75号）や単純寄附は本号には含みませんので、執行機関等の判断で対応することになります。議案の提案権は、長に専属します。

　②地方公営企業の業務に関する負担附寄附又は贈与の受領については、条例で定めるものを除き、議会の議決は必要ありません（地方公営企業法40条2項）。

⑽　権利を放棄すること（自治法96条1項10号）

　①権利の放棄とは、権利者の意思行為により、権利を消滅させること

であり、本号においては、地方公共団体が有する権利を放棄することをいいます。単に権利を行使しない場合や債権や物権の無償譲渡はいずれも権利放棄ではありません。議案の提案権は、長に専属します。

　②「法律若しくはこれに基づく政令又は条例に特別の定めがある場合」には、個々の権利放棄について個別の議決は必要ありません。その事例としては、ⓐ法律若しくはこれに基づく政令に定めがある場合として、㋐地方税について条例の定めるところにより減免する場合（地方税法61条・72条の62等）、㋑分担金、使用料、加入金、手数料に関する条例で定めて減免する場合（自治法228条1項）、㋒自治法及び自治法施行令の規定による債権に係る債務の免除（自治法240条3項、自治令171条の7）、㋓議会の同意を得て行う職員の賠償責任の免除（自治法243条の2第8項）があり、ⓑ条例に特定の定めがある場合として、㋐公の施設の利用者が施設等を破損した場合に一定の条件のもとに損害賠償を減免する場合、㋑地方公共団体の支給する奨学資金その他の貸付金につき一定の条件のもとに返還義務を免除する場合があります。

⑾　条例で定める重要な公の施設につき条例で定める長期かつ独占的な利用をさせること（自治法96条1項11号）

　①公の施設の設置及び廃止は、いずれも条例事項として議会の議決が必要となります。しかし、公の施設の廃止に至らない場合であっても、これを長期にわたって特定人又は特定の団体に限り独占的に利用させる場合においては、住民としてはこれを利用する権利を制限される結果となるので、条例で定める重要な公の施設については、これを議会の個別的な議決によることとしたものです。そして、どのような公の施設に対し、どの程度の長期、独占的な利用を議会の議決とするかは、各地方公共団体の条例で定めることになります。議案の提案権は、長に専属します。

　②なお、条例で定める公の施設のうち条例で定める特に重要なものについての廃止又は条例で定める長期かつ独占的な利用については、議会において出席議員の3分の2以上の同意を要する特別多数議決を必要と

していることに留意しなくてはなりません（自治法244条の2第2項）。

⑿　地方公共団体がその当事者である審査請求その他の不服申立て、訴えの提起、和解、斡旋、調停及び仲裁に関すること（自治法96条1項12号）

①地方公共団体が民事上又は行政上の争訟及びこれに準ずべきものの当事者となる場合に議会の議決を必要とする旨の規定です。議案の提案権は、長に専属します。

②訴訟については、「訴えの提起」に関することとされていますから、地方公共団体が原告となる場合は議会の議決が必要ですが、地方公共団体が被告となって応訴する場合は含まれません。

③この場合の「訴えの提起」とは、第一審である訴訟の提起のみならず、上訴（控訴・上告）の提起及び附帯控訴（行政実例昭和52年12月12日自治行71号）も含みます。したがって、第一審の訴訟提起の際の議決に当たって、議会が特に上訴につき改めて議会の議決を得るべき旨を明確に示した場合を除き、上訴につき改めて議会の議決を経る必要はないものと解されます。具体的には、地方公共団体が原告となって議会の議決を得て訴訟を提起したが、判決で敗訴した場合、その控訴においては改めて議会の議決を得ることは必要ないことになります。また、訴えの提起に係る議決の中に訴訟上の和解を含ませておけば、さらに和解について議決を要しないと解されています（行政実例昭和30年3月12日自丁行発43号）。

④訴訟が提起された場合において、その判決に不服があるとして地方公共団体が上訴する場合には、議会の議決が必要になります。具体的には、地方公共団体が被告とされ、判決で地方公共団体が敗訴した場合、控訴するには議会の議決が必要となります。なお、控訴期間は2週間ですので、議会の議決すべき事件について特に緊急を要するため議会を招集する時間的余裕がないことが明らかであると認める場合は、専決処分で対応することになります（自治法179条）。

議決権

　⑤「訴え」とは、原告が被告を相手方として裁判所に対し権利又は法律関係の存否を主張し、その存否につき自己の有利な判決を求める要求ですから、判決による保護行為を要求するものでないものは「訴え」とはいえず、具体的には、ⓐ支払督促の申立て（民事訴訟法383条）、ⓑ保全命令（仮差押・仮処分）の申立て（民事保全法13条）、ⓒ民事再生手続開始の申立て（民事再生法21条）等がこれに該当しますので、議会の議決は不要です。なお、支払督促の申立てに対し、異議申立てが行われ、民事訴訟法395条の規定により支払督促の申立ての時に訴えの提起があったとみなされる場合については、議会の議決を要することになります（最高裁昭和59年5月31日第一小法廷判決・民集38巻7号1021頁）。

　⑥「地方公共団体がその当事者である」とは、地方公共団体が当事者として相手方と対等の地位において争う場合をいいます。具体的には、損害賠償請求権訴訟、土地の返還請求訴訟などがこれに該当します。これに対し、自治法176条5項・7項に規定する機関訴訟や行政庁に対する抗告訴訟などは該当しません。

　⑦「和解」とは、訴訟上の和解、訴訟提起前の和解、私法上の和解（示談）のすべてを含みます。

　⑧「斡旋、調停及び仲裁」は、労働争議等にみられますが、地方公共団体が当事者となることは少ないものといえます。

　⑨地方公営企業の業務に関する地方公共団体がその当事者である争訟については、条例で定めるものを除き、議会の議決は必要ありません（地方公営企業法40条2項）。

⒀　法律上その義務に属する損害賠償の額を定めること（自治法96条1項13号）

　①「法律上その義務に属する」とは、地方公共団体が国家賠償法の規定に基づき損害賠償義務を負う場合あるいは民法上の不法行為や債務不履行に基づき損害賠償責任を負う場合が該当します。しかし、判決によ

り確定した損害賠償の額については、議会においてその当否を判断する余地がないので、議会の議決は不要となります（行政実例昭和36年11月27日自治丁行発71号）。議案の提案権は、長に専属します。

②地方公営企業の業務に関する損害賠償の額の決定については、条例で定めるものを除き、議会の議決は要しません（地方公営企業法40条2項）。

⒁　区域内の公共的団体等の活動の総合調整（自治法96条1項14号）

①地方公共団体の長は、自治法157条1項～3項の規定に基づき、区域内の公共的団体等の活動の総合調整を図るため、指揮監督し、事務の報告や書類及び帳簿の提出を求め、実地について事務を視察し、さらに監督上必要な処分をし、又は監督官庁の措置を申請することができます。これを議決事件とした趣旨は、「住民の福祉を増進するため、産業、経済、文化、社会の各般にわたる事業活動をして当該地方公共団体の行政との間に適正な調和と協力を保たせようとする」ため、長の行う公共的団体等の活動に対する総合調整の方針につき議会の意思を反映させようとするものであると解されています（行政実例昭和24年1月13日自発37号）。議案の提案権は、長及び議員の両者に属します。

②「区域内」とは、その区域を主たる活動の中心としているとの意であり、活動範囲が区域外に及ぶものであっても差し支えありません。

③公共的団体の活動の個々具体的な調整は長の権限として行いますが、その基準となるべき方針等について議会の議決を経るべきことを規定したものです。

④「公共的団体」とは、一般公共の福祉を増進するものであれば、産業経済団体、厚生社会事業団体、文化教育事業団体等のすべてを含み公法人、私法人、法人格を有しない団体も該当します。具体的には、農協、漁協、生協、商工会議所、老人ホーム、育児院、赤十字、青年団、婦人会などです。

⑮ **その他法律又はこれに基づく政令（これらに基づく条例を含む。）により議会の権限に属する事項（自治法96条1項15号）**

①前記した自治法96条1項1号から14号までに列挙されたもの以外に自治法及び自治法に基づく政令中の各規定及び他の法律又はこれに基づく政令中において議会の議決事項とされているものはすべて同項15号により、議会が議決することとなります。ⓐ自治法及び自治法に基づく政令によるものとしては、㋐議会の会期の決定（同法102条7項）、㋑指定金融機関の指定に関する議決（自治令168条1項・2項）、㋒一部事務組合の設立等に関する協議に関する議決（同法290条・291条の11）等があり、ⓑ他の法律及びこれに基づく政令によるものとしては、㋐都道府県の行う建設事業に対する市町村の負担を定める議決（地方財政法27条2項）、㋑道路（都道府道・市町村道）の認定に関する議決（道路法7条2項・8条2項）があります。

②法定受託事務を法律又はこれに基づく政令により条例で議決事項とすることができることとされたものです。

4 自治法96条2項の議決権

普通地方公共団体の決定機関としての議会の機能を強化するために、自治法96条1項に限定的に列挙された事項に加えて、必要と認められるものを条例で、議会の議決事項に追加指定することができることとしたものです。例えば、「姉妹・友好都市の締結に関すること」などが考えられます。ただし、①法令の明文によって長その他の執行機関の権限に属することとされている事項、②事項の性質上、執行機関の権限に専ら属すると解されるもの、③「法定受託事務」に係るもののうち国の安全に関すること等については、本項の事項から除外されます。

委員会

1 地方議会は、本会議中心主義

(1)議会は代表制民主主義に基づく住民の代表機関です。議会における事件の審議は、議員全員が会議に参加する「本会議中心主義」によることが原則です。国会は「委員会中心主義」といわれています。自治法は96条においても、条例、予算、決算、重要な契約等を議会の権限としています。その理由は、①議員数が国会に比べて少ないこと、②議案等が国会に比べて少ないことがあげられます。

(2)自治法の規定の多くは本会議について定め、委員会に関しては109条で規定しているのみであり、委員会に関する内容は条例等（委員会条例）に委任しています。

2 委員会制度

(1)今日は従前に比べて議案等が内容、量ともに増加し、複雑多義にわたり、本会議中心主義に固執すると議会運営が阻害される状況が出てきています。そこで、本会議の前審機関として委員会制度が設けられました。

(2)委員会の位置付けとしては、一般的に議会の構成員の一部をもって構成され、①議会の内部組織として本会議の機能の一部を分担する機関として位置付けていること、②本会議の予備的（下審査機関）、専門的、技術的な審査機関として位置付けるとされています。

(3)その結果として、①委員会それ自体として議会を離れて体外的な効力は有しないこと、②委員会の審査結果に基づき、本会議で議決して議会の意思が決定されること、③委員会の決定は、その委員会としての結論であり、本会議での判断資料の提供にとどまるものであること、④委員会の権限は、議会から付託された事件の審査及び所管事務の調査に限

委員会

られること（自治法109条）があげられます。なお、所管事務の調査は、付託事件のような付託手続を必要とせず、委員会固有の調査権限として認められるものです。

3 委員会の種類

委員会は、いずれも必置機関ではなく条例（委員会条例）で設置することになります。委員会は「常任委員会」、「特別委員会」、「議会運営委員会」の3種類があります（自治法109条）。

(1) 常任委員会

①常任委員会の名称は、行政部門別による「縦割方式」として総務委員会、福祉委員会、建設委員会等の定め方と行政機能別による「横割方式」として予算委員会、決算委員会等の定め方があります。

縦割方式は、委員がその部門に精通し専門化することから、審査能力が向上し適切な政策が樹立しやすくなる反面、議員の視野が事務の一部門だけに限定され、執行機関との結合が強くなる傾向が指摘されます。横割方式は、縦割方式の欠陥は少なくなりますが、各常任委員会の所管事項の区分に明確さを欠き、委員会相互の活動に繁閑が生じることになります。

②常任委員会の権限には、ⓐ議案、請願、陳情等を審査する権限、ⓑ所管事務の調査の権限、ⓒ議案の提出権があげられます。

③議員は必ずひとつの常任委員に就任する義務があります。必要により複数の常任委員会に委員として就任することができます。

④常任委員の選任方法は、ⓐ開会中は議会において、閉会中は議長において選任する方法、ⓑ開会中も閉会中も議長において選任する方法があり、自治法上に定めがないため条例で規定することになります。選任方法については、特別委員会、議会運営委員会も同様です。

なお、議長も常任委員に就任しますが、議長の中立、公平の地位、職責に鑑み、ⓐあらかじめ条例に議長は常任委員に就任しない旨の規定を置くこと、ⓑ一度常任委員に就任後、特に必要がある場合として議会の

同意を得て辞任することなどの運用が図られています。

⑤委員の任期は原則として選任された日からとなりますが、任期開始前に委員の選任を行うことができる条例上の規定がある場合は、前任者の任期満了の翌日からとなります。

⑥委員の辞任は、議員がひとつの常任委員となっているときは辞任できませんが、複数の常任委員となっている場合には辞任できます。辞任手続は自治法上に規定がないため、条例で規定することになります。選任と同様に「開会中は議会において、閉会中は議長において行っている場合」は辞任も同様に行い、「開会中も閉会中も議長において行う場合」は議長権限で辞任することになります。辞任方法については、特別委員会、議会運営委員会も同様です。

(2) 特別委員会

①特別委員会は、会期中に限り議会の議決により付議された事件を審査するために条例により設置されます。しかし、実際上の運用は個々の特別委員会を設置するたびに条例を制定していくことは煩雑となるため、委員会条例に特別委員会の一般的な設置規定を置き、その規定に基づき議会の議決で個々の特別委員会を設置することとしています（県委員会条例4条、市委員会条例6条、町委員会条例5条）。

なお、特別委員会においては、常任委員会や議会運営委員会のように、議会の議決によらずに自主的に所管に対して行い得る固有の調査権は有していません。

②設置基準としては、ⓐ2個以上の委員会に所管がまたがる場合、ⓑ事件が重要で負担が一委員会を超える場合、ⓒ100条委員会、懲罰などの特殊な場合、ⓓ地方公共団体全般にわたる総合的な施策に関する場合などに設けられます。

③特別委員会の消滅事由としては、ⓐ可決、否決等の議決で消滅、ⓑ会議不継続で会期終了、ⓒ閉会中の継続審査の議決があれば次の定例会まで、ⓓ審査が終了するまでと議決しておけば終了まで継続することに

委員会

なります。

④特別委員の任期は、常任委員や議会運営委員の任期（条例で定め、最長でも議員の任期である４年）と異なり、議会の議決により付議させた事件が議会において審議又は調査されている期間が特別委員の任期となります。

(3) **議会運営委員会（平成３年の自治法改正で法制化されています）**

①議会運営委員会の権限としては、ⓐ議会の運営に関する事項、ⓑ議会の会議規則、委員会に関する条例等に関する事項、ⓒ議長の諮問に関する事項があげられます（自治法109条3項）。なお、前記ⓐ〜ⓒの事項は、「議会運営委員会の専権事項」として、他の常任委員会、特別委員会の審査事項にすることはできないことに留意しなくてはなりません。

②議会運営委員会として設置することができる数は一つであり、名称等を変更して複数設置することはできません。

③議会運営委員会は、会派制を採用している議会においては、各会派の所属議員数の比率に基づき人数を振り分けて委員を選出することが一般的です。会派制を採用していない場合は、この限りではありません。

4 議案等に対する議会運営の流れ

(1)長、議員から議案の提出により議会に付託

(2)提案説明

(3)質疑、応答

国会の場合には本会議の質疑等の省略は可能ですが、地方議会においては、本会議での審議を抜きにして委員会審査をすることは好ましくありません。

(4)議長が所管の委員会に付託

①都道府県及び市の議会の場合は、原則として議長が委員会に付託します。

②町村の場合は、議長が会議に諮って委員会に付託します。

(5)委員会で審査

①原則として1件ずつ議題とし審査しますが、委員長が必要であると認めたときは、一括議題の宣告をして2件以上の事件を一つのものとみなして審議することができます。

②本会議と異なり、委員会における質疑においては意見を述べることができます。

③初めから質疑を行わないとする「質疑省略の動議」は、委員会の使命に反するため認められません。

④委員会の表決は、本会議と同様に「可とする方を諮る原則」が適用されます。委員より複数の修正案が提出された場合の表決の順序は、原案に最も遠い修正案から順次行われます。修正案がすべて否決された場合、委員長は原案について表決することになります。なお、委員会で修正案が否決された場合、修正案提出者が原案に対して賛成の意思表示をすることは問題ありません。

⑤委員会の特殊形態として分科会、小委員会、連合審査会があります。ⓐ「分科会」は、案件を事項別等に分割して、審査又は調査を分担して行う組織をいいます。ⓑ「小委員会」は、案件の全部又は一部について、当該委員会中の少数の委員が審査又は調査する組織をいいます。ⓒ「連合審査会」は、案件の審査又は調査を行っている委員会又は案件が付託されていないが当該案件に関連のある委員会が、当該案件に関連のある他の委員会又は当該案件が付託されている委員会と協議のうえ、連合して案件の審査又は調査を行う組織をいいます。

⑥委員会外部からの意見聴取として、公聴会及び参考人制度があります。ⓐ「公聴会」は、委員会が必要に応じて広く議会以外の意見を聞き、委員会での審査又は調査を充実させるために開催するものをいいます。ⓑ「参考人」は、当該団体の事務に関して調査又は審査のため必要があるときに、当事者、利害関係人、学識経験者から意見を求めるものです。

(6)委員長から審査結果、経過を口頭で本会議に報告

①委員長に対する質疑は、委員長の審査結果と経過に対する報告に対

するものに限られ、委員長が答弁するのが原則です。

②委員会の修正に関しては、修正案の提出者に対しても質疑が許されます（県会議規則42条、市会議規則41条、町会議規則43条）。

③付託事件そのものに対する質疑は、既に本会議、委員会で尽くされているので許されません。

④修正があった場合、例えば予算の増減、条例等の執行上の支障について議長の判断で理事者に対する質疑が許される場合があります。

(7)議会で期限を付し、期限までに審査等が終了できなかった場合は、委員長報告なしに本会議で議題に付すことができます（県会議規則45条、市会議規則44条、町会議規則46条）。

(8)委員会は議会開会中に開かれますが、議会の議決があれば例外として閉会中の継続審査は可能です。

(9)一般的には、付託されたものが議決されないまま会期が終了すれば、審議未了として廃案となります。

5 委員会の運営

(1)委員会の運営については、自治法に定めはなく、委員会条例及び会議規則によっています。

(2)委員会の活動は、基本的には議会の開会中であり、所管事務の調査については定例会の会期中を原則とします。

(3)招集は委員長の権限であるので、議長に通知し、委員長が委員会を招集することができます。委員会の招集には告示行為は必要なく、委員へ招集通知を送付すればよいことになります。

(4)委員会の公開については、法律上特に規定はなく、公開が義務付けられているわけではありませんが、情報公開の観点から委員会を原則として公開する自治体が増える傾向にはあります。

(5)議事日程はなく、議題について自由に質疑し、質疑の中で意見を述べることができ、回数制限もありません。ただし、懲罰、資格審査、100条委員会において、発言の回数、時間等を決めたときは、その方法

によります。

(6)委員会の会議時間については、①本会議の会議時間の適用はありません。何時から何時までという制約はなく、会期日程という概念もありません。②会議時間の繰上げや延長といった措置は不要です。③会議の開閉は、委員長の議事整理権に基づき、ⓐ開議、ⓑ散会、ⓒ中止、ⓓ休憩の宣告で行われます。④委員定数の半数以上の者から審査又は調査すべき事件名を示して委員会の招集請求があったときは、委員長は委員会を招集しなければなりません（県委員会条例12条、市委員会条例15条、町委員会条例13条）。

(7)一事不再議の原則は厳格には適用しません。委員会の一事不再議の基準としては、①標準会議規則によれば本会議における会議の原則として規定されていますが、委員会については規定がありません。②委員会審議においても一事不再議の原則の適用は考慮されますが、厳格な適用ではなく、緩和して適用されています（通説）。③具体的には、委員会で決定しますが、議長に報告前の段階で、委員会で協議し、審査を白紙に戻し、再度全員の了解の上で審査することは可能です。④一事不再議の緩和策として、委員会の再審査・再調査があります。

(8)委員会の再審査・再調査は、委員会から本会議に報告されたものの、議長がまだ本会議の議題とする前に①委員会が審査若しくは調査上の誤りを発見し、又は②法律や会議規則、委員会条例に違反していることを発見した場合に、あえて本会議の議決によることなく、委員会で自主的に再審査・再調査することをいいます。

(9)委員会の修正

①委員会に付託された議案に対し、当該委員会が修正することをいいます。本会議で修正案（修正の動議）を提出するときは、議員の定数の12分の1以上の者の発議によらなければなりません（自治法115条の3）が、委員会についてはこのような要件はいらず、委員1人でも可能であり、その案をあらかじめ委員長に提出すればよいことになります。

②修正の対象は、予算、条例、会議規則、意見書、決議等をさします

が、長の事務の執行の前提となる契約議案、人事議案には修正権は及ばないと解されています。

　③修正案の提出時期は、遅くとも当該事件に係る討論終結前でなければなりません。しかし、実務上は説明、質疑の前後に提出されることが望ましいものとされています。口頭によるものは受理できません。

　④委員会で修正案が可決された場合は、これが委員会の修正案となり、委員会から議長に対し、委員会報告書として提出されます。したがって、本会議の議決は修正案の議案を議決し、可決されれば修正案が確定します。修正案が否決されれば原案を議決することになります。本会議では賛成案を議決します。当該案が本会議で否決された場合は、専決処分することはできません。また、一事不再議の原則がありますので、対応策としては、ⓐ同一議会に内容を変更して再提出すること、ⓑ次の議会に提出（臨時会も可能）することになります。

　⑤ただし、予算について減額修正は可能（否決も含む）ですが、増額修正は、長の予算執行権を害さない範囲で可能とされます。具体的には、款項の増設は侵害になる可能性があると解されます。

　⑽委員会で付帯決議が可決された場合

　①付帯決議は、決議に当たって付随的につけられた意見や要望の決議をいいますが、長は道義的責務のみを負いますが、法的拘束力はありません。否決した案件に対して付帯決議はつけられません。その理由は、付帯決議は執行上の要望ですので否決により執行がなされないものに対しては付けることができないからです。

　②委員会において、付帯決議を行う場合は、討論までに委員から付帯決議を委員長に提出しなければならず、委員長は表決が終わった後に表決に付するのが一般的です。

　③処理方法として、ⓐ本案に付帯議決を含めて採決すること、ⓑ委員長報告に併せて行うが、本会議の議決対象としないこと、ⓒ本会議で議決する場合「議案第　号に対する付帯決議案」という決議案を本案とは別に発議し討論を行うこと、などが考えられます。

⑪委員会の定足数は、委員定数の半数以上の委員の出席が必要です。そして出席者の過半数で決します。委員長は表決権に加わりません。委員会の審査中に定足数を欠いたときは、委員長は直ちに休憩又は散会を宣告します。

定足数の例外として、委員会が開会した後に除斥委員がいるため委員定数の半数未満になった場合にあっては委員会の審査を継続することができます。

なお、特別多数議決を要する事件（事務所の位置を定める条例や秘密会の開催等）が委員会に付託された場合における議決は、出席議員の過半数によります（行政実例昭和25年6月8日自行発93号）。

⑫委員会での可否同数の場合の対応としては、

①同数の場合は、委員長の裁決権を行使します。

②現状維持の原則については、明文規定はなく、委員長自身で判断すればよいことになります。

③表決の方法は、ⓐ挙手、ⓑ起立、ⓒ投票がありますが、委員会の場合は、ⓐ挙手、ⓑ起立が多く採用されています。

④挙手（起立）しない場合がすべて反対であるかが不明（棄権、態度保留）な場合も考えられますので、挙手等が半数のときは、委員長は念のため、反対表決を行う方法もあります。

⑬委員の選任は、会期の初めに議会において選任することになります。閉会中においては、条例の定めるところにより、議長が選任することができます（自治法109条9項）。

⑭委員会の傍聴については、①委員外の議員の傍聴は自由にできます。議員は議会の構成員ですから、委員会の審査内容は、後に委員長から報告されることから傍聴は自由にできます。ただし、懲罰の対象者、資格決定の議員は、傍聴できませんし、案件に利害関係のある議員も傍聴できません。②市民については「委員会は、議員のほか委員長の許可を得た者（市民）が傍聴できる」（県委員会条例16条、市委員会条例19条、町委員会条例17条）とされています。

委員会

(15)委員の辞任は、議員が一つの委員になっている場合は、原則として辞任することはできません。二つ以上の委員になっている場合は、辞任は可能であり、辞任するときは、委員会条例の定めにより、議会の許可あるいは議長の許可が必要となります。

(16)委員会の秘密会は、委員長の発議又は委員（1人でも可）からの動議によって、委員会の過半数議決で秘密会をすることができます（県委員会条例17条、市委員会条例20条、町委員会条例18条）。

(17)委員会の再付託は、委員会報告書が提出された事件を本会議で審議した結果、委員会における審査又は調査が不十分であるとして、もう一度委員会に付託した審査又は調査をさせることをいいます。動議によるのが通例です。

(18)委員会の会議録は、要点記録が一般的ですが、懲罰や資格審査については、完全な記録をとる必要があります。署名委員については、標準委員会条例では署名委員を規定していないので、委員長1名だけの署名又は押印でよいとされます。また、委員会の記録は議長が保管するので、閲覧請求があった場合は、議長がその許否を決定することになります（県委員会条例27条、市委員会条例30条、町委員会条例27条）。

(19)委員会で組み替え動議が提出され可決された場合の対応

①予算の修正動議を動議提出者が自ら作成するのは歳入歳出のバランスの必要があるため、現実には困難であるといえます。

②組み替え動議は、長の予算を組み替えて再提出されたいというものであり、組み替える事項は、文書で箇条書きで明示することになります。

③修正動議は定数の12分の1以上の発議が必要ですが、組み替え動議は賛成者1人でも可能です。

④組み替え動議が可決されれば長は尊重することになりますが、当該会期中にしなければならない義務はありません。

6 委員会の除斥

(1)委員会においても、本会議と同様に委員長及び委員は自己、父母、

祖父母、配偶者、子、孫、兄弟姉妹の一身上に関する事件及びこれらの者に従事する業務に直接の利害関係のある事件について議事に参与できません。

(2)再度採決をしなくても除斥委員の出席が可否に影響を及ぼさない場合は、手続きに違法があっても議決の結果は有効とされます。本会議の場合は違法議決として再議に付すことになります（自治法176条4項）。

(3)除斥されない場合としては、①予算・決算において議員に該当する内容が出ても予算一体化の原則により除斥されません。②公社・協会の報告事件は除斥されません。なお、市が開発公社から土地を取得する場合、当該土地取得に係る議案の審査に際して、当該公社の理事、幹事の職にある議員は除斥の対象になります（行政実例昭和45年11月20日自治行70号）。

(4)除斥か否か疑義があるときは、当該委員会に諮って多数決で決めます。

(5)委員長が除斥されたときは、委員長が事故であると解して、副委員長が職務を代行します。

(6)委員長、副委員長が共に不信任決議案を出されたときは、二人を同時に除斥せず、委員長から先に議題として除斥し、副委員長が職務を代行します。

7 委員会の資料提出要求

(1)本会議における資料の要求、提出義務については自治法98条、100条、122条で規定していますが、委員会においての規定はなく、委員会で行われている資料提出要求は事実上の要求となります。委員会が資料要求を必要とするときは、委員会で決定することになります。

(2)執行部としては、適切な要求であるならば積極的に対応すべきものとされます。

8 委員長・副委員長

(1)各委員会に必ず委員長を一人置きます。正副委員長は委員会におい

て互選されます。互選の方法としては、①単記無記名による投票が原則です。互選においては、有効投票の最多数を得た者を当選人としますが、当該当選人に有効投票の総数の4分の1以上の得票がなければ当選の効力が生じないことに留意しなければなりません。②異議がない場合には指名推薦によるのが一般的です。また、議長の場合と異なり委員が正副委員長に就任するに当たっては、当該委員の承諾は必要ありません。

(2)委員長の権限は、委員会の議事整理権と秩序維持権がありますが、議長と異なり、事務統理権と代表権はありません。

(3)議事整理権には、①委員会招集権限、②開議、散会、中止、休憩の宣言する権限、③事件の審査順序を定める権限、④議事進行し整理する権限、⑤委員長の裁決権等があります。

(4)秩序維持権の行使は、委員会の会議中に限られ、傍聴人の退場などがこれに当たります。

(5)正副委員長の辞任は、委員会の許可が必要であり、本人を除斥した上で表決します。閉会中の場合は、継続審査案件がない限り、辞任は不可能であるとされます（行政実例昭和32年7月10日自丁行発110号）。

9 委員の派遣

(1)委員会で決定し、派遣承認要求書を議長に提出し、あらかじめ承認を得なければなりません。

(2)派遣先への通知は議長名で行うことになります。

(3)派遣は、議長の出張命令で行われ、定められた期日に役所から出発し、役所に帰るまでが公務であるので、正当の理由（本人の病気、親族の葬儀等）なしに、途中で離脱したり、目的先終了後に他の場所に行くことは許されません。

100条調査権

1 意　義

(1) 監視する機関としての調査権

　議会は条例の制定・改廃の議決、予算の議決など地方公共団体の意思の決定機関であり、議決機関であると同時に、執行機関を監視する機関でもあります。そして、監視的機能を果たすために、議会には、①予算の修正（自治法97条2項）、②検査権（同法98条1項）、③監査請求権（同法98条2項）、④意見陳述権（同法99条1項）、⑤長等の議場への出席要求権（同法121条）などの権限が与えられていますが、その中で特に重要なのが調査権（同法100条）であり、自治法100条に根拠を有することから「100条調査権」とも呼ばれ、俗に「伝家の宝刀」ともいわれています。

(2) 国政調査権との比較

　100条調査権は国会における国政調査権（憲法62条、国会法103条・104条）と比較されることが多くあります。国の国政調査権は、国会の衆参両院に与えられているものであり、議院が立法や行政監督の職責を果たすために自ら国政に関する調査を行う権能をいい、さらに、「証人の出頭及び証言並びに記録の提出を要求する」強制的権限がこれに付与され、その強化が図られています。

(3) 調査権の発動とその分野

　実際に100条調査権が発動している実例を分野別に見ますと、①土木・建築等の公共工事の業者指名や入札、②物品購入などの契約に関するもの、③用地買収など財産の取得・管理・処分に関するもの、④地方税の課税処分や滞納処分に関するもの、⑤補助金の支出、損失補填、債務保証

に関するもの、⑥公社・第三セクターの運営に関するもの、⑦贈収賄、⑧議員の兼業禁止、⑨特別職の資産公開、⑩廃棄物の不法投棄や最終処分場の建設などの環境問題に関するものなど、地方行政の各種分野にわたっています。また、その中には、議会による告発に至ったものも含まれます。

2　100条調査権の及ぶ範囲

(1)　調査対象事務

　調査対象となる事務は、当該地方公共団体の事務であり、「自治事務」（自治法2条8項）、「法定受託事務」（同法2条9項）であるかを問いませんが、①労働争議の斡旋、調停、仲裁等地方労働委員会の権限に属する事務、②収用に関する裁決等収用委員会の権限に属する事務、③国の安全を害するおそれがあること、などの事由がある場合は、調査対象から除外されます。

(2)　地方公共団体以外の団体への調査権

　当該地方公共団体以外の団体については、当該地方公共団体の事務に関連のあるものは調査の対象となり得ます。具体的には、当該地方公共団体から補助金、貸付金、出資金等を受けている団体においては、その補助金等に関する事務処理が適法に行われたか否かを確認する範囲において調査は可能ですが、当該地方公共団体の事務処理に必要な限度を超えて団体の具体的運営内容や経理内容にまで立ち入ることは許されないものといえます。したがって、土地開発公社や地方公共団体が出資する法人等に対しても、地方公共団体の出資の範囲内で出資に係る事務については、調査は可能ですが、公社等の固有の事務に関しては調査権は及ばないことになります。

　また、当該地方公共団体の区域内で問題となっている事項であっても、当該地方公共団体の事務に属さない事項は、議会の調査権の対象にはなりません。例えば、個人の私的問題、民間会社の経理上の問題、国政上の問題などは調査することはできません。

(3) 調査事務の三分類

調査事務の性格を従来から、①議案調査（長提出の予算、条例、決算、契約、専決処分等の議案及び議員から提出された条例、意見書、決議等の議案、直接請求、請願・陳情等の審議に当たって、その問題点を探求するために行われるもの）、②政治調査（世論の焦点となっている社会問題、政治問題等の実情を明らかにするためのもののうち、当該団体の事務に関するものの現状や問題点等の調査）、③事務調査（地方公共団体の事務の具体的な執行状況を審査するための調査）に三分類していますが、最終的に100条調査権の及ぶ範囲については、調査権の限界はどこかといった観点からみていく必要があります。

3　100条調査の主体

調査権を行使する主体は、議会であり、議会が調査権を行使するに当たっては、目的となる事件を定めて調査を行う旨の議決が必要となります。議員はもちろん常任委員会及び特別委員会にも、調査権は認められていません。ただし、議会が調査権を行使するに当たり、所管の常任委員会又は特別委員会に個々の事項につき調査の範囲及び調査の方法を指定して委任した場合に限り、委員会は調査権を発動することができます（行政実例昭和23年10月6日）。しかし、議員個人には、このような方法による調査権の委任は認められないと解されています。

4　事務調査権・検査権

100条調査権の内容を確認する前に、類似し混乱しやすいものとして、事務調査権（自治法109条2項）と検査権（同法98条）について概観しておきましょう。

(1) 事務調査権との相違

事務調査権は、通常、委員会の事務調査権と称しており、委員会は、所管に関する調査である限り、議会からの委任や付託等は必要なく、本

会議から何らの制約を受けることなく、能動的に調査し得るものであり、委員会固有の権限といえます。100条調査権との相違点は、対象事務の範囲及び実施検査にわたらない限り実地に調査することができる点は同じですが、事務調査権は、①第三者に及ばないのに対し、100条調査権は第三者に権限が及ぶ点及び②証人の出頭等について罰則による強制力があるか否かに相違が認められます。

(2) 検査権との相違

事務に関する書類や計算書を検閲し、長等の執行機関から報告を徴して、事務の管理、議決の執行及び出納を行うことを「検査権」といいます。100条調査権との相違は、検査権は、①地方公共団体内部において執行機関を通じて事務執行の実情を知るものであって、100条調査権のように外部の第三者には及ばないこと、②要求を受けた執行機関は、正当な理由のない限り拒否することはできませんが、100条調査権のように罰則の担保は有していません。

ここで問題となるのは、100条調査権に検査権の機能が含まれるかについてです。100条調査権に「実地調査」することが含まれることは明らかですが、議会が議会以外の場所で書類を直接押収して検査することや臨床尋問等を行う「実地検査」までは含むものではないとされています。検査権を規定した自治法98条には、監査委員に対し、実地検査が行えるよう定めていることから、検査が必要な場合には本条に基づくべきであって、したがって、100条調査権には検査権は含まれないと解すべきでしょう。実務上の処理としては、100条調査権と検査権を併せて議決することで対応が図られるものと考えます。

5　100条調査権の相手方

(1) 選挙人と関係人

100条調査権の行使の方法は、選挙人その他の関係人の①出頭、②証言、③記録の提出を求めることができるとされています（自治法100条1項）。

そこで、まず100条調査権の相手方については、「選挙人その他の関係人」とされています。「選挙人」とは、選挙人名簿に登載された者に限らず、実質的に選挙権のある者をいい、「関係人」とは、調査対象に関係のあるすべての者であり、当該地方公共団体の住民のみならず、国及び地方公共団体の行政機関の地位にある者、当該議会の議員等であっても調査対象と関係ある場合も含みます。しかし、義務違反に対する罰則として「禁固」といった自由刑が定められていることから、その相手方は「自然人」に限られると解することになります。ちなみに、関係人は、正当な理由がなくして出頭、証言、記録の提出を拒んだときは、6か月以下の禁固又は10万円以下の罰金に処せられることになります（自治法100条3項）。

(2) 関係人の認定

具体的な場面において特定者が「関係人」に該当するか否かについては、一義的には議会が認定しますが、本人側が出頭を拒否し、自治法100条3項違反による同条9項に基づく告発が行われた場合には、裁判所が判断を下すことになると思われます。

また、出頭、証言に関しては、自然人に限られますが、記録の提出を求めることができる相手方は、自然人に限らず、法人も含まれることになります。

(3) 団体等の協力義務

議会が調査権を発動した場合で、区域内の団体等に対し照会をし又は記録の送付を求めたときは、当該団体等はその求めに応じなければなりません（自治法100条10項）。この「団体等」とは、区域内の団体である限り、公法人、私法人、財団、人格なき社団等をすべて含みますが、国の行政機関は含みません（行政実例昭和23年3月23日自治課長回答）。この規定は、協力義務を規定したものであり、罰則による担保がない点が特徴です。この点で前段で述べた関係人等が証言等を拒んだ場合の罰則適用と異なる点です。

6 100条調査権の限界

100条調査権は、本質において国政調査権と同様に、地方議会の諸権限を効果的に行使させるために付与された補助的機能であると解されています。

(1) 調査目的による限界

100条調査権の本質が補助的機能であることから、本来の権限の目的のため、かつ、その目的を達成するために必要な範囲内においてのみ認められることになります。

①100条調査権は、条例の制定改廃、予算の審議など執行機関に対する批判監視等の議会の権限の行使を補助するために設けられたものですから、個人の秘密や政治的紛争を目的とする場合などは、調査目的の妥当性を欠き、100条調査権の行使とみることはできないものといえます。

②調査目的の範囲内で行うためには、議会が100条調査の議決を行う場合には、調査の対象となる事件を特定しなければなりません。ここでの「特定」とは、個々に特定された事件だけでなく、一定範囲を限定した事件も含むものです。一般的・包括的に市政全般について調査する旨の議決はできません。

(2) 人権保障との関係による限界

100条調査権といえども基本的人権を侵して行うことはできません。基本的には、プライバシーとの関係です。

①官公署の職務上の秘密については、関係人が公務員たる地位において知り得た事実については、その者から職務上の秘密に属するものである旨の申立てがあったときは、当該官公署の承認がなければ、当該事実に関する証言又は記録の提出を請求することはできません（自治法100条4項〜6項）。

②私的事項についてプライバシーの権利が侵害される場合には、証言

を拒否することができるでしょう。

7　100条調査権の発動手続

(1)　調査権の発動の方法

調査を求める方法としては、①議員の動議、②議長発議、③議員提出の議案の三つがあります。

(2)　証人の出頭請求

①議会の議決により、委員会（常任委員会、特別委員会、議会運営委員会のいずれかに限定される。）に調査権が委任されているときは、当該委員会において出頭を求めるべき者を具体的に定め、議長に申し出、議長が議長名をもって出頭の請求をすることになります。それは、委員会はあくまでも議会の内部機関にすぎず、対外的な権限は議会の代表者である議長にあるからです。

②出頭請求の方法は、文書によるべきとしています（行政実例昭和24年9月5日地自崎8号）。

③議会の要求に応じて出頭した者に対しては、議会は条例（○○市（町村）証人等に対する実費弁償等に関する条例）の定めるところにより出頭に要した実費を弁償しなければなりません（自治法207条）。出頭を求められた者が当該地方公共団体の職員であった場合でも個人の立場で出頭請求がなされたものですから、弁償はしなければなりません（行政実例昭和27年9月19日自行行発37号）。

(3)　証人の尋問

議会が関係人等の証言を請求する場合は、自治法に特別の定めがあるものを除き、民事訴訟法及び民事訴訟規則の規定中の証人の尋問に関する規定が準用されます（自治法100条2項）。

① 証人の宣誓

ⓐ議会又は委任を受けた委員会は、証人に証言前に宣誓をさせなけれ

ばなりません。

ⓑ証人が自己又は民事訴訟法196条に掲げる者（例えば、配偶者、四親等内の血族、三親等内の姻族など）に著しい利害関係がある事項につき尋問を受けるときは、宣誓を拒むことができます（同法201条4項）。

② 証人が公務員である場合の特例

ⓐ議会又は議会の委任を受けた委員会は、関係人等が公務員たる地位において知り得た事実については、その者から職務上の秘密に属するものである旨の申立てがあったときは、当該官公署の承認がなければ、当該事実に関する証言又は記録の提出を請求することはできません。この場合において、当該官公署が承認を拒むときは、その理由を疎明しなければなりません（自治法100条4項）。「疎明」とは、合理的な疑いを差し挟まない程度に真実らしいと確信を得た状態を証明といい、これよりは低い一応確からしいとの推測を得た状態をいいます。

ⓑ「公務員」とは、現に公務員である者のほかに以前に公務員であった者も含まれます。

ⓒ議会又は委任を受けた委員会は、当該官公署の疎明に理由がないとして納得することができないときは、当該官公署に対し、当該証言又は記録の提出が、公の利益を害する旨の声明を要求することができます（自治法100条5項）。官公署がこの要求を受けた日から20日以内に声明をしないときは、関係人等は証言しなければなりません（同法100条6項）。

③ 証言及び証言拒絶

ⓐ請求を受けた関係人等は正当な理由なく、証言を拒むことは認められず、罰則の規定の適用があります（自治法100条3項）。また、宣誓をした証人が虚偽の陳述をした場合も、罰則の規定の適用がありますが、この場合は自白により刑の減刑又は免除が認められています（同法100条7項・8項）。

ⓑここで「証言」とは、証人が過去の経験で知り得た事実を述べることであり、自己の意見を述べるものではありません。

ⓒ証人から証言を求める事項は、出頭要求書に明示したものに限られますので、委員はその範囲を超え、関係のない事項について証言を求めることはできません。

ⓓ一般人が証人として出頭を求められたときは、原則として宣誓を拒んだり、証言を拒絶することはできません。しかし、自己又は一定の親族関係等の刑事上の訴追又は処罰を招くおそれのある事項については、一般人としての証人は証言を拒むことができるとされています（民事訴訟法196条）。

ⓔ公務員が秘密に属する事項につき証言を求められたときは、その官公署の承認が得られる前は、証言を拒絶することができます（同法197条1項1号）。

ⓕ医師、弁護士、公証人、宗教関係者等の職業に従事している者又はこれらの職にあった者が職務上知り得た事実を黙秘すべき事項及び技術又は職業の秘密に関する事項につき、尋問を受けたときも拒絶することができますが、黙秘の義務を免除されたときは、この限りではありません（同法197条1項2号・2項）。

(4) 記録の提出の請求

議会は、調査権行使のため関係人等に対して、記録の提出を請求することができます。請求の相手方は、自然人のほか法人も含まれ、法人その他の団体等であるときは、その代表者たる自然人に対して、記録の提出を請求することになります。

(5) 告発と自白

①証人が正当な理由なく、ⓐ出頭しなかった場合、ⓑ記録を提出しなかった場合、ⓒ証言を拒絶した場合、ⓓ宣誓をした証人が虚偽の陳述をした場合は、罰則の適用があります。ただし、宣誓の拒絶については罰則の適用がないことに留意しなくてはなりません。

②議会は、関係人等が上記①の各事項の罪を犯したと認めるときは、

告発しなければなりません（自治法100条9項）。ただし、ⓓの宣誓をした証人が虚偽の陳述をした場合に限り、議会の調査が終了する前に自白したときは告発しないことができるとされています（自治法100条9項ただし書）。

③告発は、議会の議決をもって議長名で検察庁又は警察署に対して行うことになります。

④告発は、上記②の事項に該当したときは、必ず告発をしなければならない義務規定なのか、あるいは裁量規定なのか議論のあるところですが、議会は関係人等が罪を犯したと認定したときは告発すべきです。しかし、現実問題となると告発件数は非常に少ないといえます。

(6) 調査に要する経費

①調査に要する経費については、あらかじめ予算の定額の範囲内において当該調査のために要する経費の額を定めておかなければなりません。経費は調査に要する当該年度内の経費について議決をする必要があります。さらに、調査の進行中に経費に不足を生ずる場合は追加議決をすることになります（自治法100条11項）。経費を要しないのであれば、議決は不要です。

②なぜ、議決を要するかですが、調査権の名の下に経費の乱用によって、議会の品位を失墜することのないようにするためであるとされています（行政実例昭和23年10月12日自発896号）。

③調査が2年度以上に及ぶときは、当該年度の調査経費のみを議決し、さらに必要により次年度分を議決することになります。

④新年度に入って、経費の議決をしていないときは、新年度に入ってから臨時会を開催し議決を求めるか、又は直近の議会で追認議決をすることになります。

⑤調査費に必要なものは、印刷費、旅費、証人や参考人の費用弁償、速記料、食糧費等です。

(7) 100条委員会の傍聴

100条委員会も委員会ですから、委員長が傍聴を許可することになりますが、許可するにおいては、①調査内容が特定の個人の名誉やプライバシーに関係があるか否か、②傍聴人がいるために証人や参考人が十分に証言や意見を述べることができないおそれがあるか否か等を考慮する必要があります。マイナス効果が予想される場合は委員長は傍聴を許可しない場合も考えられます。

(8) 調査終了後の取扱い

①委員会が調査を行った場合は、委員会報告書を作成し、議長に報告します。委員会の報告書の内容は、ⓐ単に事実の調査又は発見にとどまらず、ⓑその事実に基づく委員会の判断・意見が盛り込まれるのが通例です。特に、委員会の判断・意見が含まれている報告の場合は、議会として委員会の報告どおり認めるかどうか議決が必要になります。また、委員会の報告に基づき必要があれば、議会としての要望、勧告等の決議を行うことになります。しかし、この決議は、議会としての機関意思の決定にすぎませんので、執行機関に対して何らの法律上の拘束力を有するものではありません。

②100条調査権が終了するに当たっては、「議会の調査が終了した旨の議決」がなされることになります。

一事不再議の原則

1 一事不再議の原則の意義

(1) 一事不再議の原則とは

　同一会議中に一度議決された事件について再び議決しないことを「一事不再議の原則」といいます。議会運営上認められたものであり、自治法に明文規定されてはいませんが、標準会議規則は、「議会で議決された事件については、同一会期中は、再び提出することはできない。」と明文化しています（県会議規則15条、市会議規則15条、町会議規則15条）。仮に、会議規則に当該規定がなくても、条理上一事不再議の原則は働くものと解されています。

(2) 一事不再議の原則の運用

　一事不再議の原則は、合議体としての地方議会を能率的に運営し、混乱を避けるために必要なものですが、絶対的な原則ではなく、前に出された意思決定時と現在において諸般の事情が異なっている場合は、新しい事態に対処するために一事不再議の原則を適用すべきでないこともあり得ます。

(3) 一事不再議の原則を認めた理由

　一事不再議の原則を認めた理由は、①同一会期中に同一事件について何度も議決することは議事の非効率を招くとともに、②審議のつど異なる意思が存在する結果を生ずることになり、議事整理と議会意思の権威においても好ましいものではないからです。

2 一事不再議の原則の内容

(1) 「一事」の認定

　一事不再議の原則の「一事」であるかの認定は、一事不再議の原則の

基本的な問題であり、その認定は容易ではありません。まず、議会の代表者である議長が「一事」に該当するか否かを判断します。議長に疑義があるときは、自治法109条3項3号に基づき議長が議会運営委員会に諮問し、その答申を参考にして決定することになります。そこで、一事不再議の原則の「一事」とは、当該案件が既に議決された案件と同一の形式、内容をもっていることになります。

(2) 認定の基準

その基準として次のものがあります。

①同一事件であるか否かは、同一会期中においてのみ問題となります。したがって、長の提出した条例案が本会議で否決されても、長が数日後に臨時会を招集し、先に否決した同一内容の条例案を再提出することは許されます。また、同様に契約議案が本会議で否決されても、次の議会に同一内容の契約議案を再度提出することは可能です。人事議案の場合も同様な対応になります。

また、一事不再議の原則は動議にも適用されます。例えば、休憩の動議を否決した直後に再度、休憩の動議を提出することは一事不再議が適用されますが、一定時間経過後であれば一事にならないので提出は可能となります。

②すでに議決された事件がなければ、同一事件か否かの問題は生じません。議決には、可決のほか否決も含まれますから、一度議決された事件と同一の内容、形式であれば決議案を否決した後に、再度同一の決議案を提出することは許されません。長が提出した副市（町村）長の選任同意議案が議会で否決された場合には、同一会期中に再度同じ議案を提出することはできませんが、最初はＡ氏を選定したい旨の議案が不同意されたので、異なるＢ氏を選定したい旨の同意を求める場合には、「副市（町村）長選任について同意を求めることについて」との題名は同一ですが、内容はまったく異なりますから一事不再議の原則には反せず、Ｂ氏を選定したい旨の提案は可能となります。また、同一会期中に議長

辞職勧告決議案を否決した後、当該議長の議員辞職勧告決議案を提出することは、議案が同一人に対するものであっても「議長」に対するものと「議員」に対するもので異なる内容であることから、一事不再議の原則には抵触しないものと考えられます。

③ある議案が議決に至らず撤回された場合には、同一会期中に同じ議案を再度提出することは可能です。議会における当該議案に関する意思がまだ決定されておらず、撤回した議案は、最初から提出されなかったと同様の効果があるからです。

④形式が異なれば同一議案となりませんから、同じ内容の条例議決と予算議決を同一会期中に提出することはできます。また、不採択と決定した請願と同一内容の決議案が提出された場合においても一般的には、請願と決議案とは形式が異なることから一事不再議の問題は生じないと解されます。

しかし、実際の運用は若干異なります。案件の形式が異なっていても議会や委員会がどのような内容の意思決定をしたかに重点を置いて運用されているということです。条例案を可決すれば意見書案は議決不要となり、意見書案を可決すれば請願はみなし採択・不採択としています。上位の案件を可決すれば下位の案件は事実上、一事不再議の原則の適用により、審議を要しなくなります。これを無視して審議をすれば、議員から解決済みとのクレームがつくことにもなります。なお、案件の上位（重要度）から下位の位置づけは、条例、予算、意見書、決議、請願、陳情の順となります。

なお、特定の請願が議決されていても、同趣旨の請願には一事不再議の原則は適用されませんので、議会は同じ内容の請願を審査できるとされていますが、一件ずつ審議することは非能率であることから、同趣旨のものは一括請願として審議することが適当であるとされています（行政実例昭和28年4月6日自行行発66号）。

⑤そして、ⓐすでに議決された議案と全く同一である場合、ⓑすでに議決された議案の内容を一部含む場合（例えば、議決された議案の全部

を含み、それに新たに事項が加えられている場合）、ⓒすでに議決された議案の一部を内容とする場合（例えば、議決された議決の一部の事項のみが提案された場合）、の三態様も「一事」に該当するものです。

⑥何が「一事」かを判断するには、一事不再議の原則と事情変更の原則とのバランスの上で判断することになります。一般的には、すでになされた議会の意思決定がどのような事情でなされ、その意思の内容が何であるかによって個々具体的に判断します。例えば、ⓐX議員に対する除名の懲罰を科するとの案が否決された後に、出席停止の懲罰を科する案を議決することは可能かという問題に対し、先の案の否決がその特定の懲罰（除名）を科することの可否を議決したものであるならば、その後に他の懲罰を科する案を議決することは可能であり、一事不再議の原則に反しないと考えます。しかし、X議員に対し除名を含めての何らかの懲罰を科する趣旨であるならば、否決された後にその他の懲罰を科する旨の議決を得ることは一事不再議の原則に反し、できないものとなります。ⓑ使用料の値上げ条例が否決された後、同一会期中に、値上げ額を変更して、再度条例案を提出することは内容について値上げ額を変更していることから同一であるとは解されず、一事不再議の原則に抵触しないと考えられますが、最初の条例案を否決する際の審議内容において一切の条例値上げを認めない趣旨であるならば、一事不再議の原則に抵触することも十分考えられますから、慎重な対応が必要となります。

3 一事不再議の原則に違反した場合の効力

一事不再議の原則は、議会における内部的な運営原則であり、審議能率と議会意思の安定のためのものですから、それに反して議決されたとしても当然に無効とする必要はないと考えます。会議規則上明文化している場合は、自治法176条4項により会議規則に反する議決として長は再議に付すことになりますし、明文化していなくても本原則は慣習法として認められるとも考えられますから、同様な措置を求めることになります。

4　一事不再議の原則の例外

(1)　事情変更の原則

　一事不再議の原則を設けた趣旨は、議会の意思は一会期に一つであるとする観念から導かれ、主として議会意思の安定と審議能率を図ることにあったものですが、予想し得ない事態によって議決の前提が大きく変動する場合にもこの原則を貫くことは不都合な結果を招くことにもなります。そこで、議決後に事情の変更があれば一事不再議の原則の適用がないとされています。これが「事情変更の原則」といわれるものです。しかし、この原則を拡大して認めれば一事不再議の原則そのものが無意味になってしまいます。そこで、どの程度の事情変更があれば事情変更の原則が適用されるかが問題となりますが、結局は具体的な状況に即して判断するしかありません。

　平成24年の自治法改正により現行の定例会、臨時会方式に加え、選択制として「通年会期制」を条例により採用することになりました（自治法102条の2）。これに伴い通年会期制は一年度が一会期となりますから、一度議会で議決等した場合には同一年度中は再度議会で議決できないことが考えられます。

　これを厳格に対応することになると弊害が生じることも考えられることから、支障が生じる場合には「事情変更の原則」等を柔軟に適用して対応することになると考えられます。

(2)　長による再議

　議会で行った議決に対し異議がある場合又は議会で行った議決若しくは選挙に関し議会にその権限がない場合あるいは法令違反等がある場合などに長が議会に審議又は選挙のやり直しを求めることを再議又は拒否権といいます。これは、長と議会との間の意見対立の調整と、議決等の適正の確保とを図り、地方公共団体運営の停滞と混乱を避けるために用意された制度です。

再議は、①長が任意に行使する一般的拒否権としての再議（自治法176条1項〜3項）と、②特別的拒否権としての再議（同法176条4項〜8項・177条）に大別でき、後者はさらに三つに分けられます。ⓐ違法な議決又は選挙に対する拒否権としての再議及び再選挙（同法176条4項〜8項）、ⓑ義務費を削除し又は減額する議決をした場合の再議（同法177条1項1号・2項）、ⓒ非常の場合に要する経費を削除し又は減額する議決をした場合の再議（同法177条1項2号・3項）。なお、詳細については、後掲「再議」（191頁）で記述することにします。

(3) 委員会への再付託

　委員会の審査又は調査を経て、委員会報告書が提出された事件を本会議で審議した結果、委員会における審査又は調査が不十分であるとして、本会議の議決を得てもう一度委員会に付託して審査又は調査をさせることを「委員会への再付託」といいます。再付託により、当初付託された同一委員会が再度審査又は調査することについて一事不再議に抵触するのではないかとの疑問が生じますが、①事件についてさらに審査又は調査することを本会議が認めていること、②事件についての議会としての意思決定がなされていないこと、から一事不再議の原則に抵触しないものとされます。再付託の時期は、委員会の報告書が議長の手許に報告されて付託事件が議題となった後、動議によるのが通例となっています。

5　委員会の一事不再議

　一事不再議の原則は委員会においても適用されるかについて、一事不再議の原則の考え方は明文の規定がなくても委員会審議にもある程度考慮する必要があります。しかし、一事不再議を厳格に解することは委員会の性格上なじまないものと考えられます。その理由は、①委員会自体が議会の内部機関で事件の予備審査の役割を有しているに過ぎないこと、②委員会の本質は、委員間の討議が自由に行われ、それが調整され

逐次委員の意見が集約され、最後に委員会としての意思が決定されていきます。討論中に質疑が行われ、又は修正案が提出されることもあります。表決においても、一度表決を行ったものについても委員の意思の集約が不十分として質疑、討論の段階に戻ることもありますし、委員会で決定しまだ議長に報告しない段階で、委員会が協議して審査を白紙に戻し、再度全員の了解の下に審査する事態も考えられます。

6 みなし採択及び議決不要

一事不再議の原則に関連しての取扱いとして、みなし採択及び議決不要の問題があります。

(1) みなし採択

みなし採択は、同一会期中において、すでに同一趣旨、同一目的の議案又は請願が議決されている場合の請願について、一事不再議の原則に抵触するので議決することなく、すでになされた同一趣旨、同一目的の議案又は請願の議決の結果により採択又は不採択とみなして処理することをいいます。そして、すでになされた議決の結果により「みなし採択」「みなし不採択」として処置されます。したがって、実際には議決しませんが、すでになされた議決の結果により採択又は不採択をしたのと同じ法律効果を生じさせることを意味します。実際には、すでに採択又は不採択のどちらかに決定した請願と同一趣旨、同一目的の請願が提出された場合は、請願者に取下げを求め、これに応じないときは議決不要とし、みなし採択又はみなし不採択とすることになります。

実務的には、議長が「第〇号の請願は、既に議決された意見書と同一趣旨のものでありますので、議決不要といたしたいと思います。これにご異議ありませんか」（異議なし）「本請願は採択されたものとみなすことにご異議ありませんか」（異議なし）「採択されたものとみなします」の順で処理することになります。

(2) 議決不要

議決不要は、目的、内容等が同じ複数の議案、請願等が同一会期中に審議される場合に、そのうちの一つについて可否又は採択、不採択等の議決があったときは、これと目的、内容等が同じ他の議案、請願等について、議決しないこととして扱うことをいいます。

例えば、議員定数30名を減少し、20名とするA案と25名とするB案とが同時に提出され、両議案を一括上程して審議した場合、A案が可決されれば、B案を議決する必要はありません。しかし、一件ずつ順次上程し議決する方法によった場合は、A案が可決されればB案について議決する余地はなくなりますが、A案が否決されたときには、議員定数を20名とすることについてのみ議会の意思決定があったものですから、改めてB案について議決できると考えられます（行政実例昭和26年10月8日地自行発311号）。

また、予算、条例、意見書、決議がすでに議決されているときに、後から同一内容の請願、陳情が審議される場合は、議決不要として、採択されたものとみなし提出処理するのが能率的ですが、その反対に、陳情、請願を先に採択した後に同一内容の意見書、決議、条例を議決する場合は、軽い方を先に決めるということですから議決しても差し支えないことになります。

さらに、職員給与引上げ条例案とこれに反対する請願がある場合、請願を不採択とし、条例案を可決することは一事不再議の原則に反しません。引上げ賛成の請願であれば、請願採択し、条例可決とするか、又は条例を先に議決し、請願はみなし採択の取扱いとすることになります。

7 一事不再議の原則と一事不再理の原則の相違

一事不再議の原則に似たものとして「一事不再理の原則」があります。一事不再理の原則は裁判上の原則であり、刑事訴訟について憲法39条は「……既に無罪とされた行為については、刑事上の責任は問われない。又、同一の犯罪について、重ねて刑事上の責任は問われない。」と

し、民事訴訟については確定判決がなされると民事訴訟法114条及び115条に定める既判力の範囲において、裁判所のその後の判断が拘束されるものと考えられます。一事不再議の原則も一事不再理の原則もその趣旨は基本的に同じものですが、刑事訴訟は被告人の人権の保護の観点から、また、民事訴訟は紛争の蒸し返しを防止することから、一事不再理の原則は厳格に解されていますが、一事不再議の原則の場合は、同一会期中でのみ適用され、会期が異なれば過去に議決した事案も取り上げ、また、同一会期中でも事情変更の原則等の例外が認められています。

再　議

1 再　議

(1) 再議とは

　地方自治制度における議会と長との関係については、首長制（大統領制）が採用されており、両者を対立させながらその間の協力と調和を図っていくこととされ、両者に意見の食い違いが生じた場合には、種々の調整方法（①長の不信任議決と議会の解散、②専決処分、③再議）が用意されており、主に、長から議会に対する制約の手段として「再議」があります。

　一般に再議とは、議会の議決又は選挙について、長が違法又は不当と認めた場合に異議を述べ、再考を求める行為を指します。また、手続的には、再度議会の審議に付すことを内容とし、効果としては、議会の行為の効力を失わせる拒否権となるものです。再議は議会と長との調整を図るものとして特に法律上認められたものですから、会議原則としての「一事不再議の原則」の例外といえるものです。

(2) 再議の態様

　再議には、①長が任意に行使する「一般的拒否権としての再議」と、②法定事由がある場合に義務的に行使する「特別的拒否権としての再議」とに大別され、さらに特別的拒否権としての再議は、ⓐ違法な議決又は選挙に対する拒否権としての再議及び再選挙、ⓑ義務費を削除し又は減額する議決をした場合の再議、ⓒ非常の場合に要する経費を削除し又は減額する議決をした場合の再議の三種類に区分されます。

(3) 再議に類似する再付託

　再議に類似するものとして「再付託」があります。再付託は委員会から報告のあった案件を本会議が審査した結果、①審査が不十分であるこ

とが分かった場合、②委員会審査後に事情変更があった場合、同一委員会又は他の委員会で再び審査させることをいいます（県会議規則47条、市会議規則46条、町会議規則48条）。再付託は本会議で案件を採決する前のことであり、再議は本会議で採決し、原則として長に送付しあとで生ずるものです。

2 一般的拒否権としての再議

(1) 再議の要件

議会における条例の制定若しくは改廃又は予算に関する議決等について長に異議があるときは、自治法に特別の定めがあるものを除くほか、その送付を受けた日から10日以内に理由を示して再議に付すことができます（自治法176条1項）。再議に付すか否かは専ら長の権限にゆだねられていることから任意的な再議とも呼ばれます。

(2) 一般的拒否権

一般的拒否権の対象となるのは、条例の制定、改正、廃止又は予算に関する議決等です。なお、平成24年の自治法改正により、一般的拒否権の対象が議会の議決事件にまで拡大されています。具体的にいいますと長が提案した条例案等に対し長が一般的拒否権を行使することはありませんから、その対象となるのは、①議員提案の条例、②長提案の条例等についての修正議決、③長提案の予算についての修正議決になります。これは、議会の議決を受けて行政を執行する立場にある長が、自己の政策や政治的信念に反する議決の執行を無条件に受容せざるを得ないとすることは、長が住民の直接選挙で選出された立場からも必ずしも適当ではないとする考え方から、昭和23年の自治法の改正において、この一般的拒否権の手続が整備されたものです。

(3) 否決と再議

また、併せてここで注意しなくてはならないものとして「否決」があ

ります。否決も議決の一種ですが、一般的拒否権としての再議に付すことができる議決は、当該議決が効力を生ずることについて又はその執行に関して異議若しくは支障のある議決をいうのであって、否決されたものについては効力又は執行上の問題は生じないので、再議の対象にはならないとされています（行政実例昭和26年10月12日地自行発319号）。

なお、否決に対しても再議を認める見解もありますが、否決の場合にも常に再議に付し得るとすると、議会が否決の効果を維持するためには常に出席議員の3分の2以上の賛成が必要となり、長に対する議会の抑制機能が低下することになります。したがって、原案を執行できないよう議会が制止する意思表示である否決まで一般的拒否権としての再議に付すことはできないと解すべきものとなります。

(4) 議会の選挙・議会の決定と再議

議会の選挙（自治法103条1項等）や議会の決定（同法127条）については、異議があっても再議に付すことはできません。

(5) 特別拒否権との関係

自治法176条4項、177条に規定されている特別的拒否権としての再議については、一般的拒否権としての再議を定めている同法176条1項の「この法律に特別の定めがあるもの」に該当しますので、特別的拒否権としての該当事由（例えば違法議決や義務費の削除議決）に該当したものを一般的拒否権として再議に付すことはできません（行政実例昭和27年4月11日地自行発103号）。

(6) 再議に付し得る期間

再議に付し得る期間は、条例の制定等又は予算に関する議決等があり、議長から長がその送付を受けて10日以内に行うことになります。この「10日以内」とは、長が再議に付するための一切の手続を完了すべき期限であって、議会の審議がこの期限を超えても違法等の問題は生じませ

ん。10日の計算は、送付を受けた日の翌日を第1日目として10日に当たる日までを指し、期限内に再議書が議長に到達する必要があります（行政実例昭和39年4月9日行政課決定）。例えば、9月1日に議決書の送付を受けた場合は、9月2日を第1日として数え、10日目に当たる9月11日までということになります。また、10日の期限内であれば、対象となった議決と同一会期中はもちろんのこと、再議のみを付議事件として議会を招集することは可能ですから、再議事件を告示して招集した臨時会でも可能となります。

(7) **再議の理由**

再議に付する場合には、理由を示さなければなりません。議決に対し異議を唱え、議会に対し再考を促し、再度審議を求めるためには、なぜ審議のやり直しを求めるのか具体的問題点を明らかにしなければなりません。条例であれば条項のいずれかを具体的に示し、予算であれば何費のどこと指定した上で、承服できない理由を具体的に明らかにする必要があります。

理由の示されない再議については、議会としてはこれに応じようがありませんし、異議があるから再議に付するというだけでは、理由が付されているとはいえず無効な再議と解されることになりますが、何らかの理由が付されている場合は、その理由が客観的に違法又は不当なものであっても議会は再度審議しなければならないものと解されます。

(8) **再議の時期**

再議に付す時期は、条例又は予算を長が執行する前でなければなりません（行政実例昭和23年9月22日自治課長電信回答）。執行後は議決に異議がないものと解されるので、長は再議することはできません。

(9) **再議の効果**

再議に付された議決は、当該議決の行われたときに遡ってその効力を失

います。条例の改廃の議決の場合には、当該改廃がなされない状態に戻り、予算を定める議決の場合には、予算が成立していない状態に戻ります。そして、再議に付されるのは、長が異議を有する条例案又は予算案全体ですが、議会において再度審議する対象は、当該再議において長が異議ありとした部分に限られます（行政実例昭和23年10月30日自発928号）。

⑽　議決の確定

①再議に付された場合でも議会がさらに同一内容の議決を出席議員の3分の2以上の同意を得て議決したときは、当該議決は確定し、再度再議の対象となることはありません。「議決が確定する」とは、ⓐ条例の制定、改正、廃止案あるいは予算案が成立すること、及びⓑその議決をさらに再議に付して効力を失わせることもできないことを意味します。ⓒ特別的拒否権としての再議と異なり争訟によって争うことはできませんから、長としてはそのまま執行せざるを得ません。なお、出席議員の3分の2以上の同意とは、過半数議決の原則の特例ですから、議員の定数の半数以上の議員が出席し、その3分の2以上の同意が必要となります。この場合は、議長は採決に加わる権利を有します。

②再議に付した結果、3分の2以上の者の同意が得られなかったときは、再議に付された議決は成立しませんし、再議に付された当初議決の対象となった原案が承認されたものとみなすことはできません。また、自治法179条の専決処分をすることもできません（行政実例昭和23年8月25日自発690号）。

③平成24年の自治法改正により一般的拒否権の対象が条例、予算以外の議会の議決事件にまで拡大されましたが、追加された議会の議決事件の再議決要件は出席議員の3分の2以上の議決を要せず、過半数議決で足りるとされています。

⑾　廃　案

一般的拒否権としての再議が行われたにもかかわらず、議会が長の再

議は理由が明確でない等に基づき再議決しないことは法律上は許されません（行政実例昭和28年3月30日自行行発58号）。しかし、会期末になっても議会が審議をせず、あるいは審議しても議決しなかった場合には、再議に付された議案は審議未了となり廃案となります。この場合、自治法179条1項の「議会において議決すべき事項を議決しないとき」に該当するものとして専決の対象となり得ることはあります（行政実例昭和23年7月7日自発513号）。

⑿　新たな議決と再議

再議に付された議決と異なる内容の議決が議会において行われたときは、その議決について出席議員の過半数の同意により新たな議決があったものと解されます。したがって、この議決についてさらに異議があれば、新たにこれを再議に付すこともできます（行政実例昭和32年11月6日行政課長電信回答）。

⒀　再議の撤回

再議に付した議決については、議会において再度の議決が行われる以前であっても、長は再議を撤回することはできません（行政実例昭和43年11月28日自治行103号）。その理由は、再議に付すことにより当該議決の効力は停止されており、これに対し再議の撤回を自由に認めるならば長の意思次第で議決の効力が復活することになり、法的安定性が阻害されることになるからです。また、再議のもとになった原案についても撤回は認められません。

3　特別的拒否権としての再議

⑴　違法な議決又は選挙に対する拒否権としての再議及び再選挙（自治法176条4項〜8項）

①議会の議決又は選挙がその権限を超え又は法令若しくは会議規則に違反すると認めるときは、長は理由を示してこれを再議に付し又は再選

挙を行わせなければなりません。この再議（自治法176条4項）は、違法性を治癒することを目的とするものですから長の義務とされており、その点において一般的拒否権としての再議と区別されて規定されています。一般的拒否権としての再議と違法議決の再議が競合した場合は、前者は長の任意であり、後者は長の義務であり、後者が優先することになります。

②再議の対象となるのは議会の違法な議決又は選挙です。この場合の議決とは、ⓐ法律上議会が議決するものと定められているもの（自治法96条の議決事項等）、ⓑ議会が同意を与えることとされているもの（副知事・副市町村長の選任等）、ⓒその他法律の明文の規定がなくても議会が議決の形式で行う行為一切を含むと解されます。しかし、㋐投票による選挙等に関する投票の効力に関する異議についての決定（同法118条1項後段）や㋑議員が被選挙権を有しない等の資格の決定などは含まれないと解されています。

③再議に付すべき議決又は再選挙に付すべき選挙は、さらに、議会の権限を超え又は法令若しくは会議規則に違反すると認められるものである必要があります。「権限を超える」とは、議会の権限外の事項について議決又は選挙を行うことを意味します。例えば、国の防衛問題について議決する場合などです。「法令若しくは会議規則に違反する」とは、上記の権限を超える場合以外の一切の違法な場合を含み、手続や要件の瑕疵、内容や結果の法令違背についても広く含むものです。そして、「違法な議決」には、当然に無効な場合を含むことから、ⓐ定足数に満たない会議で行われた議決や選挙、ⓑ過半数に満たない可決、ⓒ過半数議決の場合に議長が議決に加わって行った議決、ⓓ全員協議会における議決などは重大な瑕疵があり無効と考えられる議決ですが、外形的には議会の行為として取扱われていますので、再議に付すことが必要となります（行政実例昭和26年9月26日地自行発302号）。

④権限の踰越又は違法性の認定は長が行います。ただし、その認定には、越権又は違法の客観的事実が認められなければなりません。再議の結果、

再 議

議会と長との間の認定について見解の相違がある場合は、最終的には自治法176条5項から8項までの争訟手続により解決が図られますが、議会は再議又は再選挙に付されたことに理由がないと判断したときは、再び同じ議決又は選挙を繰り返すことになります。その場合の手続は、通常の過半数議決で足り、特別多数議決を有するものではありません。

⑤再議を行う期限については、法文上示されてはいませんが、この再議は法律上の義務とされていることから、長が議決又は選挙を違法と認めたときには、直ちに再議又は再選挙に付さなければならないと解することになります。また、違法状態が継続する限り当該議決又は選挙が行われた会期に限る理由はなく、当該会期終了後に臨時会を招集して行うことも可能です(行政実例昭和24年4月18日自発431号)。さらに、当該議決に従って執行に着手した後であっても違法性が治癒されるわけではないので、なお、再議に付すことができます。この点が一般的拒否権としての再議と異なるところです(行政実例昭和23年9月22日自治課長電信回答)。ただし、予算の場合は会計年度に制約されますので、年度経過後に違法議決が発見された場合でも再議に付すことはできないことになります。

⑥議会の議決が違法と認められる場合において、長が再議に付さなかった場合は、どうなるかという問題があります。長は再議に付する義務はありますが、これを付さない場合は、強制する手段や代替する手段はありません。しかし、再議に付されない場合の長の責任についての明文規定はありませんが、自治法違反として責任が生じることになると考えられます。

⑦再議又は再選挙に付されたときは、議決又は選挙のときに遡って効力を失います。この点は、一般的拒否権としての再議と同様です。そこで前記したように違法な議決又は選挙について再議又は再選挙に付されたときは、議会においてもう一度議決又は選挙をすれば、たとえこれらがなお違法性を有するものであっても、形式上はまた効力を有する議決又は選挙となりますが、それをもって適法なものとはなりません。しかしながら、違法性が治癒されるまで再議・議決を何度も繰り返すことも

意味をなしません。そこで、自治法は争訟手続を設けています（自治法176条5項〜8項）。

⑧具体的な争訟手続については、

ⓐ再度行われた議会の議決又は選挙がなおその権限を超え又は法令若しくは会議規則に違反すると長が認めるときには、都道府県知事にあっては総務大臣、市町村長にあっては都道府県知事に対し当該議決又は選挙の行われた日から21日以内に審査の申立てを行うことができます（同法176条5項）。21日の期間計算は、議決又は選挙が行われた日の翌日を1日目とし、この期間が経過すると長から審査の申立てを行うことができなくなります。しかし、期間が経過したからといって、当該議決又は選挙の違法性自体は治癒されず、適法な状態にはならないと解されています（行政実例昭和31年9月28日自丁行発82号）。

ⓑ長による審査の申立てがあった場合は、議会又は長の要求若しくは裁定者である総務大臣又は都道府県知事が特に必要と認めた場合に自治法255条の5の規定により、自治紛争処理委員の審理を経て裁定することとされます。これは、会議的機関の予備的審理を経ることによって、より公正妥当な裁定を期するものといわれています。この審査の申立てがあった場合、原則として90日以内に裁定を下さなければなりませんが、その期間内に裁定がない場合には、長において審査の申立てを退ける旨の裁定があったものとみなし裁判所に出訴することができます（同法257条）。

ⓒ総務大臣又は都道府県知事は、審査の結果、㋐申立てに理由がないと認めるときは、審査の申立てを棄却する裁定が行われ、対象となった議決又は選挙は適法なものとして扱われます。㋑申立てに理由がある、すなわち、議会の議決又は選挙がその権限を超え又は法令若しくは会議規則に違反すると認めるときには、総務大臣又は都道府県知事は当該議決又は選挙を取り消す裁定を行うことができます（同法176条6項）。ここで留意しなくてはならないことは、この裁定により当該議決又は選挙がはじめからなかった状態に戻るにとどまり、新たに適法な議決又は選挙を行ったことになるわけではありません。

ⓓさらに、この裁定に不服がある場合には、議会又は長は、裁定のあった日の翌日から起算して60日以内に裁判所に出訴することができます（同法176条7項）。なお、長が訴えを提起する場合は、当該議会を被告とすることになります（同法176条8項）。これは、法律上特別に認められた「機関訴訟」（国又は公共団体の機関相互間における権限の存否、又はその行使に関する紛争についての訴訟をいいます。行政事件訴訟法6条）です。

(2) 議会の議決が収入又は支出に関し執行することができないものがあると認められる場合の再議

　本規定は、平成24年の自治法改正において一般的拒否権の対象が条例、予算だけでなく議会の議決にまで拡大したことにより、収支に関し執行不能の再議の規定は不要になったため削除されました。

(3) 義務費を削除し又は減額する議決をした場合の再議（自治法177条1項1号・2項）

　①法令により負担する経費、法律の規定に基づき当該行政庁の職権により命ずる経費その他公共団体の義務に属する費用を削除し又は減額する議決を行ったときは、長は再議に付さなければなりません。

　ⓐ「法令により負担する経費」とは、自治法232条の「法律又はこれに基づく政令により当該普通地方公共団体の負担に属する経費」を指し、それは、当該経費に基づき執行される事務自体は、当該普通地方公共団体の事務ではないものであって、その経費負担のみを特に義務付けられているような場合をいいます。したがって、当該普通地方公共団体の事務のため必要な経費は、たとえそれが法令によって普通地方公共団体の負担に属するものと定められていても、「法令により負担する経費」に包含されないものと解されています。具体的には、㋐国道の管理に関する費用（道路法50条）、㋑一級河川の管理に要する費用（河川法60条）、㋒予防接種に要する経費（予防接種法21条）、㋓生活保護委託に要する費用（生活保護法73条）等があります。

ⓑ「法律の規定に基づき当該行政庁の職権により命ずる経費」とは、法律の規定に基づいて地方公共団体に対して経費の負担を命ずることができる行政庁が、その職権に基づき当該地方公共団体に負担すべきことを命じた経費を指します。具体的には、㋐道路分担金（道路法52条）、㋑土地改良法90条等

　ⓒ「その他公共団体の義務に属する費用」とは、ⓐ及びⓑ以外の経費であって、法律上の原因により当該団体が当該年度において議決の当時既に支出する義務が確定しているものを指します。具体的には、㋐公法上の原因に基づく経費として、一部事務組合の経費を支弁するための構成地方公共団体の分賦金（自治法287条1項）、児童生徒の教育事務委託金（学校教育法40条）、境界地の道路の管理に関する費用（道路法54条）、事務委託による委託費（自治法252条の15）、広域連合の分賦金（自治法291条の9）があり、㋑私法上の原因に基づく経費として、請負契約代金、損害賠償金、起債償還金があります。

　②「削除」とは、その経費の全額を予算から除去することであり、「減額」とは、その経費の一部を予算から除去することをいいますが、具体的な金額を示して負担を義務付けられた場合でない限り、当該案件の必要経費以上に減額されあるいは当該事務の執行に支障を及ぼす程度に減額された場合に、初めて再議、原案執行の問題となります。

　なお、否決は経費の削除と解することができますから、再議に付すことができるとされます（行政実例昭和30年3月19日自丁行発49号）。

　③再議の対象となるのは、削除又は減額された義務費及びこれに伴う収入であり、再議に付された場合、議会の審議及び議決の対象もこれに限定されます。ここでの「これに伴う収入」とは、その経費の支出に必要な収入という意味であって、当該義務費の支出が原因又は基礎となって生ずる収入ではありません。したがって、当該義務費の削除又は減額に伴って削除又は減額された歳入のみならず、削除又は減額された額を充当して増額又は新設された他の経費も「これに伴う収入」に含む趣旨となります（行政実例昭和27年2月8日地自乙発62号）。

④再議に付すべき期間については、自治法176条4項の「権限を超え又は違法な議決若しくは選挙に対する再議」と同様に、いつまでに行わなければならないという期限は法文上示されていませんが、義務費を削除又は減額する議決があったときは、直ちに再議に付さなければならないものとされます。

⑤再議の効果については、再議に付された議決は、自治法176条4項と同様に、議決のときに遡って効力を失い、議会は再度審議しなければなりません。そして、再度の審議の結果、議会が義務費を削除又は減額したときは、長は職権でその経費及びこれに伴う収入を予算に計上してその経費を支出することができます。これを「原案執行権」と呼んでいます（同法177条2項）。これは、当該地方公共団体の最小限必要な事務処理や義務の履行に支障のないようにしているものです。そして、再度の議決が再議の対象となった議決と完全に一致しなくても差し支えなく、削除又は減額と見られる行為があれば該当します。また、長の側としても再度議会が義務費を削除又は減額し、長限りで予算を計上して執行する場合、当面義務費の執行に必要な経費を計上すればよく、厳密に原案と同じである必要はありません。なお、原案の執行に当たり、経費とこれに伴う収入とは予算の均衡原則から必ず同時に計上しなければなりません。

(4) 非常の場合に要する経費を削除し又は減額する議決をした場合の再議（自治法177条1項2号・3項）

①議会が非常の災害による応急若しくは復旧の施設のために必要な経費又は感染症予防のために必要な経費を削除し又は減額する議決をしたときは、長は再議に付さなければなりません（自治法177条1項2号）。

②「非常の災害による応急若しくは復旧の施設のために必要な経費」とは、震災による罹災者救援の費用、大雨による道路橋梁の復旧の費用などが該当しますが、地方事務所の失火等による焼失の場合の再建又は移転の経費（行政実例昭和29年5月11日自丁行発59号）や、通常程度の降雪による貯水槽の破損復旧の経費（青森地裁昭和33年2月27日

判決・行裁例集9巻2号320頁）などは該当しないとされています。

③「感染症予防のために必要な経費」とは、感染症予防法の規定により負担する費用であると否とを問わず、およそそれが緊急避くべからざるものすべてを含みますが、一般的な感染症予防のための啓蒙宣伝費のようなものは該当しません。

④この再議の対象となる経費は、同時に義務費に該当する場合が多いものですが、その場合には自治法177条1項1号（義務費を削除又は減額する議決に関する再議）及び2号（非常の場合に要する経費を削除又は減額した場合の再議）に該当するものとして取り扱い、再議後の議決がなお当該経費を削除又は減額したときは2項又は3項のいずれの措置もとり得るとされますが、このような状況においては、予算の執行を優先すべきですから、1号再議によるべきであると考えられます。

⑤再議に付した後、議会がなお非常の災害による応急若しくは復旧の施設のために必要な経費又は感染症予防のために必要な経費を削除し又は減額する議決をしたときは、長はその議決を不信任の議決とみなすことができます（同法177条3項）。この場合、長は議会の判断に沿って当該議決を執行することもできますし、あるいは不信任議決とみなして、再議決の予算の送付があった日から10日以内に議会を解散することもできます（同法178条1項）。

⑥この不信任議決とみなす手続は、再議の結果の議決が自治法177条1項2号に該当する旨を明示し、理由を付して議会の解散を行った旨を議長に通知することで足ります。したがって、その議決が議員数の3分の2以上の出席とその4分の3以上の者の同意により決せられることは必要ありません（行政実例昭和23年6月16日自発397号）。

長が不信任議決とみなして議会を解散した場合は、一般の不信任議決の場合と同様に、その解散後初めて招集された議会において議員数の3分の2以上が出席し、その過半数の者の同意をもって不信任の議決をしたときは、長はその職を失うことになります（同法178条2項・3項）。

委員の派遣・議員の派遣

1 派遣の手続

　地方議会の議員が公務として国内視察や海外視察を行う場合、手続的には、委員の派遣又は議員の派遣に基づき実施することになります。なお、政務調査費に基づき国内外の視察を行うこともありますが、視察に公務性がないため本稿では除きます。そこで、両派遣について手続面を中心に概観することにします。

2 委員の派遣

(1) 必要とされる場合

　委員会は、原則として議会内の会議室で開かれ、執行機関に出席を求めて事件の審査又は調査を行いますが、実際に懸案となった問題等を審査又は調査する必要があるときは、現地に委員を派遣する場合があります。これを「委員の派遣」といいます。

(2) 派遣の態様

　委員の派遣の態様は、①委員会が自主的、能動的に行うことができる自治法109条2項の議案等の審査又は所管事項の調査、②公聴会による意見の聴取の場合に行われ、実地に関係住民に接しての調査、③同法100条の規定による権限を委員会に委譲された場合の当該地方公共団体の事務の調査、などがあります。なお、閉会中における委員の派遣を行うためには、継続事件が本会議で議決されていることが前提であり、継続審査等事件が付託されていない場合は委員の派遣を行うことはできません。上記の手続を欠く場合は、瑕疵ある派遣となり、視察旅費において違法な公金支出の問題が生じます。したがって、閉会中に調査等が必要であると考えられる事項については、あらかじめ閉会中の特定事件と

して委員会で決定の上、本会議で継続審査等の議決を得ることになります。

(3) 派遣の手続

委員会は、審査又は調査のため委員を派遣しようとするときは、委員長単独で行わず、委員会で決定し、その日時、場所、目的及び経費等を記載した派遣承認要求書を議長に提出し、あらかじめ承認を得なければなりません。委員の派遣は、手続上は議長の承認事項ですから、派遣先への依頼文は議長名で行うことになります。

3 議員の派遣

(1) 議員派遣の法制化の背景

従来、地方議会議員の公務は、①招集に応じて会議に出席し、又は委員会に出席すること、②議長等が、議会を代表して各種の外部の会議等へ出席する場合、③委員会がその決定により議長の承認で行う委員の派遣、については一般に公務として認められていましたが、これ以外の活動や閉会中の議員の活動は、基本的には公務として存在しないとされていました。そのことから、議員による視察が、その実質を伴わない単なる観光旅行であるとしてその旅費支出の違法を追求する住民訴訟等が全国で提起されました。国会議員の場合は、議員の派遣の一般的規定として国会法103条、衆議院規則255条、参議院規則180条の規定がありますが、地方議員の場合は明文で派遣を認める規定はありません。しかし、「普通地方公共団体の議会は、当該普通地方公共団体の議決機関として、その機能を適切に果たすために必要な限度で広範な権限を有し、合理的な必要性があるときはその裁量により議員を海外に派遣することができる」とした最高裁昭和63年3月10日第一小法廷判決・判時1270号73頁がありましたが、依然として法的根拠が存在しないため、住民監査請求等の提起が継続的に起こされていました。そこで、地方分権の時代を迎え、議会がその役割を十分果たすためには、議員の研修や調査研究活

動等を閉会中においても積極的に認め、議会が議員を派遣できることを自治法上明確に規定することが必要であることから、議員の派遣について法制化したものです。

(2) 議員派遣の手続

　自治法の一部改正（平成14年3月30日公布）により、100条13項は「議会は、議案の審査又は当該地方公共団体の事務に関する調査のためその他議会において必要があると認めるときは、会議規則の定めるところにより、議員を派遣することができる。」とし、議員派遣の規定を創設しました。これを受けて、標準会議規則（県会議規則129条、市会議規則167条、町会議規則129条）は、第1項「自治法100条13項の規定により議員を派遣しようとするときは、議会の議決でこれを決定する。ただし、緊急を要する場合は、議長において議員の派遣を決定することができる。」、第2項「前項の規定により、議員の派遣を決定するに当たっては、派遣の目的、場所、期間その他必要な事項を明らかにしなければならない。」と規定しています。このことから、原則的には、議員派遣の決定手続については、本会議の議決が必要となります。

(3) 議員派遣の留意点

　①従来、多くの自治体では会派派遣等の名目で実質上派遣を認めていましたが、平成14年の自治法の改正後は、会議規則に定める手続によらない議員の派遣は、違法となります。また、従来の会派派遣は今後は認められないことになります。

　②派遣は、原則として本会議の議決を得て行います。この議決は過半数議決になります。本会議の議決が要件ですから、全員協議会、各派代表者会議、議会運営委員会などで議員派遣を認めることはできません。また、本会議で議会運営委員会等に包括委任することも許されないものと解されます。なお、本会議で議員派遣を決める議決の場合は、その派遣の対象となっている議員は除斥されません。

③閉会中において、災害が発生し、急遽に議員を派遣する必要が生じた場合などは、前記標準会議規則第1項ただし書による「緊急を要する場合は、議長において決定することができる。」の規定に基づき対応することになります。本会議が開会される以前から派遣が決定されているような場合には、本会議の議決を得ることが基本になります。したがって、すべての議員派遣を議長の決定で行うことは、議員派遣を定めた自治法及び会議規則の文理解釈からみても無理であり、脱法行為になるものと解されます。

④派遣の内容を明確にすることから、議決に当たっては、ⓐ派遣の目的、ⓑ場所、ⓒ期間、ⓓその他必要な事項を明らかにすべきです。したがって、ⓐ派遣の目的は「議員の資質を高めるため」ではなく「議員立法を積極的に進めるための方策を検討するため」とし、ⓑ場所は「関西方面」ではなく「○○市役所及び□□市文化会館」とし、ⓒ期間は「10月中旬」ではなく「10月5日から7日までの3日間」とし、ⓓその他必要な事項としては、例えば派遣議員について「A会派のうち数名程度」ではなく「A議員、B議員、C議員及びD議員の4名」と具体的に明示することが必要です。

⑤議員派遣と従来から行われています議会を代表しての派遣及び委員の派遣との関係については、議員の派遣の法制化に伴い、他の派遣がすべて議員の派遣に包含されるものではなく、従来どおりの手続で対応することになります。国会においても議員派遣と委員派遣の関係は、衆議院・参議院ともに同様の構成をとっていることからも委員派遣を別の手続としていることに違法性はないと考えます（衆議院規則の場合は委員派遣55条・議員派遣255条、参議院規則の場合は委員派遣180条の2・議員派遣180条）。

⑥正副議長ともに同一会議に出席する場合、議員派遣との関係については、議長は議会の代表権の行使として出席しますから、議会代表としての派遣となり、議員派遣の手続は不要ですが、副議長は、一議員としての立場ですから議員派遣の手続が必要となります。これは、副議長は

議長が欠けたとき又は事故があるときに議長の職を行うわけですから、議長が議長の職を行っている限りは、副議長は一議員の立場にしか過ぎません。しかし、副議長が議長を代理して会議に出席する場合は、議長に事故があるときとして副議長が、議会を代表して出席することになりますから、議員派遣の手続は不要となります。

⑦議員派遣の具体例として次のものが考えられます。
　ⓐ議会の制度運営に関する研究等を目的とした会議や研修への参加
　ⓑ地方行政等に関する他の地方公共団体への調査のための派遣
　ⓒ議会の議決等に基づく意見書又は要望等の要請のための派遣
　ⓓ地方公共団体又は公益を目的とした団体等の主催する式典等で、議会に対して出席要請があるもの
　ⓔ姉妹友好都市締結を行っている外国の議会等の招聘による訪問

⑧議長は議会代表権が付与されていますので、議員派遣の規定の適用は一般的には該当しませんが、議員全員を対象とした議員研修などは、議長の職務というよりも一議員としての性格が強いものと考えられますので、議員派遣の手続を行う際に議長の氏名も含めておく必要があると考えます。

⑨議会運営委員会の委員を調査のため他県に派遣することになった場合、正副議長が同行することがよくありますが、この場合、議長が議会を代表する立場で同行するのであれば、議員派遣の手続は必要ありません。しかし、副議長の場合については前記⑥で示したように単なる一議員の立場ですから議員派遣の手続は必要になります。

(4) 派遣結果の報告

議員派遣の結果報告は必要条件ではありませんが、報告することが望ましいとされ、その場合の報告は、議長及び議会に対し行うことになります。

秘密会

1 秘密会とは

議会の会議は、「会議公開の原則」により公開するのが原則です。しかし、会議で審議する事項が公益に害することとなるような場合や個人の利益にかかわる重要な内容をもつものである場合には、議長又は議員3人以上の発議により、出席議員の3分の2以上の者の同意で、一時議会の公開を停止し、秘密会とすることができます（自治法115条）。この秘密会の議事については、その記録を公表しないことのほか、何人も秘密性が継続する限り、これを他に漏らしてはならないものとされています。これは「議員の守秘義務」といわれますので、その中心になる秘密会について概観していきます。

2 秘密会の要件

(1) 会議公開原則の制約

秘密会は、①その議事の記録を公表しない、②傍聴人及び議長の指定する者以外の者を議場の外に退去させる、③報道関係者も退去させられる、ことから、会議公開の原則の内容となっている①傍聴の自由、②報道の自由、③会議録の公表は認められないことになります。なお、議長が指定する者には、事件を審議するために必要な説明員及び議会事務局職員等が考えられますが、秘密会の議事といえども会議録の原本には記載しておくべきですから、議会事務に従事する職員は当然指定することになります。

(2) 秘密会開会の発議

秘密会は、議長又は議員3人以上の発議により、出席議員の3分の2以上の多数で議決したときは秘密会を開くことができます（同法115条1項

ただし書)。①「出席議員の3分の2以上」とは、例えば出席議員が25人の場合は17人（端数は切り上げて計算します。）又はそれより多くの者ということです。②議員3人の発議が秘密会を開くことの議決にとっての有効要件であるかについて見解が分かれています。第一説は、「たとえ一人の発議に基づいた場合でも全員の異議がなく秘密会を開くことを採決した場合には、その秘密会の成立、ひいてはその秘密会においてなされた議決を無効となすべき理由はない。自治法115条1項が秘密会を開くのに議員3人以上の発議を要するものとしたのは、みだりに秘密会の発議をすることを防ぐためのものである。」（最高裁昭和24年2月22日第二小法廷判決・行裁月報13号10頁）であり、第二説は、「議会の議決は、有効な発議、発案に対する採決という手続を経て議会の意思が決定されるものであり、本条の秘密会についても、議員が発議する場合は3人以上をもってこれを行うことを定めているわけで、この原則どおりの運用をすべきである」（松本英昭・逐条地方自治法）とする説です。

　なお、執行機関は秘密会の必要性を認めても発議することはできません。この場合は、執行機関である長等は議長に秘密会の必要性を申し出、議長が議会運営委員会に諮問する等をし、議会の自主的な判断で秘密会とする必要があります。

(3)　議員3人以上の発議と討論

　議員3人以上の発議を行う場合は、討論を行わないで可否を決します。その理由は、討論を行うこととすると、当該事件の審議を秘密会とするかどうかを論じるために秘密とするべき内容に触れざるを得ず、そのこと自体が秘密会とする趣旨や実益を損なうことになるからです。

(4)　秘密会で行う決定

　そこで、どのような場合に秘密会にするかは、議会の自主的判断によりますが、会議公開は、民主主義の理念に深く根ざす原則ですから、その例外である秘密会は、①地方公共団体の秘密に属する事項、②議員又は

住民の一身上の事件に係わる審議の場合など、必要最小限度にとどめることは当然のことと考えます。例えば、特定法人の税額等を調査する場合は、住民等の一身上の事件といえるでしょう。しかし、傍聴者の不規則発言が繰り返し行われ、数回注意してもやめようとしない場合に、秘密会で行うことの意見が出された事例がありましたが、秘密会は議事の内容が秘密性がある場合に設けるものですから、このような場合は、議長が傍聴者の一部又は全員に退場を命じれば目的は達成されるものです。

なお、法令に基づき議会において行う議長選挙等を秘密会で執行することはできません。

(5) 審議と議決

秘密会において、秘密保持の必要があるのは、事案の審議の過程においてであり、秘密会のままで採決まで行うことも法的には可能ですが、秘密会はあくまでも会議公開の原則の例外ですから、公開の停止は必要最小限にとどめるべきであり、採決まで秘密会において行うことは妥当ではありません。最高裁昭和24年2月22日判決は秘密会では採決することはできないとされています。

(6) 議事の秘密性

秘密会の議事は、何人も秘密性を継続する限り、他に漏らしてはなりません（県会議規則102条、市会議規則49条2項、町会議規則97条2項）。各会議規則にこのような規定がある場合であっても、当該議事を当該委員会の委員でない議員に漏らしても差し支えありませんし、秘密会に欠席した議員に知らせることも許されます（行政実例昭和47年6月26日自治行49号）。その理由は、①委員会は内部審査機関であり、議会本来の機能を全うさせるためには、委員会の議事内容を議会の議決に参加する他の議員にまったく知らせないことは問題があること、②政党政治の下での議会運営では個人より政党の判断による場合が多く、他の議員に漏らしてはならないとすることは、政党の政策決定に支障を来

たすおそれがあること、③秘密会の議事は議員以外の者に漏らすことを禁ずれば足りること、があげられます。しかし、当該議員が知り得た秘密会の議事を、例えば一般市民に漏らした場合には、秘密漏洩となり、当該議員は自治法134条に基づく懲罰の対象となります。

(7) 議員の守秘義務

任期満了や選挙による落選者を含み前期議員の身分を有している者についても秘密性が継続する限り、守秘義務は負っていると解されます。また、引き続き議員になったものが、新たに議員の身分を取得した者に秘密を漏らした場合は、守秘義務違反となると解されます。さらに、新たに議員の身分を取得した者が知ることができた秘密事項について、議員身分取得前の事項として、他に漏らすことは、新たな議員は当該秘密会の関係ではないと考えられますから、道義上の責任は別として直接守秘義務違反はないものと考えられます。

なお、議員の守秘義務違反は、秘密会における他の議員以外の者(第三者)に秘密会の議事を漏らすことであり、後記の自治体職員に求められる「職務上知り得た秘密を漏らしてはならない」とする守秘義務(地方公務員法34条)は議員には該当しませんから、秘密会の議事を除き議員が議員活動等で知り得た秘密を漏らしても懲罰の対象にはなりません。

(8) 議会事務局職員等の守秘義務

また、秘密会に出席した議会事務局職員及び執行機関の説明員等については、職務上知り得た秘密(職務上の秘密を含みます。)を漏らしてはならないことから、議会の懲罰にはなりませんが秘密を漏洩すれば守秘義務(地方公務員法34条)違反として同法29条の懲戒等の懲罰の対象となるとともに、1年以下の懲役又は50万円以下の罰金に処せられることになります(同法60条)。

しかし、秘密会に出席等した証人、公述人が秘密を漏洩した場合は、標準議会会議規則では「秘密会の議事は、何人も秘密性の継続する限り、

他に漏らしてはならない」と規定していますが、議員や自治体職員と異なり罰則等を科すことはできません。

(9) 議事の漏洩と懲戒等

秘密会の議事を漏洩することは、議場内に限らず、議場外でも起こりますから、この場合も懲罰事由に該当しますし、また、常に会期中に起こるものでもありませんから、秘密性が継続する限り、事犯より後の会議においてこれを処理してもよいことになります（行政実例昭和25年3月18日広連1号）。しかし、全員協議会のような正規の議会でない場で実質的な質疑等を秘密裡に行った場合、これらの内容を他に漏洩したとしても、議員としての道義上の責任は別としても、法的責任が問われることはありません。

(10) 議事の記録と閲覧

秘密会の議事は会議録の性質上、原本に記載しておくべきです。しかし、それは公表はしませんので、閲覧させることは許されません。

(11) 秘密会の終了

秘密会を解く場合は、秘密会とするような特別の制限規定は必要ありませんから、秘密会とした議事が終了した時点で、その旨の確認を過半数議決で行えば足ります（行政実例昭和25年6月8日自行発93号）。

3 委員会の秘密会

(1) 委員会の秘密会の開催

委員会は、自治法115条1項本文の会議公開の原則の規定が適用されませんので、委員会の会議を公開にするか否かは、議会の自律性にゆだねられており、委員会条例の定めるところによりますが、委員会においても議事について秘密性を保持する必要がある場合は、委員会の議決で秘密会を開くことができます（県委員会条例17条、市委員会条例20条、

町委員会条例18条)。この場合、委員長の発議又は委員(一人でもよい。)からの動議によって委員会の過半数議決で秘密会とすることができます。実際には、委員の大多数が秘密会を希望していることが事前に分かる場合や事案の内容が明らかに秘密性を有している場合等は、委員長が発議し、疑義がある場合は委員の動議によることが適当であるとされています。

　なお、標準委員会条例(県委員会条例16条、市委員会条例19条、町委員会条例17条)は、「委員会は、議員のほか委員長の許可を得た者が傍聴することができる。」と規定していることから、制限公開性を建前としていますが、これは秘密会とは異なりますから留意しなくてはなりません。委員会は原則として傍聴を認めないことだけのことであって、会議の内容が秘密であるということではないので、秘密会とは本質的に異なるものです。したがって、委員が委員会の会議の内容を外部に明らかにしても秘密漏洩にはならず、守秘義務違反として懲罰の対象にはなりません。

(2) 開会の要件

　委員会において秘密会を開く明確な基準はありませんが、単に審査内容を外部に知られたくないというだけでは不十分であり、議事の内容について秘密性を要することになります。具体的には、①外部に知られることにより十分な審査が期待できないとき、②内容が知られることにより第三者の利益や名誉を害し基本的人権の尊重に抵触するおそれがあるとき等の場合があります。

(3) 秘密会とすることの議決

　委員会が秘密会とすることを議決した場合は、傍聴人及び委員長の指定する者以外の者について退去させなければなりません。委員長の指定する者とは、説明員、議会事務局の職員及び証人等に限られます。委員会の委員でない議員は、秘密会であっても議員である以上、当該委員会

を傍聴することはできます。

(4) 議事の記録

秘密会による委員会の場合も議事の記録はとるべきですので秘密性の続く限り公表はしません。また、委員会で取り扱った秘密事件の審査経過及び結果の報告を本会議でする場合は、引き続き秘密性が継続すれば本会議も秘密会とすることになります。ただし、採決に際しては前記したように秘密会を解くべきです。

(5) 議員の傍聴

議員が秘密会の委員会を傍聴することについては、賛否両論がありますが、議員は一般の傍聴者と異なり、後日、秘密会の議事を知ることができる立場にあることから、厳格に傍聴を禁止する必要はないものといえます。

(6) 秘密の漏洩

当該委員会の委員が議員以外の者に秘密会の事項を漏らしたときは、本会議上の秘密会と同様に短期時効制度（懲罰事犯があった日から起算して3日以内に議会に提出しなければなりません。）に関係なく、懲罰動議として提出することができます。

(7) 公聴会と秘密会

委員会における公聴会は、利害関係人又は学識経験者等の第三者から意見を聴くものですから、公聴会の趣旨から非公開とすることはできないと解されますから、その趣旨を推し量れば公聴会を秘密会にすることはできないことになります。しかし、連合審査会、小委員会、分科会は委員会審査の特別の形態とみることができますので議決によって秘密会とすることができると考えられます。

議員の発言

1 議員の発言とは

議員が議会の会議又は委員会において質問し、質疑を行い、自らの見解や意見を述べることを「議員の発言」といい、その種類としては、①質疑、②質問、③討論、④提案理由説明、⑤動議の提出、⑥議事進行発言、⑦一身上の弁明、⑧委員長報告、⑨異議の申立等があります。

議会は、住民の代表機関として団体意思（条例、予算等の議決）や機関意思（意見書の提出、議員の懲罰、会議規則の制定等）を決定する機関ですから、議員の発言は、議員の基本的な権限として十分に保障されなければなりません。そのためには、議会の会議原則の一つとして「発言自由の原則」があげられます。しかし、公の場における発言であることや、会議の秩序保持、能率的な会議の進行等の必要から、議員の発言には多くの制約、制限があります。

なお、「執行機関側の発言」については、執行機関の議会の会議への出席は、議会で審議される事件についての議員の質疑や一般質問に答えるためであり、議長の出席要求によって出席義務が生じることになりますから、議場における発言も何時でも自由に発言することは許されません。

2 発言の時期

発言は、会議の会議中でなければなりません。何人も議長の開議宣告前又は散会、延会、中止若しくは休憩を宣告した後は、議事について発言することはできません（県会議規則11条2項、市会議規則11条2項、町会議規則11条2項）。これに反する発言は、単なる私語にすぎません。

なお、私語は、会議中又は開議宣告前、閉議宣告後を通じ、議場において議員同士で交わす言語や質疑、質問中の発言に対して議長の許可を得ずに勝手に発言する言辞のことをいいます。議長に開議宣告前又は散

会や休憩宣告後に要望等の発言をしても公式発言ではありませんから、会議録等の対象ではなく、私語又は不規則発言として処理されます。

　発言途中で、延会、中止又は休憩があったために、その発言が完了しなかった議員は、再び会議が開かれたときに前の発言を継続することができます（県会議規則57条、市会議規則59条、町会議規則58条）。これを発言の継続といい、議員に発言権を保障するものです。

3　発言の方法

(1)　議長の許可

　発言は、すべて議長の発言許可を得てしなければなりません（県会議規則49条1項、市会議規則50条1項、町会議規則50条1項）。一度許可を得た場合は、原則として他の議員の発言によって妨害されたりすることはなく、議長は、議員の発言中は、他の議員に対して発言の許可をすることは、議事進行の発言以外はできないことになります。そして、発言者が法律又は会議規則に違反しなければ、議長によって制止され、取消しを命ぜられ、あるいは禁止されることはありません。

(2)　不規則発言、私語

　議長の許可を得ない発言は、正規の発言とは認められず、不規則発言（具体的には、他の議員の発言中にしばしばなされる激励、ひやかし、妨害等のいわゆるヤジをいいます。）又は私語として取り扱われ、会議録等に記録されることはありません。あえて区別すれば、「ヤジ」は会議中の発言者に対する積極的な干渉という点において、私語とは異なります。そして、「異議なし」や動議に対する「賛成」の発言は、一般的には議長の問いかけに対して発言するものですから、その都度、議長の許可を得る必要はないものと考えられます。不規則発言が議会の品位や議員の名誉を傷つけるようなものである場合は、議長は、制止や議場の外に退去させる等の措置をとることができますし、懲罰の対象となることもあります（自治法129条、134条1項）。

なお、傍聴者が公然と可否を表明し、又は騒ぎ立てる等して会議を妨害するときは、議長は傍聴者の取締権に基づき、これを制止し、又は傍聴者を退場させる等の措置をとることができます（自治法130条）。併せて、新聞記者についても、傍聴者についての規定が適用されます（行政実例昭和31年8月1日自丁行発49号）。

(3) 発言通告制

都道府県及び市の議会では、発言について通告制が採用されています（県会議規則50条1項・60条2項、市会議規則51条1項・62条2項）。したがって、あらかじめ議長に質疑や一般質問等についての発言通告書を提出することが必要になります。町村議会では、一般質問についてのみ通告制が採られています（町会議規則61条2項）。一般質問以外に会議で発言しようとするときは、起立又は挙手して「議長」と呼び、自己の番号、氏名を告げ、許可を受けて行うことになります。そこで、通告制とは、発言する議員は、あらかじめ議長に発言通告書を提出しなければならない制度をいいます。発言通告書には、一般質問及び質疑についてはその要旨を、討論については賛成、反対の別を記載しなければなりません（県会議規則50条2項・60条2項、市会議規則51条2項・62条2項、町会議規則61条2項）。

発言通告制を採用する趣旨は、①議長があらかじめ発言者の数及び内容を把握し、発言の順序を定めることにより会期日程等を定めることにより、議事の整理とその能率的運営を図ることができるようにするためです。②事前に質疑や一般質問の具体的な要旨を示せば、理事者側はそれによって一定の準備が可能となり、限られた時間で質の高い充実した答弁が得られることになります。「…について」のみの通告では、答弁にも限界があり、効果的な議会運営は望めるものではありません。そして、発言通告者の発言順序は、議長が定めることとされており、欠席したり、順位がきても発言しなかったり、議場にいない場合には、通告は効力を失います（県会議規則50条4項・5項、市会議規則51条3項・4

項、町会議規則61条3項・4項)。

(4) 発言通告制の例外

なお、発言通告制の例外として、①議員の一身上の弁明、②議事進行に関する発言、③緊急質問、④口頭による動議とその賛成の発言、⑤議事に対する異議の申立て、⑥委員長報告及び少数意見の報告、⑦緊急を要する場合（例えば、侮辱を受けた議員が直ちに、その処分を議会に訴える場合（自治法133条))、⑧発言を通告した者がすべて発言を終わった場合の発言については、通告を要しないとされています（県会議規則50条1項、市会議規則51条1項)。その理由は、これらの発言は、その性質上、発言の時が予想できず、突発的にその必要が出てくる場合が多いことによります。通告によらない発言をする場合は、起立して「議長」と呼び、自己の氏名又は議席番号を告げて、議長の許可を受けなければなりません。2人以上の者が起立して発言を求めた場合には、先起立者と認める者から指名して、発言させることになります（県会議規則50条3項、市会議規則52条2項・3項、町会議規則51条)。発言通告制の例外といえども議長の許可が必要なことは当然ですが、これらの例外事由の場合は、要求があれば議長は会議中いつでも発言を許可することができます。具体的には、質疑、一般質問、討論の通告者の発言が全部終了しておらず、途中であっても許可することができます。ただし、議事進行に関する発言は、議題に直接関係あるもの又は直ちに処理する必要があるものでなければなりません（県会議規則56条1項、市会議規則58条1項、町会議規則57条1項)。なお、前記発言通告制の例外⑧で示したように無通告発言は、通告した者がすべて発言が終了した後でなければ行うことはできません（県会議規則50条1項ただし書、市会議規則52条1項)。

(5) 発言の順位

質疑や一般質問の発言の順位は、発言通告の順序によるのが通例です

が、討論については、二以上の通告がある場合は、発言順位の特例として「討論交互の原則」によって原案に対する反対者から発言を始めて、賛否交互に意見が述べられるように順序を定めなければならないとしています（県会議規則51条、市会議規則53条、町会議規則52条）。

4 発言の内容、範囲

(1) 発言禁止

発言はすべて簡明にするものとし、議題外にわたり又はその範囲を超えてはなりません。これに反する発言については、議長が注意し、従わない場合は、発言禁止の措置をとることができます（県会議規則53条1項・2項、市会議規則55条1項・2項、町会議規則54条1項・2項）。

(2) 発言禁止の規定

発言禁止ができる場合として、自治法及び標準議会会議規則は、次のように規定しています。

①議会の会議中、自治法又は会議規則に違反し、その他議場の秩序を乱す議員があるときは、議長は、これを制止し、又は発言を取り消させ、その命令に従わないときは、その日の会議が終わるまで発言を禁止することができます（自治法129条1項）。制限時間をゆうに超える発言や自己の意見を延々と述べている質疑は、そのこと自体会議規則に違反するものですから、自治法129条によって所定の手続を経て発言を禁止することができます。なお、発言を禁止するには、その前に発言制止又は取消しを命令することが必要になります。具体的に自治法違反として議長が命ずる場合は「先ほどのA議員の発言中に〇〇〇という発言がありましたが、これは本会議の品位を傷つけたものと認めますから、自治法129条の規定によって発言の取消しを命じます」とします。

②議員の発言が、議題外にわたり又はその範囲を超えた場合に、議長が注意し、なおこれに従わないときは、議長は、発言を禁止することができます（県会議規則53条2項、市会議規則55条2項、町会議規則54

条2項)。この場合は、議長が注意することがまず必要であり、それをせずに発言禁止を行うことはできません。「その範囲を超えた場合」とは、発言が議題外になった場合はもちろん、議題外にわたらなくても許可された目的の範囲を超えた場合も含むことになり、例えば、趣旨説明において反対論を攻撃したり、討論で議長の議事取扱いを非難したりすることは許されません。

また、質疑においては、自己の意見を述べることはできませんし、委員長報告及び少数意見報告には自己の意見を加えてはならないとされています（県会議規則53条3項・40条4項、市会議規則55条3項・39条4項、町会議規則54条3項・41条4項）。具体的には、会議規則違反として議長が命ずる場合は「ただいまのA議員の発言中に会議規則○条に違反する点があると思いますので、A議員の取消しを希望します。もしA議員において取消しされないのであれば議長は取消しを命じます」とします。

そして、発言をいつまで禁止するかは、議長の判断ですが、その限度は、その日の会議が終わるまでであり、翌日の会議には及ばないものとされています。発言禁止の処置に従わない者は、懲罰事犯に該当することになります。なお、前記①、②に該当し、発言禁止の命令を受けた者であっても、会議に出席し、表決、投票等に加わることはできます。

(3) 発言の範囲

発言の範囲については、通告制が採られている場合は、あらかじめ通告した事項が発言を許される範囲となります。

5　発言の制限

(1) 発言時間の制限

議員の発言は、最大限保障されなければなりませんが、それを無制限に認めることはできません。そこで、議長は、必要があると認めるときは、発言時間を制限できることとしていますが、この制限に異議が出さ

れたときは、議長は討論を用いないで会議に諮って決めることになります（県会議規則55条2項、市会議規則57条2項、町会議規則56条2項）。発言時間の制限は議長の権限ですが、実際上は、各派代表者会議や議会運営委員会で了承を得た上で、議長が会議に宣告する形で行われることが望ましいものです。そして、発言時間の制限は、あらかじめ制限することを決めておくことが必要であり、発言の途中で時間制限することは、発言者の意を十分尽くさないことになるので許されません。さらに、時間制限は、一般質問、質疑、討論はもちろんですが、趣旨説明、議事進行発言、一身上の弁明、証人、公述人、参考人等の発言についても行うことができます。また、質疑や質問については、回数制限、討論一人一回の原則、討論交互の原則などの制限や原則があります。ただし、議会で行う委員長報告については、発言の時間制限を付けることは適当でないと解されています。

(2) 議事進行の発言

「議事進行に関する発言は、議題に直接関係あるもの又は直ちに処理する必要があるものでなければならない」とされています（県会議規則56条1項、市会議規則58条1項、町会議規則57条1項）。「直ちに処理する必要があるもの」とは、定足数不足の注意や休憩の要望であり、「議題に直接関係があるもの」とは、ある議題について執行機関の出席要求を求めたり、答弁上の注意を求める場合などをいいます。そして、議事進行の発言が、その趣旨に反すると認めるときは、議長は、直ちに発言を制止しなければなりません。また、議事進行の発言は、議事の進行について議長に対し要求や質疑を行うものであり、動議ではありませんから、賛成者を必要とせず、また、会議に諮る必要もありません。

(3) 発言と法的責任

地方議員の発言については、国会議員の発言に求められている「院外無答責」又は「免責特権」のような保障はありません。国会議員は、憲

法51条の規定により「両議院の議員は、議院で行った演説、討論又は表決について院外で責任を問われない」として議院の活動として職務上行った行為については、民事上の責任（損害賠償や名誉毀損）及び刑事上の責任を問われることはありませんが、地方議員の場合は、自治法上等にこのような規定がありませんから、院外無答責の特権はないことから、本会議等で議長の許可を得た発言であったとしても法的責任が発生し得ることもあります(行政実例昭和23年6月16日自発397号)。なお、政治的、道義的責任については、国会議員及び地方議員のいずれも免除されるものではありません。

6 発言の取消し・訂正

(1) 取消し・訂正の方法

議員は、発言のあった会期中に限り、議会の許可を得て自己の発言を取消し、又は議長の許可を得て発言の訂正をすることができます。会期を経過すれば取消し等をすることはできません。また、発言の取消しは議長の許可を得ても効果は生ぜず、あくまでも議会の許可が必要になることに留意する必要があります。

「発言の取り消し」は原則としては許されませんが、発言者の錯誤等に基づく場合にも取消しができないものとすると実情に即しないことにもなりますので議会の許可を得て発言の全部又は一部を取り消すことができるとしたものです。

発言の取消しの方法としては、①発言者が自ら発言の取消しを求める場合、②議員の発言取消し要求の動議による場合、③議長が権限により発言取消しの命令をする場合があります。

まず、①の場合は、一般的には、当該議員の自発的な議長への申し出でにより議長が議会に諮るものです（A議員「私の先ほどの発言中に不穏当な言辞があったと思いますので、議長においてご処置願います。」）。議会が取消しの許可をしたときに効力が生じることになりますので、議員が一方的に発言を取り消す旨を宣言しても取消しの効果は生じませ

ん。また、当該議員が不穏当な発言を認め、次の会議において発言の取消しをしたいが、やむを得ない事由により会議に出席できない場合は、不穏当な箇所の取消しの書面を議長あてに提出し、議長はその旨を議会に報告することになります。

なお、特異な例ですが、議長が不穏当な発言をし、これを取り消す場合は、これに関する直接の規定はありませんが、特に議員の場合と異なる取り扱いをする合理的理由は認められませんので、議員と同様な手続により議会の承認を得て処理すればよいものと解されます。ただし、議長が自ら議会に対してその発言を取り消す旨を宣言し、議会が特段の異議を述べない場合は、議会の承認があったものと解し、別途議会の許可を得る必要はないものとすることもできます。

②の場合は、他の議員から「発言取消しの動議」が提出されることもあります（B議員「動議を提出します。ただいまのA議員の発言中に不穏当な言辞があると思われますから、取り消されるよう勧告されたい。」）。発言取消しの動議が可決されたとしても、事実上の行為にすぎないので、当該発言がこれによって取り消されたことにはなりません。最終的には当該議員の取消しの意思表示がなければ、発言取消しの効果は発生しません。このことによって、議長が自治法129条1項の発言取消し命令をすることを義務付けられるものではありません（行政実例昭和27年10月8日自行行発89号）。しかし、実務上の処理としては、議長が「議会意思」に反するのはおかしいことから、結果としては動議を尊重し取り消すことが適当でしょう。

なお、議会の議決が必ずしも正しいとは限らない場合もありますから、議長は「取消し留保の宣言」つまり「ただいまのA議員の発言につきましては、後日会議録を調査して不穏当発言があった場合には、議長において善処します。」と宣言し、後日会議録を精査し不穏当の有無、該当発言を特定する権限を留保しておく必要があります。あくまでも本人からの発言取消しの申し出をさせる運用が好ましいものです。

③の場合は、議員の発言が議場の秩序を乱すと判断される場合には、

議長はこれを制止し、又は発言の取消しを命ずることができます（自治法129条）。この場合の議長の権限は、当該発言を取り消すことを命ずることであって、議長が自ら取り消すのではありませんから、当該議員が議長命令に従わなければ、発言自体は取り消されません。しかし、当該議員は懲罰の対象にはなり得ます。

「発言の訂正」の場合は、数字や元号の読み違い等の字句に限るものとし、発言の趣旨を変更することはできません（県会議規則63条、市会議規則65条、町会議規則64条）。発言の訂正は、議長の許可によって行うことができます。

(2) 取消し・訂正の効果

発言の取消し・訂正の効果については、いくつかの問題があります。

①取消し、訂正部分を会議録にどのように記録するかということです。会議録原本は、会議に関する唯一の公式の記録であり、会議に関する争訟を生じた場合の有力な証拠書類となるものであり、会議の経過をありのままに記録しておくことが使命となりますから、取り消された発言部分、発言取消しの申し出、議会の許可の議決など取消しの経過をありのままに記載しておくべきです。しかし、当該会議録原本から印刷の上、議員や関係者に配布する会議録には、取り消した部分は掲載せず、訂正した部分を訂正して掲載することになります（県会議規則126条、市会議規則87条（参考）、町会議規則126条）。また、議員の質疑が行われ、それに対する理事者側の答弁も終わった段階で、当該議員から先の発言を取り消したい旨の申し出があり、議会もこれに同意した場合は、質疑が取り消されることになり、それに伴う答弁も当然に取り消されたものとして取り扱うことになりますから、配布用の会議録に質疑のない答弁のみを残して置く意味はないものといえます。

②取り消された発言についての懲罰は不問となりますが、発言が取り消されても、それによって侮辱された事実までがなくなるわけではありませんから、取り消しの効果によってすべての懲罰事由が消滅したとす

ることはできないと解されます。したがって、発言により侮辱を受けた議員は、発言が取り消された後でも、議会に処分を要求することができます。

(3) 取消し・訂正の例外

なお、議長は執行機関である理事者の発言に対して取消しを命ずることはできません。発言の取消し、訂正に関する会議規則の規定は、議員についてのみ適用されるからです。したがって、その必要がある場合は、取消しを勧告するか、又は議員の場合に準じた手続によって処理することになりますが、一方的に議会の議決によって取り消すことはできないと解されています。

また、自治体の行政運営に関し議員から不穏当な発言があった場合、長から議長に対し、発言取消しの要求ができるかについては、議員の発言内容が不穏当であるか否かは、一義的には議長が判断すべきことですから、長から発言取消しを要求する法的権限はありません。しかし、これを放置しておくことにより、今後の行政運営に支障が生ずることも十分考えられますので、長から議長に対し注意を促すことを求めることができると解されますが、この措置は事実上の措置ですから、法的措置は議長又は議会自身の判断によることになります。

質　疑

1 質疑とは

(1) 質疑の定義

　現に議題となっている予算、条例、契約議案等の事件については、提出者の趣旨説明があった後、また、修正案については修正案の説明があった後、討論、表決に入る前、当該事件について議員が口頭をもって提案者等に対して説明や所見を求めることを「質疑」といいます（県会議規則38条1項、市会議規則37条1項、町会議規則39条1項）。

　また、委員会に付託した事件については、委員長及び少数意見報告者に対し、委員会の審査及び報告内容に関し、説明等を求めることも行われます（県会議規則42条、市会議規則41条、町会議規則43条）。

　質疑は、事件の内容について事実の疑義を質すことだけに限らず、法律的又は政策的な見解を質すこともできます。

　議会の会議における質疑と委員会における質疑は内容において差が生じ、前者は、事件についての大綱又は重点だけにとどめ、細部については委員会で行うことが原則とされます。委員会に付託しない事件については、議会の会議において十分に質疑することができます。

(2) 質疑と発言

　質疑は、会議における議員の発言の一種ですから、会議規則上の発言に関する規定が適用される結果、質疑は議長の許可を得た後、登壇して行うべきものであり（県会議規則49条、市会議規則50条、町会議規則50条）、また、都道府県及び市の議会においては、あらかじめ質疑の要旨を記載した発言通告書を議長に提出しなければならないとされています（県会議規則50条1項・2項、市会議規則51条1項・2項）。

2 質疑の内容

(1) 自己の意見

　質疑の内容は、議題となっている事件について、賛成、反対又は修正等の判断が可能となるように疑義や不明確な点を提出者から説明や意見を求め、さらに質すためのものです。したがって、質疑に当たっては、自己の意見を述べることはできないとされています（県会議規則53条3項、市会議規則55条3項、町会議規則54条3項）。この場合の「自己の意見」とは、討論で述べるような事件についての賛否の意見をいいますので、例えば「私は、本件議案について一部改正が実施された場合は、Aという理由で格差が益々顕著になると考えるが、提出者はどう考えるか」という範囲であるならば、許されるものと考えられます。

(2) 禁止される内容

　質疑は簡明である必要がありますから、議題外にわたること又はその範囲を超えることはできません。これに反した質疑を行う者があるときは、議長は注意し、注意してもなおこれに従わないときは、質疑を禁止することができるものとされています（県会議規則53条1項・2項、市会議規則55条1項・2項、町会議規則54条1項・2項）。

3 質疑の制限

(1) 質疑回数の制限

　県会議規則54条は、「質疑は、同一議員につき、同一議題について2回を超えることはできない。」（市会議規則56条は○回、町会議規則55条は3回）とされ、再質問にも準用されています。したがって、原則としては、質疑に対し答弁がなされ、これを受けて再度質疑するところまでとなります。この理由は、質疑者に際限なく質疑させることは、議事の円滑な進行を妨げることになり、他の質疑者の発言にも影響を与えることになるからです。

(2) 時間・内容の制限

　このほか、①発言時間の制限（県会議規則55条、市会議規則57条、町会議規則56条）、②発言内容の制限（発言は簡明に行い、議題外にわたり、その範囲を超えてはならない。）などの発言についての一般原則は、質疑においても適用されます。

(3) 質疑が制限される事項

　①質疑に対する質疑、②討論に対する質疑、③議事進行に関する発言に対する質疑、④一身上の発言に対する質疑、⑤陳謝や釈明に対する質疑、⑥一般質問に対する質疑などは認められません。
　また、議案の発議について賛成者となった議員は、その議案の発議者に対して質疑することはできないと一般的には解されています。

4　質疑に対する答弁

　質疑の相手方は、原則として事件の提出者ですが、修正案については、修正案の提出者のほか原案の提出者も含まれ、さらに、説明のため出席している長などの執行機関又はその委任を受けた者に対しても行うことができます。これらの者は、質疑者からの質疑に対し、答弁する義務があります。
　なお、議員提出議案について執行機関に質疑することは原則としては許されませんが、例えば、「当該議案が施行された場合、予算執行において不都合が生じないか」等の運用上の参考意見を聴くことは、議会の判断で可能と考えられます。

5　質疑の終結

(1) 質疑終結の事由

　質疑がすべて終了したときは、議長がその旨を宣告するものとされています。これを「質疑終結宣言」といいます。そのほかに、①質疑が続出し容易に終結しないとき、②質疑本来の目的を離れて議事妨害にわた

るとき、③重複した質疑の繰り返しといった状態となったときなどは、議員から質疑終結の動議が提出されることがあります。「質疑終結の動議」は、議事に関する動議であり、先決動議の性質を有しますので、当該動議の提出があったときは、現に行われている質疑を中断して、議長は討論なしで会議に諮って決定されることになります。その結果、質疑が終結し、もはや質疑をすることはできなくなり、あとは討論、採決のみとなります（県会議規則58条、市会議規則60条、町会議規則59条）。質疑は、討論と共に、議会の会議における審議の中枢をなすものですから、質疑終結の動議は、やむを得ない時のほかは行うべきものではありません。

(2) 質疑終結の例外

①事件の提出者が質疑終結後に内容の一部を訂正したり、補足説明を行った場合には、その限りにおいて、さらに質疑を行うことが許されます。②質疑内容が事件の賛否に重大な影響を与えるような新しい内容があるとか、あるいは議長の議事整理上の不手際などのため議会運営委員会等で了承された上で補充質疑が行われることがあります。

6 関連質疑

会議において、議案等に対して質疑が行われた場合、その質疑の発言に付随して他の者が当該議案又は他の議案等に対し、関連して質疑を質す発言をすることを「関連質疑」といいます。

発言通告制をとる場合には会議における発言は、原則として通告した者が行い、発言の通告をしない者は原則としてできませんが、市議会においては、同会議規則52条においては、通告した者がすべて発言を終った後であれば関連質疑をすることができると定めています。都道府県議会及び町村議会には同趣旨の規定はありませんが、当該議会の慣例や申し合せ等があれば関連質疑を認めることは可能です。また、逆に議会の秩序と議員の儀礼上に問題があるとして、申し合せにより関連質疑を一

切求めないとする議会もあります。関連質疑を行える時期は、本来の質疑者の発言に付随する質疑ですから、議案等の提案者の説明後から委員会付託が行われるまでの間に限られます。また、委員長報告後はその報告に関するものに限られます。

発言通告制をとらない議会においては、議長は関連質疑を認めなくても、議員は議長に発言を求め、許可を得て質疑することが可能ですから、原則として関連質疑を認める必要はないものとされます。

7 質疑と質問の相違

質疑の相手方は、①提案者及び説明のため出席している理事者、②委員長報告がある場合は委員長、少数意見報告者、修正案を提出した者などです。そして、質疑の場合は、議題外のことについて質すことは許されませんし、自分の意見を陳述することもできません。それに対し、質問は行政一般や施政方針について、長その他執行機関に意見を質すことであって、質疑の場合は議題に限っているのに対して質問の場合は特定の範囲はありません。

質　問

1 質問とは

(1) 一般質問

　質問は議員に認められた最も重要な権限です。議員が議案とは関係なく所属する地方公共団体の行政全般にわたり、執行機関に対し事務の執行状況、将来における政策方針等について、口頭をもって所信を質し、報告や説明を求め、又は疑問を質すことを「質問」又は「一般質問」といいます。この点において、会議において審議の対象となっている事件について説明を求める質疑とは異なるものです。また、質問の相手方は執行機関であり、議長や議員に対して一般質問をすることはできません（行政実例昭和29年11月24日自丁行発200号）。

　そして、質問の対象、範囲は、当該地方公共団体の一般事務である自治事務及び法定受託事務にも及びます。そして、一般質問は定例会に限って認められるものであって、臨時会においては、付議事件として長が告示したものに限られますから、一般質問は許されません。仮に、会議規則で定めたとしても許されないとされています（行政実例昭和32年12月23日自丁行発220号）。

(2) 一般質問の通告制

　①一般質問を行う場合は、原則として通告することが必要とされます（県会議規則60条2項、市会議規則62条2項、町会議規則61条2項）。一般質問を行う議員は、質問通告書をあらかじめ議長に提出することになります。本人の都合により通告できなくて代理人が提出することは、本人の意思によって代理人が通告書を提出したことが明らかであれば受理することは可能となります。また、一般質問の時間制限をしている場合に、通告書で4件通告しているうちの1件が時間が不足して質問でき

ない場合に、通告書により答弁を求めることは、あくまでも一般質問通告書は通告したにとどまり、質問ではないので答弁する必要はありません。

②通告制を採用する理由は、ⓐ多数の議員が議場において自由に質問を行う場合には、その順位又は発言時間をどうするかという問題が生じ、ⓑ質問内容が分からないと、答弁する執行機関は十分な準備ができず、質問する議員にとっても不満足な結果しか得られないという問題が生じることにより、活発で能率的な議会運営は行えないことになりますから、これらを防止するために設けることになります。

③質問通告書は、その文言を見て何を質問しようとしているか理解できる内容であることが要件ですので、詳細に記述する必要があります。質問通告書が抽象的である場合は、議長はその内容を具体的に記述するように助言し、それでも具体的に書かれない場合は、抽象的な部分を受理することを拒否することもできます。そのためには、議会運営委員会に諮り、その旨の了解を得ておくことが適当でしょう。また、質問通告書を受けた議会事務局においても受理する際には、質問内容が具体的に記載されているか等を十分確認しておく必要があります。

(3) 質問の範囲の限界

①質問には、質疑と異なり意見を加えても差し支えありません。しかし、一般質問の中で「この部分はあくまでも要望ですから、答弁は結構です」というように質問ではなく要望をする例が見られますが、一般質問は、当該地方公共団体の事務全般にわたって長等の見解を求めるものですから「要望」や「お願い」は避けるべきです。また、質問者の一身上に関することや利害関係のあることについて質問することは可能であり、除斥の問題は生じません。

②質問は地方議会における質問ですので、地方公共団体の範囲外にわたる質問はできません。ⓐ国防に関する事項や自衛隊が憲法違反ではないかの質問はできません。ⓑ清掃に関する事務を甲市、乙町、丙町で共

質　問

同処理する一部事務組合に関しての質問は、甲市の事務ではないので甲議会で質問することはできません。併せて、一部事務組合の理事者を甲議会に出席させることや一部事務組合に対し、行政報告を求め、質問することはできません。ⓒ甲市が全額出資している地方公社に関する業務内容等の質問は、地方公社が甲市とは別の法人であることから質問をすることはできませんが、甲市の出資内容、債務保証の適否、甲市長の監督権の行使状況等を質問することはできます。

③質問者が質問をする際に、写真、図表、現物等を持ち込むことにより、理解を容易にし、答弁内容を高めることがあります。しかし、その範囲は必要最小限度にとどめて認めることになります。

(4) 一般質問の手続

　一般質問の手続は、①通告制を採用する一般質問の場合には、一定期間内（あらかじめ提出期限、質問日の割当て等を議会運営委員会等で調整した上で定めます。例えば、提出期限は議会開会前日の午前10時まで）に議長にその要旨を文書で通告し、許可を得て発言することになります。②質問通告は、議会事務局に備付けの通告用紙に記載し、議事担当課に提出されます。③質問通告書には、質問項目ごとに要旨を記載し、かつ答弁者を指定するのが通例です。質問要旨は、内容に具体性がなければなりません。「福祉について」「教育について」というような抽象的なものは質問要旨とはいえません。したがって、議事担当課に提出する際により具体的な質問要旨に変更されることになります。④答弁者の指定は、質問者の希望であり、議長はこれを尊重して執行機関の出席を要求しますが、指定された者が必ず答弁しなくてはならないものではなく、理事者の判断で適当とするものが答弁者となります。したがって、執行機関を拘束するものではありません。長が基本事項を答弁し、詳細をA部長に答弁させることもありますし、長が最初から答弁せず、長の指示に基づきB部長が答弁することもありますが、いずれをとるかは長の判断となります。⑤質問事項に関係ない者を答弁者に指定した場合は、議長は

質問者に対し訂正させることができます。⑥また、先の同僚の発言又は答弁を聞いて、突然、通告内容を変更した場合は、議長は注意し、なおも継続して発言を続けるときは、変更した質問の中止を命ずるなどの措置を採るべきです。⑦発言の順序は、受付順による方法や議会運営委員会で協議の上決定する方法があります。

2 代表質問

(1) 代表質問とは

3月議会のように次年度の予算を審議する議会は、付議事件の数も多く、議案に対する質疑や行政一般に対する質問者が多い場合、会期日数との関係から、特定の議員が政党又は会派を代表して、長や行政委員会が執行する一般事務に対し、各行政部門ごとに質問事項をまとめ、これについて質問することを「代表質問」といいます。これは、同一事件、同一案件について個々の議員が重複して質問することは、議会運営上非能率であるばかりでなく、議場の規律が乱れ、議会の権威が失墜することにもなることから、一定の議員数を有する会派等ごとに、例えば、環境問題、教育問題、都市問題など政策上の問題について質問事項を調整して行うことになります。

(2) 代表質問の取り扱い

代表質問は、各地方公共団体の議会において取り扱いが異なります。当該議会の運用上の問題として議会運営委員会等の申し合せ又は慣例等によって定まります。そして、代表質問を採用する場合には、運用上一定の議員数（例えば3人以上あるいは5人以上）を有する会派等でなければ認めないとしており、事実上質問者数を制限する結果になります。

(3) 代表質問の手続

代表質問の手続は、原則として一般質問の例によるものとされます。しかし、通常の代表質問では、発言者、時間制限、回数制限等を定めて

いるものが多いようです。例えば、質問及び答弁を含めて1会派○○分（会派均等割時間○○分＋会派所属議員一人につき○○分を乗じて得た時間を加えた時間）、発言者は、原則として代表一人とするが、補足者○人までを認める、質問回数は○回までとすると定めています。

3 緊急質問

(1) 緊急質問とは

　台風により河川が決壊し多くの住民に被害が生じた場合、職員の不祥事が発覚した場合など緊急、突発的な出来事の発生などに際し、執行機関の対応や政治責任などを問うために、あらかじめ発言通告書を提出することなく、議会の同意を得て行う質問を「緊急質問」といいます（県会議規則61条1項、市会議規則63条1項、町会議規則62条1項）。

(2) 緊急質問の決定要件

　緊急質問が認められる態様は、①火災、台風、集中豪雨、地震等の自然災害をはじめ人為的な贈収賄、官製談合、公金の横領等の職員の不祥事などに対し、即刻質問し速やかな措置を質す必要があるような緊急性が認められるような内容のものである場合、②緊急を要するものではありませんが、住民の関心の的になっている問題で是非とも質問しなければならないような真にやむを得ないと客観的に認められる場合があります。

(3) 緊急質問該当の判断

　緊急質問に該当するか否かの判断は一義的には、質問を行う議員ですが、緊急質問の可否は議会の同意を得る必要があることから、最終的には、議会の判断ということになります。したがって、議会の同意を得る限り臨時会でも当然に認められることになると解されます。臨時会は付議事件に関係ない質問はできませんが、緊急質問においては、付議事件にかかわらずすることができます。換言すれば、臨時会では一般質問は

できませんが緊急質問はできることになります（行政実例昭和48年9月25日）。緊急の動議という形で提出された場合は、優先的にこれを会議に諮り、その同意が得られたときは、他の議事に先がけて行うことになります。しかし、この場合でも、他の発言者の発言中これを中止させてまで緊急質問をすることは許されないとされています。また、緊急質問を認めたとしても緊急質問とはいえないような場合には、議長は直ちに発言を制止しなければなりません（県会議規則61条2項、市会議規則63条3項、町会議規則62条2項）。

(4) 緊急質問の動議

　緊急質問は、議事として独立性があるため、日程の追加が必要となります。一般的には、議事日程の追加の動議、言い換えれば、「緊急質問の動議」を提出し、認められれば緊急質問を行いますが、追加の動議が否決されれば自然消滅することになります。緊急質問の動議が提出される際に議場が混乱することがあります。このような場合には、一旦休憩し、議会運営委員会等において取扱いを協議した上で本会議で許否を決する方法を選択したほうがよいものと思われます。

4　関連質問

(1) 関連質問とは

　一般質問を行い、執行機関に対し説明、報告を求め、所信を質す場合に、その質問事項に関連して他の議員が執行機関に対し説明等を求めるため発言することを「関連質問」といいます。

　質問は、原則として通告制をとっています（県会議規則60条2項、市会議規則62条2項、町会議規則61条2項）。関連質問は発言通告者が発言の段階で述べた質問に関連して行う質問ですから、当然に発言通告書は提出されていません。このような関連質問を無制限に認めることになると議会の円滑な運営を損なう結果にもなります。また、通告制を導入した意義が失われることにもなります。市会議規則52条において「発

言通告をしない者の発言」の規定がありますが、この規定は関連質疑には適用がありますが、関連質問には適用されないと解されています。

(2) **関連質問が認められる場合**

しかし、①通告制を採用していても、ⓐ関連質問について特に規定を設けている場合又はⓑ慣例により運営している場合及び②通告制を採用していない場合は、関連質問を認める余地がありますが、その場合においても発言は関連のある最少限度の範囲に限られるべきであり、他の通告している議員の質問時間に影響を及ぼす場合は認めるべきではありません。関連質問を行うときは、当然質問通告者の質問が終ってから許されることになります。なお、緊急質問には、関連質問が認められないのが通例となっています。

動　議

1 動議とは

　修正動議、緊急動議など主として会議の進行又は手続に関し、議員から議会に対して又は委員から委員会に対してなされるもので、議案等（本案）と異なり、本案終結への過程における提案であって、原則として案を備えることを要せず、議会又は委員会の議決を経るべきものを「動議」といいます。議会に対する提案行為ということからいえば、議案と並んで主要なものといえます。しかし、首長をはじめ執行機関は議案と異なり動議を提出することはできません。なお、議案の修正案の提出は、会議の進行又は手続に関するものではありませんが、動議の形式をとるべきものとされています（自治法115条の3）。自治法には、動議として明記しているのは、修正動議と懲罰動議だけですが、そのほかの動議は会議規則に定められています。

2 動議の種類

(1) 動議の特徴

　動議は、議会の議決を経る事件で、法令に違反しない限り、いかなる種類、いかなる内容のものでも提出することができるのが特徴です。その種類は多種多様であり、その分類方法も各説があり定説はありませんが代表的なものを示します。

(2) 態様による分類

　当該動議が案文を備えて議会の議決を求める独立の提案か否かによって①主動議（独立の動議）と②それ以外の動議に分類できます。①の例としては、懲罰の動議、意見書案、長の不信任議案、長辞職勧告の動議、100条調査の動議、中間報告を求める動議、審査期間をつける動議、緊

急質問を求める動議、会期延長の動議、特別委員会の設置案があり、②の場合はさらに、ⓐ付随的動議（議事日程に付随して提案されるそれ自体独立性のないものであり、例としては、選挙、表決、会議時間の変更、委員会付託又はその省略、質疑又は討論終結の動議など）、ⓑ代替動議（議事日程に付随するものではないが、現在議会において進行中の問題を取り替えることを求めて会議の進行過程の中で提案される動議であり、例としては、休憩、散会、議事延期、議事日程の変更又は追加の動議など）、ⓒ修正動議（主たる事件が上程されてそれが表決されるまでの間において当該事件に関する修正案を備えてその修正を求める動議であり、例としては、自治法115条の3の修正の動議）があります。

(3) 内容による分類

動議の内容として①議事一般に関する動議、②議題に直接関係する動議、③組織又は事件に関する動議に分類することができます。

①の例としては、休憩の動議、議事日程変更又は追加の動議、散会又は延会の動議、会期延長の動議等、②の例としては、説明のため長の出席を求める動議、趣旨説明省略の動議又は討論終結の動議、議事延期又は即決の動議、修正の動議等、③の例としては、会期の決定の動議、特別委員会設置の動議、懲罰動議、長の不信任の動議、慶弔等の儀礼に関する決議の動議等があります。

なお、動議に対し修正の動議は認められないのが通説です。修正の意見を有する議員は、別途自己の意見を賛成者を得て新たな動議として提出することができるからです。

(4) その他の分類

動議が成立した場合に、それをいつ議題とするかに関して、①一般動議と②先決動議があり、先決動議のうち、特に緊急に取り上げるべきものを「緊急動議」といいます。それ以外でも、提案形式による分類（案を備えるべき動議とそうでない動議）、提案者による分類（議長発議と

議員発議)、提案要件による分類(提案に一定数以上の提案者又は賛成者を要する動議とそうでない動議)などがあります。

しかし、すべての問題に対し、動議を出すことはできません。案件の撤回を求める動議や案件の否定を求める動議は、当該案件の採択のときに反対すればよいことです。また、審議を省略する動議や審議不要の動議は、審議を使命とする議会の本質に反するものですから、いずれも動議としての適格性を欠き、動議としては成立しません。したがって、このような動議が提出されたときは、議長は動議でないので受理を拒否することができると解することになります。

3 動議の提案手続

動議の提案手続については、修正の動議の提案事件に関して規定(自治法115条の3)しているほか、標準規則においても規定をおいています(県会議規則16条〜19条、市会議規則16条〜19条、町会議規則16条〜20条)。

(1) 提案者

動議を提案する権限を有する者は議員に限られます。ここでいう議員には議長は含まれないものと解されます。しかし、会議を秘密会とすることの動議については、自治法115条1項で議長が単独で提案することを認めているほか、動議と類似した提案行為として、議長発議があり、これもその性質から見て動議であるとするのが多数説であり、この見解に従えば、動議の提案者は議長及び議員ということになります。

(2) 提案要件

動議の提出は、自治法又は会議規則において特別の規定がある場合を除くほか、会議規則所定の賛成者が必要となります。賛成者の数は通常一人です。賛成者を必要とする理由は、ⓐ議事妨害をなくすこと、ⓑ私語と区別すること、にあるといわれます。なお、提出者が2人いる場合

は、賛成者がいなくても動議は成立します。

①自治法に定めるものとして、ⓐ秘密会の発議が議長又は議員3人以上が必要（自治法115条1項）、ⓑ条例、予算等の団体意思を決定する議案修正の動議は議員の定数12分の1以上の発議が必要（自治法115条の3）、なお、12分の1という要件は、あくまでも動議を提案するためのものであって、当該動議の審議継続要件ではないことから、当該動議が成立したのちに、発議者のうちに発議者たることを取り消す者があっても、当該動議の効力には何の影響もないと解されています（行政実例昭和31年9月28日自丁行発82号）。ⓒ懲罰の動議は議員の定数の8分の1以上の発議が必要です（自治法135条2項）。ただし、侮辱を受けた議員からなされる懲罰要求及び議長が行う欠席議員の懲罰要求は単独で行うことができます。

②標準会議規則において、会議規則、意見書、決議等の機関意思を決定する議案の修正動議については、所定の賛成数を定めています（県会議規則17条、市会議規則17条、町会議規則17条）。

(3) 提案時期

①動議の提案時期については、自治法上特に規定はありませんが、一般的には、当該動議を議会において取り上げて議決等の方法によって意思決定がなされることが可能であり、かつ、それが実質的に意味のある間において提案されなければなりません。質疑終結の動議の提案を考えた場合、質疑に入る前になされたり、質疑終了後になされても意味がないことになります。

②ここで問題となるのは、「修正の動議」です。修正の動議は、修正案を備えて文書で議長に提案することになります。この場合、理由書を付すことが適当であるとされていますが、提案要件ではありません。そこで、議長はこの修正の動議が提案された場合、まず、当該提案された案が修正案として適正なものであるか否か審査する必要があります。具体的には、ⓐ現に議会に上程されている議案に対する修正案であるかど

うか、ⓑ修正案が議案としてそのまま議決の対象となるに十分な内容、形式を有しているかどうか等を確認し、適正であれば各議員に配布するために印刷をするなどの準備行為が必要となります。したがって、修正の動議は、議長がこれを議題として会議に供することが可能な期間、具体的には、当該修正の動議の対象となる議案にかかる委員長報告書が議長に提出され、又は委員会審査省略の議決があって議会の会議に供せられたときから当該議案の討論終結前までに、議長において審査、印刷などを行い得る十分な時間的余裕をもって、あらかじめ提案されなければなりません。

(4) **動議の成立**

①動議は、修正の動議など特別のものを除き会議の審議過程において議員から提案されるものであり、また、その多くは動議が提案される都度、当該動議について議会の意思決定をしなければ審議を進行させることができない性格を有しています。そこで、動議は修正の動議や決議書決議案、意見書案のような案を備えなければならない動議などは文書をもって提案されますが、その他は口頭でもできる軽易な提案方式を採用しています。したがって、一般の動議は、提案者のほか会議規則所定の賛成者がいなければ議題に供することができないものとしています（県会議規則16条、市会議規則16条、町会議規則16条）。

なお、修正の動議のように文書をもって提出するもののほか、実務上の問題として議場が騒然となっているときは、議長が口頭で行った動議の内容を正確に聞き取れないだけでなく、動議そのものの提出があったことが分かりにくい状態が発生し、議長が聞こえない発言は効力は生ぜず、議長からみると提出とはみられません。そこで、動議提出議員は、動議の内容を本会議中の議場あるいは会議宣告前に動議の要旨、提出議員名、賛成議員名を文書にして議長又は事務局に提出すれば、正規の動議提出があったことになりますから、議長は発言を許すことになり、提出議員にとっては、確実な発言の保証が得られ、また、議長にとっても

議事を円滑に進めることができることになります。

②動議が議題に供せられる状態となったことを「動議の成立」といい、動議が成立すれば、議長は直ちに会議の議題に供さなければならないと解されています（行政実例昭和24年12月1日自行発36号）。動議の成立に関して、ある動議が提出されましたが、所定の賛成者が足りないため成立せず、その後まもなく同じ内容の動議が所定の賛成者を得て提出されたことが、一事不再議の原則に反しないかとの事例について、最初の動議は不成立となり審議していないのですから、一事不再議の原則に反するものではありません。

なお、議会の会議中における長の発言が不適当であるとして、議員から長の当該発言の取消しを求める動議を提出することがあります。議長の発言取消し命令は、議員に対するものであり、長には及びません。したがって、議長が命ずることができない長の発言の取消しを求める動議を提出することはできないものです。

③動議が先決動議であれば、他の案件に先立って議題とされます。一般の動議は、会期中において随時提案されるものであって、日程事項とされるものと、されないものがあり、一概に決まっていませんが、要求されている動議の軽重によって日程上の取り扱いをするのが一般的です。

日程事項に該当するものとしては、緊急質問を許されたいとする動議、〇〇事件真相究明のための特別委員会設置の動議、懲罰動議、長又は議長の不信任動議等があります。これらの動議が成立し、議長はその日の議事日程に追加するときは、討論を用いないで議会に諮ります（県会議規則21条、市会議規則21条、町会議規則22条）。また、翌日以後の議事日程にのせる場合は、議長職権で行うことになります。

4 動議の競合

(1) 先決動議

動議が成立すれば、必ず議題に供されますが、二以上の動議がほぼ同

時に提出され、動議が競合している場合については、議題にする順序をどうするか、特に、「先決動議」（動議のうち、現在進行中の議事を中断してでも当該動議の決着をつけなければ、現在進行中の議事を先に進めることができないような優先性をもつ動議をいいます。）が二以上重なった場合どうするかが問題となります。なお、先決動議には、①議題に直接関係あるもの（説明省略の動議、質疑・討論終結の動議、委員会付託省略の動議、議事延期の動議）と②議題に関係ないもの（日程の変更又は追加の動議、休憩・散会・延会の動議）があります。

(2) 動議が競合した場合の処理基準

　動議が競合した場合は、次のような基準によって処理されることになります。

　①ある事項を決定しない以上、議事を先に進められないという意味の最優先の先決問題として、休憩と散会（延会）の動議、議長の不信任動議、議長・副議長の選挙、議員の懲罰事犯、議員の資格決定事件があります。このように、最も優先性が与えられる特権的な動議を「緊急動議」と呼ぶこともあります。なお、議員が緊急動議と発言したとしても、議長は、当該動議の内容を聴取し、先決性のある動議かどうか、他の議事を排除してまでも即時決しなければならない緊急性があるか否かを判断する必要があります。議員の「議長、緊急動議」の勢いある発言に押されて盲目的に認めることはあってはなりません。

　②議題に関係ある先決動議が競合した場合には、議題を審議する正規の手続をできるだけ省略しないように取り扱います。事例としては、ⓐ即決の動議と議事延長の動議では後者を優先、ⓑ質疑終結の動議と質疑延期又は質疑継続の動議では後者を優先、ⓒ即決の動議と委員会付託の動議では後者を優先、ⓓ提案説明省略の動議と説明すべしとの動議は後者を優先します。

　③議事に関する先決動議が競合した場合、又は議事に関する先決動議と議題に直接関係ある先決動議が競合した場合は、一つの先決動議の採

決により、他の先決動議の採決の機会を奪わないような順序に取り扱います。具体的には、ⓐ休憩の動議と散会（延会）の動議という場合には、休憩後再開してから散会の動議を採決することができるので前者を優先します。散会の動議を裁決し可決されますと、休憩の動議は裁決の機会がなくなりますから、休憩の動議から裁決することになります。ⓑ延会の動議と即決の動議の場合には、延会の後に他日即決の動議を議題とし得るから前者を優先します。

④動議中、現状を肯定する先決動議と否定する先決動議とが競合した場合には、現状を肯定する動議を優先します。具体的には、議長の不信任動議と信任動議とが競合した場合には、信任動議を先に表決に付します。

以上の基準によって処理することになりますが、最終的には、標準会議規則の規定に従い「先決動議が競合したときは、議長が表決の順序を定める。ただし、所定の数以上の出席議員から異議あるときは、討論を用いないで会議に諮って決める。」（県会議規則18条、市会議規則18条、町会議規則19条）として処理されます。なお、動議取扱いの順序を誤っても議決の内容が無効や取り消されることはありません。

(3) 先決動議と先決問題

先決動議に関連して先決問題があります。動議に限らず会議の事件を審議するに当たって、その前提として優先的に他の事件を審議しておく必要があるような場合、会議の運営上、他の事件に先立って審議の対象としなければならない問題を「先決問題」といい、具体的には①議長が欠けている時の議長の選挙、②議員の懲罰動議、③議員の資格決定、④議員の辞職の許可などがあります。

5　動議の撤回

提出した動議を提出者が取り下げることを「動議の撤回」といい、会議の議題となった動議を撤回しようとするときは、議会の承認が必要と

なります（県会議規則19条、市会議規則19条、町会議規則20条）。そして、動議撤回の承認を求めようとするときは、提出者から請求しなければなりません（県会議規則19条2項、市会議規則19条2項、町会議規則20条2項）。ここでいう「提出者」とは、発議者全員であって、一人でも欠けていれば受理されません。撤回の請求は文書、口頭のいずれでもよいのですが、発議者の連署をもって提議する動議の撤回は文書によることになります。しかし、撤回することについて、動議提出の際の賛成者の同意は必要ありません。

6 修正動議

　動議には以上のように多種多様なものがありますが、特に、修正動議についてさらに検討します。

(1) 修正動議とは

　修正動議は、原案に対し、議員が修正の提議を行うとき提出する動議のことをいいます。動議は、一般的には、随時口頭で会議の席上でなされるものですが、修正動議は、案を備え、文書により議長に提出すべきものとされています（県会議規則17条・68条、市会議規則17条・101条、町会議規則17条・69条）。文書で行う理由は、原案に対する修正提案すなわち原案の一部の変更を求めるものですから、その正確を期す必要があるからです。また、修正動議の内容をなす案は、単なる修正意見のようなものであってはならず、条例、予算等の体裁が整っているものでなければなりません。それは、修正案が可決された場合には、原案のうち当該部分は、組み込まれるため、もはや採決の余地はなくなるからです。議員が修正案を提出せず、修正の項目だけを示して修正の動議といっても動議の要件を欠きますので、議長は受理する義務はありません。さらに、修正動議の修正ということはあり得ず、そのような場合は、別個の修正動議を提出することになります。すなわち、原案に賛成できず、また、修正の動議にも賛成できない場合は、自ら原案に対する修正

の動議を提出することになります。

(2) 修正動議の種類

修正の動議には、二種類あります。

①団体意思の決定に係る議案に対する修正動議です。この修正動議は、発議の要件が法定されており、議員定数の12分の1以上の者の発議によらなければならないとされています（自治法115条の3）。したがって、条例や予算等についての修正は、議員定数の12分の1以上の者の連署で修正動議を提出しない限り、審議の対象とはなりません。しかし、これは修正動議提出の要件ですから、提出後に提出議員が辞職や死亡等でこの要件を欠くことになっても提出の効力には影響はありません（行政実例昭和31年9月28日自丁行発82号）。したがって、修正案を議長に提出した後に連署の数を欠いても提出の効力に関係はありません。

②機関意思の決定に係る議案に対する修正動議です。この修正動議は、自治法115条の3の規定の適用はないものと解されています（行政実例昭和25年7月14日、昭和31年9月28日）。しかし、この修正動議は①と本質的に異なるものではないことから、標準会議規則で「○人以上の賛成者とともに連署して」等の提出要件を定めているのが一般的です（県会議規則17条、市会議規則17条、町会議規則17条）。

なお、修正動議の提出は、議会に修正権が認められていることが前提になりますから、特別職等（例えば、副知事、副市町村長）の人事案件や一定の財産の取得・処分等の契約議決事件などは議会に修正権はなく、単に可否を決定するにとどまる事件については、修正動議の提出はあり得ません。

(3) 修正動議提出の時期

修正動議提出の時期については、原案が議題になってからそれに対する討論が終結するまでの間に議長に提出しなければなりません。原案の審議を開始する前に修正ということはあり得ませんし、また、討論を終

結したときは、表決があるのみであり、表決宣告後は何人も発言を求めることはできないからです（県会議規則59条、市会議規則61条、町会議規則60条）。

(4) 修正動議を議題とする時期

　修正動議を議題とする時期は、①委員会付託事件にあっては委員長の報告及び少数意見の報告があった後に修正案の説明をします。これは、委員会で修正の動議と同じ修正が行われる可能性がありますので、委員会審査の終了を待つ必要があるからです。②委員会付託を省略した事件にあっては、原案についての提出者の説明及び原案に対する質疑の後に修正案の説明をしていることから、その時点までに提出された修正動議については、当該時期に議題とされることになります（県会議規則41条、市会議規則40条、町会議規則42条）。

(5) 予算の修正動議と予算の組替え動議

　予算の修正動議と予算の組替え動議の問題があります。議員は予算内容に不満な事項があれば修正の動議を提出することができますが、予算の場合は修正内容が多数にのぼるときは、動議提出者が自ら作成することは現実には困難な場合があります。そこで、修正の動議ではなく「予算の組替え動議」を提出することが考えられます。組替え動議は、長に対し予算を組み替えて再提出されたいというものであり、どのように組み替えるのかの事項を文書で箇条書きにして明示するだけですから、組み替え事項が多数であっても議員が自ら作成することができます。

　提出要件は、修正の動議は議員定数の12分の1以上の発議によりますが、組替え動議は賛成者一人で提出することができます。組替え動議が可決された場合、長がこれを無視するようなことがあれば予算は否決されることになりますから、長は組替えに応じざるを得ないことになります。しかし、修正の動議と異なり、組替え事項を当該会期中にすべて実現させる義務はありませんから、議会と長が交渉する中で、①会期中

に修正する事項、②年度内に実現させる事項、③翌年度に実現させる事項、など区分することができます。いずれにしても組替え動議を活用することにより、議会、会派、議員は長に対抗して政策提言を実現させる有効な手段となし得ることが可能となります。

7　委員会における動議

　委員会の動議については、本会議の動議のように一定数の賛成を必要とせず、委員一人でも提出することができます。

　また、委員会における動議の例としては、休憩、散会、質疑、討論終結、発言回数、制限時間、修正、委員長・副委員長の不信任、公聴会の開催、説明員の出席要求、分科会の設置、小委員会の設置、連合審査会の開催、所管事務の調査、委員派遣、閉会中の継続審査、請願の紹介議員の出席要求などがあります。

継続審査

1 継続審査とは

(1) 審議未了・廃案と継続審査

　条例、予算等の議案が議会に提出された場合、議会は議案を審査し、会期中に可決又は否決のいずれかの結論を出すことになりますが、議案の内容や提出時期等の理由により会期中に結論が出せない場合があります。この場合、当該議案は会期不継続の原則（自治法119条）により審議未了・廃案となりますが、この対処方法としては、①会期を延長して審議を進める方法、②常任委員会又は特別委員会に対して閉会中の継続審査を行わせる方法があります。なお、「閉会中」とは、一つの会期と次の会期の間の期間をいいます。この間に議員の任期満了や議会の解散があれば、議会の存在が一時的になくなりますので、閉会中の継続審査は考えられません。①は会期不継続の原則の範囲内で処理するものであるのに対し、②は会期不継続の原則の例外をなすものであり、これを「継続審査」といいます。継続審査は議案を委員会に閉会中に引き続き審査させることであり、本会議で審査している状態で継続審査することはできません。そして、委員会の継続審査に付された案件は、次の会期では改めて提案されなくても当然に議会において審議されるものとされます（行政実例昭和24年1月10日自発36号、昭和25年2月17日静連2号、昭和28年4月6日自行行発66号）。委員会において閉会中に審査させるということは、当然次の会期において審議することが予定されているものと解することが通常の理解と考えられるからです。

　なお、会期末に発生した懲罰事犯を委員会に付託したが、会期の最終日になっても結論を得ない場合は、委員会の継続審査案件として閉会中継続審査に付すことができ、この場合は、閉会中の委員会の決定を次の会期の議会で議決して懲罰を科すことができるものとされています（行

政実例昭和30年12月22日自丁行発197号)。例えば、最終日になって懲罰特別委員会が5日間の出席停止の懲罰を科すことを議決しても、当該会期では最終日1日間しか停止の効果はありません。そこで、懲罰事件を継続審査とし、次の会期の最初に5日間の出席停止を科せば5日間は出席停止の効果がでます。

(2) 継続審査の意義

継続審査を認める背景としては、審議事件の中には、事件自体の性質、事情の変更、政治的配慮等の理由から、当該会期中に結論を得るに至らず、しかも会期延長をしてまでも結論を出す緊急性もないような場合もあります。このような場合には、例外的に継続審査を認めることが実情に沿い、また、審議の経済性、能率性にも適応するものといえます。

2 継続審査とするための手続

(1) 継続審査の申し出

継続審査とするための手続の方法は二通りあります。①議案を付託された委員会が継続審査を議長に文書で申し出、これに基づき本会議で可決する方法、②本会議が委員会に議案を付託するとき、同時に継続審査を可決する方法です。①は、委員会制度を採用している地方公共団体においての議案審議は、本会議で基本的内容を審議した後に、詳細な内容は委員会で行うことになっています。したがって、付託された議案が会期中に審査を終了するか否かは委員会が最も把握していることから、標準会議規則は委員会からの継続審査の申し出を基本として規定しています（県会議規則74条、市会議規則111条、町会議規則75条）。②は、議案が会期末近くに提出された場合や委員会に付託しても会期内に議了することが困難であることが明白な場合は、議長は議会運営委員会の意見を聴いたうえで、委員会付託と同時に継続審査を諮り継続審査とすることができます。

(2) 継続審査とする議決の時期

　委員会が継続審査の申し出を議決する時期について規定はありませんが、委員会に与えられた審査日数を消費してもなお質疑が終了しない場合に初めて継続審査の申し出を議題にするのが一般的です。したがって、質疑終了以降に継続審査を諮ることは不適当ですから、継続審査の議決の時期は議案の質疑が終了する前までに行うことが最も適当となります。また、質疑の最中に継続審査の動議が提出されることもあります。この場合は、委員長の議事整理権により、当該動議の成立を確認し、動議が成立したことを宣言するにとどめ、当該質疑とこれに対する執行機関の答弁が終了した後に継続審査を諮るのが適当と思われます。いずれにしても委員会で継続審査について採決を行った結果、過半数を得ることができれば当該議案の継続審査の申し出を委員会で決したことになりますが、これはあくまで当該委員会のみの意思ですから、前記2の(1)の①で示したようにこれを本会議に諮り、本会議で過半数の賛成を得て初めて当該議案が継続審査となります。

　なお、本会議で否決された場合は、当該会期内で結論を出すというのが議会の意思であるとの判断から、①委員会において精力的に審査を行い、会期内に結論を得るようにするか、②当該審査又は調査に期限を付し、中間報告を求め、場合によっては、期限到来後、本会議で直接に審査又は調査をする方法をとることになります。

(3) 継続審査と委員長報告

　一部の議会で継続審査の申し出を委員会で審査が終了した議案と一緒に委員長報告で処理しているケースが見られますが、あくまでも委員長報告は委員会での審査が終了（可決か否決）したものが対象であり、委員会で継続審査とされた議案は委員会で終了したものではありませんから、委員長報告の対象ではありません。したがって、委員長報告とされる議案とは別の日程で審議されることが適当とされます。

3 継続審査の対象となる事件

対象となる事件は、特に限定されておらず、審査事件、調査事件のいずれであってもよく、議会から委員会に付託された事件だけである必要もありません。付託されていない事件の場合には、例えば「総務委員会に付託し、閉会中の継続審査事件とする。」旨を本会議で議決することになります。委員会が継続事件を持っていなければ、閉会中の活動をすることはできず、事実上の会合である委員会協議会等を開くほかありません。そこで、常任委員会は所管の中から①多数の調査事件を、②調査終了まで、の継続事件として議決しておき、当該団体で生じた事件や他で生じた事件で当該団体にも関係ある事件等について、直ちに委員会を開き、現状、問題点、対応策等について調査できる体制をとる必要があるわけです。

4 継続審査議案の消滅

継続審査に付されている事件がある場合に、①議会の議員の任期が満了したとき、②議会が解散したとき、③議員が総辞職したとき、④常任委員会の委員の任期が満了したとき、⑤常任委員会の委員全員が辞職したとき、⑥委員会条例の改正によって、委員の定数や所管が変更されたとき、⑦本会議で期限が付けられ、その期限内に審査又は調査を終了しないときには、当該案件はどうなるのかという問題があります。①の場合は、当該事件は審議未了となり、再び提出しなければなりません。これは常任委員会のほか特別委においても同様です。②及び③の場合は、①の議員の任期満了の場合と同様に議員全員がその身分を失い、次の一般選挙によって新しい議員のもとに新しい議会が構成されますから、その前後の議会に同一性はないことから、継続案件はすべて消滅するものと解されます。④の場合は、常任委員会の委員が議員の任期中において、委員会条例の定めるところにより委員を交替する場合においては、議会の同一性は失わないので継続審査に付された議案は自然消滅とはなりま

せん。⑤の場合は、常任委の構成に変化があっても、議会の同一性が存続する限り、当該委員会の同一性は失わないことから、継続審査に付された議案はそのまま存続し、自然消滅することはありません。⑥の場合は、改正した委員会条例に経過規定を設けない限りは、委員会の同一性は失われることになり、継続審査事件は消滅することになります。⑦の場合は、期限内に審査等を終了しない場合は、本会議の議決で直接本会議で審議することができますから、この議決があったときは委員会の付託事件は消滅することになります。

5 継続審査の期間

　継続審査の期間は、特に期限を付さない限り次の定例会の会期末までとなります。次の定例会で審査が終了しないときは、再び次の定例会まで継続審査とする議決をとるのが原則とされます。会期独立の原則の例外が継続審査ですから会期ごとに議決することが必要となります。ただし、付託案件の審査が明らかに長期間を要することが予想される場合などは、継続審査に「審査終了まで」等の期限を付すことにより、その期限まで継続して審査を行うことになりますし、審査終了まで継続審査に付する旨を議決してあれば会期の都度、継続審査の議決を得る必要はありません（行政実例昭和25年5月3日自連行発65号）。

6 継続審査と臨時会

　委員会は継続審査に付された議案を閉会中に審査し、閉会中に当該議案の採決が行われ、委員会の意思が確定（可決か否決）した場合、当該議案について次の定例会で委員長報告を行い、委員長報告に対する質疑、討論、採決を経て最終的な議会の意思を確定させます。①そこで、次の定例会までに臨時会が招集され、その間に付託事件の結論が出たとしても、臨時会の付議事件として告示されていない限りは、原則として臨時会において付議することはできず、次の定例会まで持ち越されることになります（行政実例昭和28年1月21日）。②しかし、諸般の事情から

| 継続審査

当該議案を次の定例会まで待つことができず、早急に決定する必要が生じた場合は、自治法101条に基づく臨時会の招集請求を行い、臨時会で前記の議事手続を経て議会の意思を確定させることになります。この場合、長が補正予算等の議案を議会に提出するために臨時会を招集するときに長が提出する議案とともに継続審査に付された議案を臨時会の付議事件として告示するように長に要請し告示が行われる場合あるいは議会が当該議案を急施事件（事態が切迫して時間的に余裕のない程度の緊急性がある場合）として認定することにより臨時会で審議する場合などの方法が考えられます。

請願・陳情

1 請願の意義

議員は、請願や陳情に関する相談を受けたり、請願の紹介議員になることが議員活動の一つとして重要な位置を占めています。そこで、請願及び陳情に関する基本的知識並びに請願の紹介議員になる場合等の留意点について述べていきます。

請願は、国民をはじめ人々が国又は地方公共団体の機関に対し、それらが所管する事項に関し、一定の措置をとるよう、あるいは取らぬように希望し、申し出ることをいいます。

今日の司法制度、行政救済制度が整備された中での請願制度の存在意義は薄れているとの意見もあります。しかし、すべての国民の意思が、国政や地方行政に反映できるものでもありませんし、法の枠を超える問題や法が見過ごしている問題などについて民意を汲み上げる途を開いておくことも民主主義の精神にかなうことから、議会制民主主義に基づく制度の補完として現在においても存在意義はあるものと思われます。

そして、現憲法において国民の基本的人権の一つとして位置づけ、「何人も、損害の救済、公務員の罷免、法律、命令又は規則の制定、廃止又は改正その他の事項に関し、平穏に請願する権利を有し、何人も、かかる請願をしたためにいかなる差別待遇も受けない」と規定しています（憲法16条）。

2 請願の種類

請願制度は、憲法16条を基本的規定とし、一般法として請願法があり、国会及び地方公共団体の議会に対する規定として国会法及び地方自治法が特別規定として位置付けられています。具体的には、①地方議会に対する請願、②天皇に対する請願、③官公署に対する請願、④国会に対す

る請願がありますが、本稿においては地方議会に対する請願を中心に記述することにします。

なお、首長に提出された請願は、官公庁に対する請願となり、請願法によって取り扱われることになります。

3 請願権者

(1) 請願権

請願は憲法16条に基づいて、何人もこれをできるものとしています。地方議会に対する請願についても請願権者は、日本国民であると外国人であるとを問いません（行政実例昭和23年6月16日自発398号）。また、当該地方公共団体の住民であるかも問いません（行政実例昭和25年3月16日自連行発28号）。併せて、年齢制限の規定もありませんので未成年者も請願者となり得ます（行政実例昭和25年3月16日）。

なお、請願者が死亡した場合については、考え方が分かれており、第一説は請願者が死亡すれば当然にその請願は消滅するとされるもの、第二説は請願者の生存の要件は提出要件であり、継続要件でないとするものです。紹介議員が、請願の受理後に死亡した場合は、①その請願を引き続き審査することは可能とする行政実例があること、②事実上、請願者の死亡を承知することは容易でないこと、③請願権は恩恵的権利にすぎないこと、などから請願者が死亡したからといって引き続き審査等をしても実害がないとする考え方もあり得ます。

自然人のほか法人も請願できます。権利能力なき社団も請願は可能と解されています（行政実例昭和29年7月26日自丁行発123号）。したがって、婦人会、青年団、PTA、労働組合協議会、商店連合会や単なる申し合せ団体などの子供を守る会、水道設置促進期成会などもその代表者名又は総代名をもって請願することができます。請願団体の代表者が交代したときは、代表者の変更を議会に申し出て、開会中は本会議の承認、閉会中であれば議長の承認が必要となります。なお、議員自身も個人としての資格で請願することは可能です。これを「自己請願」といいます。

(2) 請願権のないもの

一方、請願権がないものもあります。地方公共団体の議会には請願権はありません（行政実例昭和28年2月18日自行行発34号）。同様に、地方公共団体の執行機関である教育委員会や選挙管理委員会等は、当該地方公共団体の議会に対して請願することはできません（行政実例昭和27年12月1日自行発149号）。しかし、教育委員会の機関の一つである学校長で組織する任意団体の校長会は、それぞれ学校の共通する予算措置に関して請願することはできるとされています（行政実例昭和39年2月26日自治行22号行政課長回答）。

4 請願事項

(1) 請願事項の範囲

請願の対象となる事項としては、憲法16条に「損害の救済、公務員の罷免、法律、命令又は規則の制定、廃止又は改正その他の事項」と規定されていますが、これらは例示であって、これらの事項以外においても、およそ国政に関する事項、地方公共団体の事務に関する事項については、請願できると解されています。地方公共団体の議会に対する請願の対象となる事項は、議会の権限に属する事項に限定されず、地方公共団体の長その他の執行機関の専属的な権限に属する事項も含まれると解されています。また、請願事項は、請願者の権利・義務に直接関係する事項だけでなく、一般の公共的利益に関する事項についても請願はできます。

(2) 請願の取扱い

請願事項が当該地方公共団体において処理する権限を有しない場合の取扱いについては、受理すべきでないとする見解もありますが、当該請願の形式や手続が整っていれば受理すべきものと解します。行政実例(昭和27年12月22日自行行発175号）においても「採択するか否かは議会の判断であるが、形式、手続が整っている限り受理しなければならな

い」とし、その対応については「議会、当該地方公共団体又は当該地方公共団体の機関において、措置する余地のないことを請願内容とするものにあっては不採択とする外ないものと解する」としています（行政実例昭和25年12月27日）。例えば、地方議会に対して、国会で審議中の消費税の引き上げに反対というような、専ら国会でなければ対応できない事項を内容とする請願が当該地方議会に提出された場合は、議長は権限外の事項であるとして受理を拒むことはできず、所定の形式、手続で提出された限り受理することになります。そして、審議の上、内容的に権限外である場合には、不採択とすることになります。しかし、請願であるならば、議会が受理をして不採択にするよりも、紹介議員が請願内容が権限外の事務であることを説明して、所管する官公庁に提出するように指導することのほうが好ましいものと思われます。

(3) 請願の認められないもの

司法権の独立を侵害するような請願は認められないと解されています。具体的には、裁判の判決の変更を求め、又は係属中の裁判事件に触れるような請願は許されないとされています。

5 請願の手続

(1) 請願書の提出

地方公共団体の議会に対する請願は、必ず「請願書」によらなければなりません（自治法124条）。請願書には、①邦文を用い、②請願の趣旨、③提出年月日、④請願者の住所及び氏名（法人の場合にはその名称及び代表者の氏名）を記載し、⑤押印し、⑥紹介議員が請願書の表紙に署名又は記名押印しなければならないとしています。このように形式を備えた請願書は、受理を拒むことはできないと解されています。また、請願書の提出は、平穏になされなければならないとされています。この場合の「平穏」とは、示威運動や面会の強要等の手段によることなくという意味であり、請願の文言にはかかわらないものです（行政実例昭和28

年9月30日自行行発282号)。したがって、請願の提出に際して平穏が維持されなかったと認められる場合には、請願の受理を拒むことができるものと解されます。

(2) 議員の紹介

①地方公共団体の議会に請願書を提出する場合には、必ず当該議会の議員の紹介が必要となります(自治法124条)。これは、請願の権威を高めるとともに、その審査の便宜等のためと解されています。議員の紹介のない請願は、議会においては受理することはできません。ただし、陳情書として処理することは可能です。請願を紹介する議員は、請願書の表紙に署名又は記名押印しなければなりません(県会議規則88条2項・市会議規則139条2項・町会議規則89条2項)。

②請願の紹介とは、請願の内容に賛意を表し、その橋渡しをすることをいうものとされていますから、請願の内容に反対の議員は、請願の紹介をするべきではないとされます(行政実例昭和24年9月5日地自滋4号)。また、出席停止の懲罰処分を受けている議員も紹介議員にはなれません。紹介議員は、一人でも可能です。会議規則において紹介議員は2名以上と定めている議会もあるようですが、自治法124条の趣旨に反するものと解されますから、改める必要があります(行政実例昭和27年3月13日地自行発83号)。したがって、紹介議員数を制限することはできません。また、議長も議員として請願の紹介をすることはできます(行政実例昭和32年5月14日自丁行発67号)。

③紹介議員は、当該請願の付託されている委員会から、審査のために必要があるとして説明のため出席を求められたときは、これに応じなければなりません(県会議規則91条・市会議規則142条・町会議規則93条)。紹介議員の発言は、説明に限られ、意見を述べることはできません。質疑があれば答弁することになります。また、紹介議員は、委員会からの出席要求がない場合でも、議員自ら委員会に申し出を行い、その許可を得て説明を行うことも可能です。ただし、その説明は請願の趣旨

及び理由に限定されると解されています（県会議規則67条・市会議規則117条2項・町会議規則68条2項）。

④紹介の取消しについては、ⓐその請願が、まだ議会で受理されておらず事務局において保管中であるならば、事実上の問題として議会の許可等の法律上の手続を経ずに取り下げることは可能です。ⓑ受理された後、いまだ付議されていないものについては、議長の許可を得て取り消すことができます。仮に、紹介議員全員が紹介を取消した場合は、新たな紹介議員をつけることが必要になります。これが得られない場合は、請願者と話しをし、陳情に変更することも考えられます。ⓒ議会において議題となった後は、採択・不採択に関する意思決定の前であれば、文書で請求し、議会の許可を得て取り消すことができます（行政実例昭和30年3月18日自丁行発48号・昭和49年2月5日行政課決定、県会議規則88条の2・町会議規則90条）。2人以上の紹介議員のうち、その中の一部議員が紹介を取消す場合でも、議会の同意は必要と解すべきです。仮に、紹介議員全員が紹介を取消した場合でも、付議後であれば審議に支障はないものといえます。なお、請願がいつ議題となったかについては、請願文書表を議員に配布したときとするのが適当でしょう。

⑤請願の受理後、審議中に紹介議員が死亡し一人もいなくなったとしても、請願の紹介議員は請願の提出要件であり、その請願を引き続き審査することは差し支えないと解されています（行政実例昭和39年7月24日）。しかし、閉会中に議長が請願を受理し、付議する前に紹介の取消し、死亡、辞職等によって紹介議員がすべていなくなったときは、新たに紹介議員を付すことが適当であるとされています（行政実例昭和49年4月2日自治行33号）。これは前記④ⓑと同様の対応となります。

6 請願の処理

(1) 請願の受理

①請願を受理する者は、議会を代表する議長であるので形式、手続が整っていれば議長は受理しなければなりません。実際には、議会事務局

に持参又は郵送されますので、適法に提出要件が備わっていれば、受領し、受理簿に記載されることになります。実際上は、担当者に議案が提出された時をもって議長に提出されたものとしてよいとされています（行政実例昭和34年10月8日自丁行発143号）。提出の時期は議会開会中であると、閉会中であるとを問いません（行政実例昭和48年9月25日行政課決定）。会期の最終日に提出された請願も受理すべきものです（行政実例昭和48年3月26日自治行41号）。会期末に請願が提出された場合の処理方法は、①受理だけして次期定例会に委員会付託する、②委員会付託を省略して本会議で即決する、③委員会付託をして議長発議で閉会中の審査事件とする、などが考えられます。また、閉会中受理した請願を審査するため自治法101条による臨時会の招集請求をすることもできます（行政実例昭和49年2月5日）。

　②「請願の取下げ」については、ⓐ請願が議長において議題となるまでは議長の許可を得て取り下げることができます。ⓑ会議の議題として付議された場合は、議会における一般の議決事件と同様に議会の許可が必要となります（県会議規則19条・市会議規則19条・町会議規則20条）。ⓒ本会議の議題とされ、すでに委員会に付託されている場合には、取下げについて委員会の内諾を得た後に、本会議で承認の議決を得ることが適当といえます。

　③取下げについては、当該紹介議員を通じて取下げの申し出をすべきものとされます。そして、請願者が複数である場合は、その全員から取下げの申し出がなければ取り下げることはできません。ある請願書が代表者Aほか5名から提出され、代表者A及び5名の氏名が連記され押印されている場合、その取下げは提出の際と同一要件で行うことが必要になります。いずれにしても提出者の意思のみによって撤回することはできません。

(2) 請願の委員会付託

　①議長は、受理した請願について請願文書表を作成し、議員に配布し

ます。請願文書表には、ⓐ請願書の受付番号、ⓑ請願者の住所及び氏名、ⓒ請願の要旨、ⓓ紹介議員の氏名、ⓔ受理年月日を記載します（県会議規則89条・市会議規則140条・町会議規則91条）。

②議長は、請願文書表の配布とともに、請願を所管の常任委員会又は議会運営委員会に付託することが一般的です。ただし、常任委員会に係る請願は、議会の議決で特別委員会に付託することができます（県会議規則90条1項・市会議規則141条1項・2項・町会議規則92条1項）。

③請願の審査は、委員会に付託することが原則です。しかし、請願の趣旨が既に実施されているものや緊急に審議を要するものなどについては、議会の議決により委員会付託を省略し、本会議において直接請願の審議を行い、採択・不採択を決定することができます（県会議規則90条2項・市会議規則141条1項・町会議規則92条2項）。

④請願の内容が二以上の委員会の所管事項に属する場合は、二以上の請願が提出されたものとみなして、それぞれ所管の委員会に付託するものとされています（県会議規則90条3項・市会議規則141条3項・町会議規則92条3項）。この場合、それぞれの委員会が独立して審査することになりますが、その結果、同一の請願についての決定が各委員会ごとに異なる結果となることがあります。そこで、連合審査会を開き意見の調整を図ることも考えられます（県会議規則70条・市会議規則103条・町会議規則71条）。「連合審査会」とは、案件の付託を受けた委員会が、他の関連する委員会と合同で審査のための会議を開くことをいいますが、連合審査会が開かれる場合にあっても、案件に対する意思決定の権限は付託されている委員会にありますから、討論・裁決は本来の委員会において行われるものであり、連合審査会においては、議案説明・質疑までが行われることになります。

(3) 請願の審査

①請願の審査については、一般の議案と同様に委員長が請願を議題とする旨を宣告し、質疑、討論、表決の順で行われます。請願者から直接

に請願の理由を聞くことは原則としてありませんが、請願の紹介議員に対して説明を求めることはできます。この場合、当該議員はこれに応じなければならないとされています（県会議規則91条・市会議規則142条・町会議規則93条）。

なお、平成3年の自治法改正により「参考人制度」が創設されたことにより、請願人を参考人として出席を求め、説明あるいは意見を聴くことができることになりました。この場合の請願者（参考人）は、あくまでも説明や意見を求められた事項の範囲を超えて発言することは許されません。委員は、請願者（参考人）の説明や意見に対し質疑することはできますが、請願者（参考人）は、委員又は執行機関に対し、質疑することはできません。

②委員会における請願審査の表決の方法は、原則として「採択」又は「不採択」のいずれかです。請願の審査は、請願そのものを議決するものではなく、請願に対する議会の意思を決定するものですから、請願の内容を修正することはできないとされています。そして、委員会は自らの判断で採択・不採択を決定します。

その基準として、ⓐ法令上の権限があること（採択されたときに、それを処理する権限が議会又は執行機関のいずれかにあることが必要になり、併せて、㋐公益性、㋑当該団体の財政事情、㋒当該団体の将来計画等を勘案すること）、ⓑ願意が妥当であること（いかに住民の要望があっても、現在の行財政の現状からして受け入れられないといったものは、不採択にせざるを得ないことになります。）、ⓒ実現の可能性があること（請願した事項が10年経っても実現し得ない状況である場合は、実現の可能性があるとはいいにくいものです。）、などにより「採択」され、反対にⓓ願意が妥当でないもの、ⓔ実現性の乏しいもの、ⓕ当該地方公共団体の権限に属さないものは「不採択」とされます。

なお、実務上の処理としては、請願の内容そのものについてはそのままでは認められないが、その趣旨とするところには賛同できる場合や、その一部については認められる場合などがあるため、「趣旨採択」や「一

部採択」も便法として認められているところです。一部採択を行う場合の採択方法としては、ⓐ採択する部分のみを指定して採択を諮り、残りの部分は表決に付さない方法と、ⓑ採択する部分と不採択する部分を明示し、「○○部分を除いて他の部分は妥当であるから、これを採択する」という方法があります。ⓐの場合には、採択されない部分は審査未了と同じ結果になります。

③同一趣旨の請願の取り扱いについては、一の請願を採択又は不採択に決定した後に、同一趣旨の他の請願が提出された場合は、一括して審査することが適当であると解されています（行政実例昭和28年4月6日自行行発66号）。そして、ⓐその趣旨を達成した請願、ⓑすでに議会で議決された議案、意見書案、ⓒ決議、請願等と目的、内容が同じ請願などの場合は、すでに議決された事件と同一の議決があったものとして扱う「みなし採択」あるいは「みなし請願」の措置がとられています。

④特定の問題について賛成の請願と反対の請願が提出された場合は、両者を一括議題にすれば、どちらを先議するかでもめることはありませんが、議決の段階でいずれを先に採択等するかで問題になりますが、例えば、賛成の請願が採択された場合は、他方の反対の請願は、不採択されたものとみなして処理されることになると考えられます。

⑤請願審査における「紹介議員の除斥の問題」があります。ⓐ単に請願の紹介をした場合は、当該議員がその請願に関する事件に関して除斥されることはありません（行政実例昭和26年3月16日地自行発62号）。また、議員が請願者である場合は、請願を行うこと自体をもって「一身上の事件」に該当すると考えることもできますが、単に請願したことにより直ちに除斥の対象となると解すべきではないとされています。ⓑしかし、次のような場合には、当該議員は除斥の対象になると解されています。㋐議員が代表取締役である株式会社の行為が請願の対象となっている場合（行政実例昭和31年10月31日自丁行発120号）、㋑PTAに対する補助金交付の請願が提出された場合に議員がPTA会長の職にある場合（行政実例昭和38年12月25日自治丁行発101号）、㋒協同組合に

よる給食センター建設についての資金助成の請願が提出されたとき、議員が組合の設立発起人である場合（行政実例昭和39年6月19日自治行76号）などが除斥の対象となります。

(4) 採択後の取扱い

①本会議において、委員会の審査結果報告書をもとに最終的に受理した請願を審査し、それを採択するか不採択するかを決定します。実務上の処理としては、多くの地方公共団体の議会においては会期の最終日の日程に組み入れ、請願に対する採択が行われています。これは、同一趣旨の議案と請願が提出されている場合は、先に議案についての議会意思を決定し、それから請願の処理を決めることになるからです。それは、議会意思が決定されますとその会期中はその決定に拘束される結果になりますから、これらを考慮したものといえます。こうしたことから、法律的、政治的に重く扱われる案件の議決は、軽いものを拘束しますが、軽く扱われるものの議決は重いものを拘束しないとされます。重い、軽いの順序は条例、予算、意見書、請願、陳情と解されています。したがって、軽いとされる陳情を採択しても、より重く扱われる予算は、陳情の表決結果に拘束されませんので予算を審議しても一事不再議の原則にも抵触しません。

なお、議会が請願を採択した場合でも何らの法的な拘束力を有するものでもありません。

②地方公共団体の議会は、採択した請願において長、教育委員会、選挙管理委員会その他の執行機関において措置することが適当と認めるものは、それらの者にその請願を送付し、当該請願の処置の経過及び結果の報告を請求することができるとされています（自治法125条）。請願の送付を受けた執行機関は、法的な拘束力を有するものではありませんが、誠実に処理すべきものとされています。しかし、必ずしも請願の内容に応じた措置をとるまでの義務はありません。請願の趣旨に沿いがたい場合は、その理由を付して議会に報告すればよいものとされます。

なお、こうした規定があるにもかかわらず制度的に生かされていないのが現状ですので、議会としても、その結果がどうなったか把握しておくためにもこの制度は活用すべきであると考えます。

採択した請願については、議長から請願者に直接通知し、不採択としたものについては、請願者及び紹介議員に通知する例が多いものです。

7　陳　情

(1)　陳情とは

陳情は、議会を含め公の機関に対し、一定の事項について、その実情を訴えて適当な措置を要望する事実上の行為といわれます。

請願が憲法によって保障された基本的人権の一つとしての法律上の権利であるのに対して、陳情は、法律上の権利ではなく事実上の行為であり、特に一定の形式や手続が定められてはいませんし、また、議員の紹介も必要としません。

(2)　陳情と請願

しかし、実務上の処理としては、自治法109条2項には常任委員会及び議会運営委員会の権能として「議案、請願等」の審査と規定され、「請願等」には、請願及び陳情・陳情類似の要望又は意見書のようなものも含むともされていることから、請願も陳情も住民の希望を議会に訴える点については同様ですので同じような扱いとされます。現在は見受けられなくなっていますが、陳情は受理する法律上の義務はないことから、ただ聞き置く程度でよいとして、議長がこれを処理し、議会に報告しないことも過去にはあったようです。

また、議会会議規則においても「陳情書又はこれに類するもので議長が必要があると認めるものは、請願書の例により処理するものとする」等と規定されています（県会議規則93条・市会議規則145条・町会議規則95条）。この規定の中で「陳情書に類するもの」とは、①請願書と書いているが、紹介議員のないもの、名称が陳情書以外の②要望書、③

決議書、④意見書、⑤嘆願書、⑥要請書などをいい、内容がおおむね陳情に類似するものをいいます。

(3) 陳情の方法

陳情は文書又は口頭で行うことが可能ですが、地方公共団体の議会が取り扱うのは、「陳情書」として文書で提出されたもののみになります(県会議規則93条・市会議規則145条・町会議規則95条)。

(4) 陳情の処理

陳情書が請願書の例により処理されることとなった場合は、委員会における審査及び議会での審議は請願と同じように行われ、採択、不採択として議決されることになります。また、採択された陳情は、請願と同様に長その他の関係執行機関に送付が必要なものはその手続が行われますが、関係執行機関に陳情の内容に法的拘束力がないことは請願と同じです。また、陳情書の審査結果も請願と同様に議会に報告するのが通例ですが、各地方公共団体の議会において一定はしていません。

参考文献

- 磯部力ほか・地方自治判例百選〔第三版〕（有斐閣）
- 井上源三・最新地方自治法講座5巻議会（ぎょうせい）
- 大塚康男・議会人が知っておきたい財務の知識（ぎょうせい）
- 議会運営実務研究会・議会運営実務提要（ぎょうせい）
- 全国町村議会議長会・議員必携（学陽書房）
- 全国町村議会議長会・議会運営質疑応答集（第一法規）
- 地方議会運営研究会・地方議会運営事典（ぎょうせい）
- 地方議会議員大事典編纂委員会・地方議会議員大辞典（第一法規）
- 地方議会研究会・議会運営の実際1巻～24巻（自治日報社）
- 地方自治制度研究会・地方自治法質疑応答集（第一法規）
- 野村稔・地方議会日誌PART 1～11（自治日報社）
- 野村稔・地方議会改革宣言（ぎょうせい）
- 野村稔・地方議会への26の処方箋（ぎょうせい）
- 野村稔・鵜沼信二・改訂版地方議会実務講座第1巻～第3巻（ぎょうせい）
- 古川俊一・最新地方自治法講座3住民参政制度（ぎょうせい）
- 伴義聖・大塚康男・実務住民訴訟（ぎょうせい）
- 檜垣正巳・地方自治法の要点（学陽書房）
- 松本英昭・逐条地方自治法（学陽書房）
- 室井力・兼子仁・基本法コンメンタール地方自治法（日本評論社）
- 八木欣之介・小笠原春夫・実務地方自治法講座5議会（ぎょうせい）
- 山谷成夫・川村毅・自治体職員研修講座地方自治制度（学陽書房）
- 山本信一郎・新地方自治法講座6議会（ぎょうせい）
- 若林俊夫・精選議会運営問答集（第一法規）

━━━◇◇◇ **著者紹介** ◇◇◇━━━

大塚康男（おおつか・やすお）

〈略歴〉
昭和45年日本大学法学部卒、同48年市川市職員、同市総務部法規係長、同部文書課主幹、企画部企画課課長補佐、環境部指導調整室長、総務部法務室長、総務部次長、議会事務局長、教育次長。平成19年4月から市町村職員中央研修所（市町村アカデミー）客員教授（「行政訴訟の実務」「住民監査請求」「議会事務」「危機管理」「債権管理」）。その他、自治大学校、全国市町村国際文化研修所等の自治体が行う職員・議員研修の講師。

〈主な編著書〉
「実務住民訴訟」（ぎょうせい）、「議会人が知っておきたい危機管理術」（ぎょうせい）、「Q&A地方公務員のための債権回収」（加除式、ぎょうせい）、「Q&A地方公務員のための訴訟百科」（加除式、ぎょうせい）、「Q&A議会人の危機管理」（加除式、ぎょうせい）、「自治体職員が知っておきたい債権管理術」（ぎょうせい）、「新版自治体職員が知っておきたい危機管理術」（ぎょうせい）、「議会人が知っておきたい財務の知識」（ぎょうせい）、「自治体職員が知っておきたい財務の知識」（ぎょうせい）

議会人が知っておきたい危機管理術　改訂版

平成27年3月25日　　第1刷発行

　著　者　　大　塚　康　男
　発　行　　株式会社 **ぎょうせい**

　　　　〒136-8575　東京都江東区新木場1-18-11
　　　　　　　　電話　編集　03-6892-6508
　　　　　　　　　　　営業　03-6892-6666
　　　　　　　　　　　フリーコール　0120-953-431
　　　　　　　　URL：http://gyosei.jp

〈検印省略〉

印刷・製本　ぎょうせいデジタル㈱　　©2015 Printed in Japan
＊乱丁、落丁本は送料弊社負担にてお取り替えします。
＊禁無断転載・複製

ISBN978-4-324-09960-5
(5108138-00-000)
〔略号：議会人（改訂）〕

新しい地域づくりをめざす、すべての Public Worker のために

月刊 ガバナンス
Governance

ユニーク政策から耳寄り情報まで先進自治体の「いま」がわかる月刊誌

5つのお勧めポイント

① 喫緊の政策課題をタイムリーに特集
行政改革や災害対策、社会保障、まちづくりなど、自治体の重要テーマを取り上げます。

② 公務員の仕事力を高める！スキルアップ特集＆連載
クレーム対応やファシリテーションなど、実務に役立つ仕事術をわかりやすく紹介します。

③ 自治体の最新情報が満載の「DATA BANK 2015」
記事数は毎月、約70本！自治体の先進施策がコンパクトに読めます。

④ 現場を徹底取材！読みごたえあるリポート記事
先進的な政策や議会改革リポートなど、自治の最前線をリポートします。

⑤ 連載記事も充実のラインナップ！
「市民の常識VS役所のジョウシキ」
「公務職場の人・間・模・様」など、
人気連載がたくさんあります。

＊年度始めには、公務員必読の別冊付録がつく予定です。

ぎょうせい／編集　A4変型判
年間購読料〈1年〉12,312円　〈2年〉22,032円　〈3年〉29,160円　※8%税・送料込

株式会社 ぎょうせい

フリーコール　TEL：0120-953-431 ［平日9～17時］
　　　　　　　FAX：0120-953-495 ［24時間受付］
Web　http://gyosei.jp ［オンライン販売］

〒136-8575　東京都江東区新木場1丁目18-11